Jesper Bengtsson   Ikone der Freiheit

Jesper Bengtsson

Ikone der Freiheit

Aung San Suu Kyi. Eine Biographie

Aus dem Schwedischen
von Andreas Brunstermann

Rotbuch Verlag

ISBN 978-3-86789-172-1

Deutsche Erstausgabe, 1. Auflage

Titel der Originalausgabe: »Aung San Suu Kyi.
En Kamp för Frihet. Biografi«

Umschlaggestaltung: fuxbux, Berlin
Umschlagabbildung: Joachim Ladefoged / VII
Druck und Bindung: GGP Media GmbH, Pößneck

Ein Verlagsverzeichnis schicken wir Ihnen gern:
Rotbuch Verlag
Alexanderstraße 1
10178 Berlin
Tel. 01805 / 30 99 99
(0,14 Euro/Min., Mobil max. 0,42 Euro/Min.)

www.rotbuch.de

Inhalt

Für Linnea und Ruth

»Als Mutter war es mein größtes Opfer, auf meine Söhne zu verzichten. Aber ich wusste, dass es andere gab, die weitaus mehr opferten. Natürlich habe ich meine Wahl nicht leichten Herzens getroffen, doch ich tat es ohne Vorbehalte und ohne zu zögern. Gleichwohl wünschte ich, nicht all diese Jahre mit meinen Kindern verloren zu haben. Viel lieber hätte ich mit ihnen zusammengelebt.«

Aung San Suu Kyi

1.

»Ich habe mich immer frei gefühlt«

Das Osloer Rathaus war bis auf den letzten Platz besetzt, als Aung San Suu Kyi am 16. Juni 2012 ihre Nobelpreisrede hielt. Norwegische und internationale Medien beschrieben diesen Tag als das größte Ereignis in der Geschichte des Nobelpreises.

Eigentlich hätte Aung San Suu Kyi schon 1991 in Oslo anwesend sein sollen, um den ihr zugesprochenen Preis entgegenzunehmen, doch zu dieser Zeit stand sie unter Hausarrest, und die Dankesrede wurde stattdessen von ihrem Sohn Alexander gehalten. 21 Jahre waren also seit der Zuerkennung des Preises vergangen, und schon vor 23 Jahren war Aung San Suu Kyi in Burma zum ersten Mal unter Hausarrest gestellt worden. Während all dieser Jahre war sie von der Militärjunta eingesperrt gewesen und musste gleichwohl das Angebot zum Verlassen des Landes ablehnen, weil ihr klar war, dass sie niemals hätte zurückkehren können.

Nicht einmal, als ihr schwer an Krebs erkrankter Mann in England auf dem Sterbebett lag, wagte sie, sich in ein Flugzeug zu setzen und Rangun zu verlassen. Noch dazu verweigerte das Regime in Burma ihrem Mann, der seine letzten Tage gern mit ihr verbracht hätte, eine Einreisegenehmigung in das Land.

Doch im Juni 2012 befand sich Burma an einem Scheideweg. Anderthalb Jahre zuvor war eine Wahl abgehalten und eine Zivilregierung in der neuen Hauptstadt Naypyidaw eingesetzt worden. Ein Reformprozess wurde eingeleitet, und obwohl viele noch immer an den Absichten des Regimes zweifelten, das Land von Grund auf zu demokratisieren, gab es positive Schritte zu verzeichnen. Die Medien hatten größere Freiheiten bekommen, einige seit den 1990er Jahren im Ausland lebenden Journalisten diskutierten eine Rückkehr nach Burma und viele der prominentesten politischen Gefangenen waren entlassen worden.

Kurz nach dieser Wahl hatte das Regime endlich auch Suu Kyi aus der letzten, sieben Jahre währenden Gefangenschaft entlassen. Bei einer Nachwahl im April hatten 40 Politiker aus Aung San Suu Kyis Partei, der National League for Democracy (NLD), Parlamentssitze errungen. Auch Aung San Suu Kyi hatte kandidiert und einen Sitz gewonnen. Allein hierdurch war in den Beziehungen zwischen ihr und den Machthabern in Burma eine dramatische Veränderung eingetreten, denn in den vergangenen 23 Jahren hatten diese mit allen zur Verfügung stehenden Mitteln versucht, Aung San Suu Kyi von offiziellen politischen Aufgaben fernzuhalten. Bei der 1990 durchgeführten Wahl war sie, ebenso wie bei der Wahl 2010, von einer Kandidatur ausgeschlossen worden.

Doch nun stand sie also dort, im Rathaus von Oslo, in einer dunkellila Bluse und einem silberweißen Longyi, mit einer weißen Blume im Haar, und hielt die Nobelpreisrede, die ihr vor 21 Jahren verweigert worden war.

Zu jener Zeit, als sie in der University Avenue in Rangun unter Hausarrest gestellt war, führte sie in ihrer Rede aus, habe der Nobelpreis ihr klar gemacht, dass die Welt sie nicht vergessen hatte. Die Verleihung des Preises durch das norwegische Nobelpreiskomitee habe zur Folge gehabt, dass sich die Aufmerksamkeit der ganzen Welt auf sie und die Bestrebungen der Demokratiebewegung in Burma richtete. Zwei Jahre hatte sie bis zu diesem Zeitpunkt in Hausarrest verbracht. Jetzt waren die demokratischen Strömungen auf nationaler Ebene in Gang gekommen und konnten sich auch international ausbreiten.

In Oslo berichtete sie von den positiven Tendenzen, die sich im Laufe des vergangenen Jahres im politischen Leben Burmas abgezeichnet haben, brachte aber auch deutlich zum Ausdruck, dass noch enorme Anstrengungen erforderlich seien. Als sie für die Nachwahl im April kandidiert hatte, war ihr die Frage gestellt worden, wo sich Burma auf einer demokratischen Skala von 1 bis 10 befände. »Wir sind auf dem Weg zur Eins«, hatte sie damals geantwortet. Obwohl in Burma seitdem weitere Schritte zur Öffnung des Landes erfolgt sind, klang in ihrer Nobelpreisrede doch ein Echo der skeptischen Haltung durch. Sie erwähnte auch die politischen Gefangenen, die in Burma noch immer hinter Gittern sitzen. »Ich stehe hier, weil ich selbst einmal wegen meiner politischen Gesinnung eingesperrt war«, sagte sie. »Aber wenn Sie mich jetzt hier sehen und mir zuhören, liebe Freunde, denken Sie bitte auch an die wahren und oft zitierten Worte, dass nur ein einziger wegen seiner Gesinnung einsitzender Gefangener ein Gefangener zu viel ist. In meinem Land gibt es deutlich mehr als nur eine Person, die noch immer in Unfreiheit lebt und nicht an einem gerechten System teilhaben kann.«

Aung San Suu Kyi hob in ihrer Rede auch die ethnischen Konflikte in Burma hervor – ein entscheidender Punkt, wenn es um die Möglichkeiten des Landes geht, einen echten Prozess für mehr Demokratie und Offenheit einzuleiten. Einige der ethnischen Gruppen, die früher Krieg mit der Militärjunta geführt hatten, saßen nun in Verhandlungen mit der »zivilen« Regierung, die nach der Wahl 2010 die Geschäfte übernommen hatte. In großen Teilen des Landes hingegen hatte sich der Konflikt intensiviert. Nach einer 15-jährigen Waffenruhe hatte das Kachin-Volk im Norden Burmas kurz nach der Wahl wieder zu den Waffen gegriffen, und Zehntausende von Zivilisten waren von der Offensive des burmesischen Militärs zur Unterdrückung des Aufstands hart getroffen worden. Im Westen des Landes hatte sich der Konflikt mit der muslimischen Volksgruppe der Rohingya verschärft, deren Menschenrechte vom Militär seit langer Zeit missachtet wurden.

»Die Regierung von Präsident U Thein Sein kann nur überleben, wenn es ihr gelingt, eine intelligente und vertrauensvolle Zusammenarbeit zwischen allen internen Kräften aufzubauen: dem Militär, den ethnischen Gruppen, den politischen Parteien, den Medien, der Zivilgesellschaft und, am wichtigsten, der breiten Allgemeinheit«, sagte Aung San Suu Kyi während ihrer Rede im Osloer Rathaus.

Nach dem Besuch in Oslo reiste sie in ihre alte Heimat Oxford, wo sie Studentin, Mutter und Ehefrau gewesen war und eine akademische Karriere begonnen hatte, um an der dortigen Universität eine Ehrenprofessur entgegenzunehmen.

Ihre Reise war ein bemerkenswerter Siegeszug. Sicher kein Siegeszug in dem Sinne, dass Burma so geworden war, wie sie es sich wünschte. Bis dahin war es noch ein langer Weg. Aber ein Siegeszug, weil sie als Staatsfrau unterwegs war und als solche empfangen wurde. Ihr langer Kampf, die Jahre im Hausarrest sowie all die Opfer, die ihre Parteikollegen erbracht hatten, um für ein offenes, demokratisches Burma zu arbeiten, schienen nach zwei Jahrzehnten tatsächlich zum ersten Mal ein Ergebnis zu zeitigen. Sie war frei. Sie war imstande, zu arbeiten und sich politisch zu betätigen.

Der Kampf konnte weitergehen.

Als Aung San Suu Kyi ihre Rede in Oslo hielt, war ein gutes Jahr vergangen, seit ich sie zuletzt in Rangun getroffen hatte. Einige Wochen, nachdem man sie aus dem damaligen (und hoffentlich letzten) Hausarrest entlassen hatte, war ich von Stockholm nach Burma gereist.

Mein erster Besuch in Burma lag 15 Jahre zurück. Im Flugzeug dachte ich darüber nach, warum mich dieses Land ursprünglich so fasziniert hatte, warum ich so oft dorthin zurückgekehrt war und Artikel, Bücher und Essays über die Entwicklung des Landes und die dort lebenden Menschen geschrieben hatte.

Als ich auf meine erste Reise zurückblickte, wurde mir klar, dass sie nur aus einem Zufall heraus zustande gekommen war. Meine damalige Freundin hatte sich ein Jahr zuvor in Burma aufgehalten, um ein Hilfsprojekt zu starten, und redete danach mehr oder weniger ununterbrochen über das Land. Sie hatte erzählt, wie schön es dort sei, gleichzeitig aber auch über die große Armut und die brutale Diktatur berichtet. Einmal war sie mit ihrer Begleitung zur Universität in Rangun gekommen, dem Schauplatz vieler Volksaufstände und Studentenproteste gegen die Unterdrückung. Als sie einen der Speisesäle betraten, standen die dort anwesenden Studenten auf und verließen das Gebäude. Zu groß war die Angst, dass sie irgendjemand im Gespräch mit zwei westlichen Ausländern beobachten könnte. Nur ein einzelner Mann war sitzen geblieben: Er trug ein weißes Hemd und eine dunkle Sonnenbrille, das Wort »Sicherheitsdienst« war ihm förmlich auf die Stirn geschrieben. Ein anderes Mal hatten sie ein Taxi zu Aung San Suu Kyis Haus in der University Avenue 54 genommen, um eine ihrer Ansprachen zu hören, die sie jeden Samstag an der Pforte zu ihrem Grundstück hielt. Hunderte von Burmesen hatten sich auf der Straße versammelt. Wie Habichte umkreisten die Vertreter der Sicherheitspolizei die Versammelten und fotografierten mit in die Höhe gestreckten Kameras jeden Einzelnen, der so seine Unterstützung für die Demokratiebewegung und ihre Anführer signalisierte.

Nachdem ich diese Berichte gehört hatte, traf ich eine Entscheidung. Es war an der Zeit, dem Land auf eigene Faust einen Besuch abzustatten. Damals arbeitete ich zeitweilig als freiberuflicher Journalist, war ein wenig in Europa herumgereist und hatte unter anderem Sarajevo während der Belagerung Anfang der 1990er Jahre besucht. Doch Südostasien war wie ein blinder Fleck.

Dennoch brauchte ich nur wenige Tage, um meinen Entschluss in die Tat umzusetzen. Durch meine Begegnungen mit Aktivisten, im thailändischen Exil lebenden Studenten, jungen Männern und Frauen aus ethnischen Minderheitsgruppen sowie Menschen auf der Straße, die mir von ihrem Alltag erzählten, wurde mir die Bedeutung Burmas bewusst. Nicht nur im Hinblick auf das Land und die Menschen – auch wenn das allein schon ausgereicht hätte –, sondern auch für die Bedeutung, die Burma auf einer eher universellen Ebene darstellt. Wer sich mit Burma beschäftigt, stößt zwangsläufig auf fundamentale politische und soziale Fragen unserer Zeit. Wie können wir demokratische Prozesse in isolierten und despotischen Staaten befördern? Wie konnte die Entwicklung eines einst vielversprechenden Landes, das über Reichtümer verfügt, so vollkommen misslingen? Wie geht man in einer postkolonialen Welt mit ethnischen Konflikten um? Welche Bedeutung hat Chinas wachsende Macht für die internationalen Beziehungen und friedensschaffenden Maßnahmen?

All diese Fragen werden in Burma sicher nicht beantwortet, aber dort gibt es sie. Jeden Tag werden sie in diesem Land gestellt, das seit 1962 den härtesten Militärdiktaturen der Welt zugerechnet wird.

Während meiner ersten Reise Mitte der 1990er Jahre waren es natürlich nicht diese Fragen, die mich am meisten beschäftigten, sondern die Armut. Als ich Anfang Februar 2011 nach

Rangun zurückkehrte, wurde mir klar, wie wenig sich seit meinem ersten Besuch geändert hatte. Die Risse im Asphalt der Innenstadt waren noch genauso tief, die Häuser ebenso verfallen und heruntergekommen, und die Kinder, die uns reiche westliche Ausländer auf der Straße um ein paar Kyat anbettelten, waren sogar noch hartnäckiger als vor 15 Jahren.

Eine Sache hatte sich hingegen doch geändert: Parallel mit der Armut war der Luxus augenfälliger geworden. In dieser Hinsicht hatte das Militär Erfolgt gehabt. Seit Beginn der wirtschaftlichen Liberalisierung Ende der 1980er Jahre – als das Regime versuchte, dem Beispiel Chinas zu folgen (Öffnung der Ökonomie unter Beibehaltung der politischen Kontrolle) – hatten die meisten zwar weiterhin in absoluter Armut verharren müssen, doch einige wenige waren unerhört reich geworden. Heutzutage sind ausländische Investoren und Unternehmer, meist Chinesen und Thailänder, aber auch Europäer und Amerikaner, ein gewohnter Anblick in den Straßen von Rangun und Mandalay. Einige burmesische Familien mit engen Verbindungen zum Militär und der politischen Elite leben in den Vororten der Großstädte in großzügigen Villen und genießen einen extremen Luxus.

Eine Taxifahrt vom Zentrum Ranguns zum Hauptquartier von Aung San Suu Kyi und ihrer Partei NLD (National League for Democracy) im Januar 2011 verschaffte mir einen Einblick in diese parallelen Wirklichkeiten: Bettler; Frauen, die auf der Straße Mahlzeiten zubereiteten; Arbeiter, die die Bauten aus der Kolonialzeit mit neuem Putz versahen; frisch renovierte Villen in der Nähe der Shwedagon-Pagode; Luxushotels für Touristen und Geschäftsleute.

Verglichen mit letzteren wirkt das Hauptquartier der NLD so bescheiden und zurückgezogen, dass man es kaum bemerkt, bis man an der Eingangstür steht. Das Büro liegt im ersten Stock über einem Möbelgeschäft und besteht aus einem Konferenzraum, Aung San Suu Kyis Arbeitszimmer und einem kleinen Bereich dazwischen, der mit Tisch und Stühlen ausgestattet ist und als Warteraum für diejenigen dient, die Aung San Suu Kyi sprechen möchten. Eine kleine Treppe verbindet die oberen Räume mit einem offen zugänglichen Bereich, der sich unter einem Blechdach neben dem Möbelgeschäft befindet. Hier können die Besucher frei verkehren, um kurze Treffen mit NLD-Vertretern abzuhalten, lokale Parteigruppen zu organisieren, Beratung von einem der für die Partei tätigen Anwälte zu bekommen oder einfach auf eine Tasse Tee und etwas Reis und Curry vorbeizuschauen.

Als ich den Taxifahrer bezahlte, bemerkte ich zwei Männer, die auf Plastikstühlen vor einem Teehaus auf der anderen Straßenseite saßen. Ein Bekannter, der einige Wochen zuvor bei Aung San Suu Kyi gewesen war, hatte mich vor dem Sicherheitsdienst gewarnt. Seit Aung San Suu Kyis Freilassung Anfang November 2010 saßen Beobachter vor dem Büro der NLD und fotografierten alle westlichen Besucher. Ich betrat den öffentlichen Bereich des Hauptquartiers und stieß auf eine wahre Menschenansammlung – ganz anders als bei meinen vorherigen Besuchen, als die NLD noch starken Repressalien durch die Behörden ausgesetzt war und Aung San Suu Kyi unter Hausarrest gestanden hatte. Zwar war der Druck des Regimes im Januar 2011 noch immer spürbar, aber es war auch deutlich, dass ihre Freilassung der Demokratiebewegung neuen Auftrieb verschafft hatte.

Von einer Frau, die T-Shirts und Teetassen mit Aung San Suu Kyis aufgedrucktem Bild verkaufte, erstand ich eine Tasse grünen Tee und ließ mich auf einem der klapprigen Plastikstühle nieder, um auf sie zu warten.

Es war nicht leicht gewesen, bis zu diesem Punkt zu kommen. Vor meiner Abreise aus Schweden hatte ich einen Bekannten getroffen, der im thailändischen Exil für die burmesische Demokratiebewegung arbeitet. Er hatte Kontakt zu Aung San Suu Kyis Assistenten in Burma aufgenommen, um ein Treffen zu vereinbaren. Zuerst hieß es, dass ein Besuch nicht möglich sei. »Die Lady« sei krank und könne keine Journalisten empfangen. Doch dann ergab sich eine andere Möglichkeit. Es zeigte sich, dass die beiden schwedischen Parlamentarier Olle Thorell und Urban Ahlin einen Termin bei Aung San Suu Kyi ergattert hatten, es jedoch nicht schafften, sich rechtzeitig ein Visum zu besorgen. Ich konnte also ihren Termin übernehmen und mein Interview durchführen.

Sofort kaufte ich ein Flugticket nach Rangun. Diese Gelegenheit wollte ich mir nicht entgehen lassen. Während der 15 Jahre, in denen ich mich mit der Burma-Frage beschäftigt hatte, war es mir nie gelungen, Aung San Suu Kyi persönlich zu treffen. Bei meinen früheren Besuchen in Burma hatte sie unter Hausarrest gestanden und durfte niemanden von außerhalb treffen, erst recht keine Journalisten aus dem Westen. Die erste Ausgabe dieses Buches entstand während ihres letzten, sieben Jahre dauernden Hausarrestes und basiert auf Interviews mit ihren Verwandten, Freunden und Kollegen sowie einer Reihe schriftlicher Quellen.

Nun sollte ich also mein Interview durchführen, doch als ich nach Rangun kam, musste ich erkennen, dass alles auf einem Irrtum beruhte. Der Termin der beiden schwedischen Abgeordneten war bereits durch ein anderes Treffen ersetzt worden. »Es tut mir leid«, sagte die junge burmesische Frau an der Rezeption gegenüber der Treppe, die zum Büro im ersten Stock hinaufführt, »aber Sie müssen mindestens zwei Wochen auf ein Interview warten. Die Lady war krank und kann derzeit keine weiteren Interviews geben.«

So lange konnte ich nicht warten. Ich hatte nur eine Woche Zeit.

Natürlich hatte ich vorab ein gewisses Risiko einkalkuliert und daher verschiedene andere interessante Verabredungen in Rangun getroffen. Als ich mir jedoch einzureden versuchte, dass die Absage des Interviews keine Rolle spielte, ähnelte ich wohl am ehesten Aschenputtel, das in seinem Turmzimmer steht und sich selbst zu überzeugen versucht, dass ein Ball im Schloss auch traurig und langweilig sein kann ... Doch Tatsache war, dass sich die Absage wie ein Hammerschlag vor den Kopf angefühlt hatte. Ich wollte Aung San Suu Kyi unbedingt selbst über ihre neugewonnene Freiheit, die Zeit im Hausarrest und die derzeitige Lage in Burma reden hören. Andere Stimmen kannte ich ja bereits. Aber es war ihre Stimme, die ich einfangen wollte.

Immerhin verstärkte sich mein Optimismus, als es mir gelang, ein Interview mit U Win Tin zu führen, dem 81-jährigen Lyriker und NLD-Politiker, der 20 Jahre im Gefängnis gesessen hatte, davon einige Jahre sogar in völliger Isolation. Er erzählte mir von seinem Leben im Gefängnis: über die Poesie, die er auf die Wände der Isolationszelle kritzelte; darüber, wie er und die anderen Insassen Kurse in zivilem Ungehorsam abhielten; wie sie eine illegale Gefängniszeitung herstellten, deren einzige Ausgabe zwischen den Zellen hin- und hergeschmuggelt wurde, damit die Gefangenen sie im Kerzenschein lesen konnten. Nach unserer Unterhaltung versprach er mir, sich für ein Interview mit Aung San Suu Kyi einzusetzen.

Drei Tage vergingen. Nach einer weiteren Wartezeit mit zahlreichen Tassen grünem Tee wurde ich endlich von U Thein Oo, dem Assistenten Aung San Suu Kyis, in das obere Stockwerk geführt. Ich nahm im Warteraum Platz. Die blaue Farbe an Decke und Wänden hatte sich durch Feuchtigkeit und Alter teilweise abgelöst. Die Räume schienen seit der britischen Kolonialzeit nicht mehr renoviert worden zu sein. »Bitte kommen Sie«, sagte U Thein Oo. Ich stand auf, eine Tür wurde geöffnet, und plötzlich stand ich einer der berühmtesten und meistbewunderten Frauen der Welt von Angesicht zu Angesicht gegenüber.

Viele Journalisten, die mit Aung San Suu Kyi zusammentreffen, beschreiben ihr Äußeres. Ich hatte das eigentlich nicht vor, aber es ist unmöglich, ihre Erscheinung zu ignorieren. Als ich sie traf, war sie 65 Jahre alt, hatte 15 der vergangenen 21 Jahre unter Hausarrest gestanden und war enormen Belastungen ausgesetzt gewesen. Aber dennoch wirkte sie wie 45 und schien über eine ungeheure Energie zu verfügen. Auch die Hunderte, womöglich Tausende von Burmesen, die nach der Freilassung im November 2010 ihrer Ansprache lauschten, waren derselben Ansicht. »Sie hat mehr durchgemacht als die meisten in ihrem ganzen Leben, aber dennoch sieht sie aus, als käme sie gerade aus einem zweiwöchigen Urlaub«, sagte ein ausländischer Diplomat, der die Geschehnisse vor Ort beobachtet hatte.

Wir setzten uns auf ein Sofa in ihrem Arbeitszimmer. Ihre Haltung war gleichermaßen kerzengerade wie entspannt, eine Folge zahlreicher mit Meditation verbrachter Stunden und Tage. Ich fragte sie nach ihrem Befinden und ihrer augenscheinlich guten Laune.

»Das ist nicht weiter verwunderlich«, erwiderte sie mit einem ironischen Ausdruck in den Augen. »Das Militär hat mir sieben Jahre Ruhe verordnet, und jetzt bin ich voller Energie, um meine Aufgaben zu erfüllen.«

Im Hinblick auf eine Zeit, die die meisten Menschen als vollkommen verschwendet bezeichnet hätten, war dies, milde ausgedrückt, eine interessante Haltung. Doch sie spiegelt ihre Art zu denken wider. All diese Jahre der Isolation hatte sie überstanden, indem sie die Situation akzeptiert und sich eher auf die positiven als die offensichtlich negativen Dinge konzentriert hatte.

»Ich habe mich immer frei gefühlt«, sagte sie. Ich war beeindruckt, wie konzentriert sie wirkte – so als wäre das Interview das Einzige, was in diesem Augenblick zählte. »Ich konnte immer sagen und denken, was ich wollte. Wenn meine Anwälte zu Besuch kamen, konnte ich mit ihnen über alles Mögliche reden.«

Sie bemerkte meinen skeptischen Gesichtsausdruck und fuhr daher fort. »Wie ich es sehe, gibt es zwei Stufen der Freiheit. Die erste Stufe beinhaltet die eigene Denkweise. Wenn man sich frei fühlt, so ist man frei. Wenn man seine Gedanken und Gefühle von anderen kontrollieren lässt, so führt das nur dazu, dass sie Macht über einen gewinnen. Die andere Stufe bezieht sich auf die Umgebung. Ist die Gesellschaft, in der man lebt, frei? In meinem Fall lautet die Antwort definitiv Nein. Burma ist für die dort lebenden Menschen kein freies Land.«

Dieselbe Aussage über innere Freiheit hatte ich schon von anderen politischen Gefangenen in Burma gehört. Um einen längeren Zeitraum der Isolation mental zu bewältigen, muss man sich eine Sphäre erschaffen, die die Gefängniswärter nicht durchdringen können, einen Raum, über den man selbst die Kontrolle behält. Sobald man sich als Opfer fühlt, hat man verloren.

Aus ebendiesen Gründen hatte Suu Kyi während ihrer Jahre in der Isolation immer eine strikte Disziplin gewahrt. Sie stand um fünf Uhr auf, meditierte, las Bücher und ging im Garten spazieren. Jeden Tag um dieselbe Zeit. Nach Beendigung eines früheren Hausarrestes hatte sie einmal eingehende Beschreibungen ihrer exakt eingeteilten Tage abgegeben. Ich fragte, ob sie während ihrer letzten sieben Jahre auf dieselbe Art gelebt hatte.

»Es macht mich stärker und verschafft mir größere Ruhe, wenn ich diszipliniert lebe«, sagte sie. »Und bei einem so lange andauernden Hausarrest sind beide Faktoren wichtig. Während der letzten Periode bin ich jedoch ein wenig von meinem Schema abgewichen. Ich hatte Gesellschaft von zwei Frauen, die für mich gearbeitet haben. Für sie war es allerdings kaum zu ertragen, meiner strikten Disziplin folgen zu müssen.«

Ich traf Aung San Suu Kyi zu einer Zeit, als Revolutionen und Volksaufstände die politische Geographie im Mittleren Osten und Nordafrika umzustoßen drohten. Aus Angst vor einer Ausweitung des Aufruhrs tat das Regime in Burma alles, um die Informationen zu begrenzen. Burmas Zeitungen, Funk- und Fernsehmedien haben im Jahr 2012 größere Freiheiten erlangt, doch lange Zeit unterlagen die Medien einer so harten Zensur, dass die alte sowjetische *Prawda* mit *Wikileaks* vergleichbar gewesen wäre. Während der intensivsten Phase des Arabischen Frühlings gab es keine Berichterstattung über den Thahir-Platz in Kairo oder die Umwälzungen in Tunesien. Kein Wort über die Proteste in Syrien oder Jemen.

Aung San Suu Kyi war dennoch überzeugt, dass die Neuigkeiten aus diesen Ländern das burmesische Volk erreichten. Dank Internet und anderer digitaler Medien ist es heutzutage unmöglich, der Bevölkerung die Entwicklungen in der Welt vorzuenthalten.

»Es spielt keine Rolle, wie totalitär das Regime ist«, sagte sie. »Trotzdem haben alle etwas über die Ereignisse in Ägypten erfahren. Die Bevölkerung sammelt Fakten. Im Vergleich zu der Zeit vor sieben Jahren ist das ein enormer Unterschied. Zu jener Zeit waren die Kommunikationswege noch gar nicht so gut ausgebaut.«

Ich fragte nach Ähnlichkeiten zwischen den Protesten in Ägypten und den Massendemonstrationen in Burma im Jahr 1988. Damals hatte die Junta mit brutaler Gewalt zugeschlagen und mehrere Tausend Aktivisten getötet. Die Protestwelle hatte dazu geführt, dass die 43 Jahre alte Suu Kyi ihr friedliches Leben als Akademikerin und Mutter in Oxford aufgab und ihren Platz als Anführerin der Demokratiebewegung einnahm.

»Es gibt gewisse Ähnlichkeiten«, sagte sie. »Die Menschen haben Unterdrückung und Diktatur immer irgendwann satt. Das ist meistens eine Frage der Zeit. Aber man darf nicht vergessen, dass den Ereignissen in Ägypten eine jahrelange Entwicklung vorausgegangen ist. So etwas geschieht nicht plötzlich, auch wenn es gerade so aussieht, als hätte sich die Bevölkerung über Nacht gegen das Regime erhoben.«

Als sich Suu Kyi in den Jahren 2002 und 2003 das letzte Mal in Freiheit befand, konnte sie im Land umherreisen und politische Zusammenkünfte abhalten. Die NLD organisierte mehrere Rundreisen durch Burma, und überall versammelten sich Tausende von Menschen, um ihr zuzuhören – ein Beweis dafür, dass die Strategie der Junta, sie zu marginalisieren, nicht aufgegangen war. Als ich ihr Anfang 2011 begegnete, hatte sie noch nicht herausgefunden, ob es diesmal Grenzen für ihre Bewegungsfreiheit gab, doch sie war zuversichtlich.

»Seit ich frei bin, ist mein Terminkalender voll. Bis jetzt habe ich es noch nicht wieder geschafft, durch das Land zu reisen. Ich habe viele Journalisten wie Sie getroffen, und das hält mich vom Reisen ab«, sagte sie mit einem ironischen Augenzwinkern.

Financial Times, *The Guardian*, *Al Jazeera*, *Time* und kleinere Magazine wie *Illustre* oder das schwedische *Ordfront* haben Interviews mit Suu Kyi veröffentlicht. Aber natürlich waren es nicht nur Journalisten, die sie nach ihrer Freilassung gern treffen wollten. Zahlreiche Diplomaten, Politiker, Vertreter verschiedener Organisationen und ganz gewöhnliche Burmesen haben den Warteraum vor ihrem Büro bevölkert. Sie ist mit politischen Gruppen und verschiedenen Vertretern der ethnischen Minderheiten zusammengetroffen.

Diese letzte Gruppe, die sie sogar in ihrer Nobelpreisrede im Juni 2012 erwähnte, hat immer im Zentrum der Politik Aung San Suu Kyis gestanden. Unmittelbar nach ihrer Freilassung ergriff sie beispielsweise die Initiative zur Durchführung einer neuen Panglong-Konferenz, an der das Militär, die Demokratiebewegung und die ethnischen Minderheiten teilnehmen sollten. Panglong ist ein Staat in Zentralburma, wo Suu Kyis Vater, der Befreiungsheld Aung San, die ethnischen Minderheiten in den 1940er Jahren davon überzeugte, sich einem föderalen Staat anzuschließen, dessen an den Landesgrenzen gelegenen Teilstaaten ein bedeutendes Maß an Selbstverwaltung versprochen wurde. Seit Jahren fordern viele Gruppen ein neues »Panglong-Abkommen«, um Burmas Probleme zu lösen.

Nach ihrer Freilassung hat Aung San Suu Kyi in verschiedenen Interviews häufig noch etwas anderes wiederholt – dass sie trotz des langen Hausarrestes keinen Hass gegenüber ihren Bewachern hege. Sie wolle mit den Generälen reden und sich nicht an ihnen rächen. Viele Male wiederholte Suu Kyi, dass sie sie als Menschen respektiere, auch wenn sie vielen ihrer Handlungen kritisch gegenüberstehe.

Ein faszinierender Kommentar, wenn man bedenkt, dass er von einer Person stammt, die 15 Jahre eingesperrt war. Faszinierend auch insofern, als die Junta sie jahrzehntelang als rachsüchtige dogmatische Aufrührerin dargestellt hatte.

Als ich sie im Februar 2011 traf, war sie seit knapp drei Monaten frei. Der deutlichste Effekt ihrer neugewonnenen Freiheit war die Tatsache, dass die Demokratiebewegung einen Teil ihrer Kraft sowie die Fähigkeit zur Mobilisierung der Menschen zurückgewonnen hatte. Kurz vor meinem Treffen mit ihr hielt die NLD eine Konferenz mit dem Zentralkomitee der Partei ab. Nur Minuten später sollte Aung San Suu Kyi mit ein paar hundert Jugendlichen zusammentreffen, die aus allen Landesteilen gekommen waren, um neue Jugendgruppen zu organisieren.

»Aufgrund meines Hausarrestes war ich natürlich nicht dabei und habe deshalb keine Vergleichsmöglichkeiten«, sagte sie, »aber ich glaube, dass es inzwischen mehr Aktivität gibt. Am Tag nach meiner Freilassung erklärte ich, dass es in erster Linie nun darum gehe, ein neues Netzwerk im Land aufzubauen. Und dazu ist es gekommen. Nicht alle sind der NLD beigetreten, aber es gibt viele kleine Gruppen in der Gesellschaft, die jetzt Kontakt zu uns suchen. Sie alle wollen zum Netzwerk der Demokratiebewegung dazugehören.«

Aung San Suu Kyi schien voller Hoffnung, war aber dennoch vorsichtig mit ihren Analysen im Hinblick auf eine denkbare Zukunft. Diese Lektion haben alle Burmesen im Laufe des letzten Jahrzehntes gelernt. Es gab viele hoffnungsvolle Augenblicke, aber auch viele Enttäuschungen und geplatzte Träume.

»Für die nahe Zukunft hege ich die Hoffnung, dass wir den Aufbau unserer Organisation fortsetzen und noch mehr Dinge verändern können, als uns bislang gelungen ist. Mit Sicherheit kann ich nur sagen, dass wir weiterhin hart arbeiten werden. Ich hoffe zudem, dass die Welt uns auch weiterhin unterstützt und sich nicht von äußerlichen Veränderungen auf der politischen Szene Burmas täuschen lässt.«

Natürlich sind ihr die Gefahren des Prozesses durchaus bewusst. In diesem Augenblick ist sie frei, bekleidet ein öffentliches Amt und kann zum ersten Mal seit 1988 in der Welt umherreisen. Aber schon morgen kann sie wieder verhaftet werden.

»Ich habe keine Angst«, sagte sie und strich mit der Hand über die Blume in ihrem Haar. »Zumindest nicht so weit, dass ich meine Handlungen von der möglichen Gefahr einer Verhaftung bestimmen lasse. Aber ich bin mir bewusst, dass ich wieder verhaftet werden kann. Das wünsche ich natürlich nicht. Im Hausarrest ist es äußerst schwierig, zu arbeiten und mit den Menschen zu kommunizieren.«

Ob es irgendwann zu einem weiteren Hausarrest kommt oder nicht – einzig sicher kann sich das Militär nur darüber sein, dass Aung San Suu Kyi nicht zu ignorieren ist. Vielleicht erklärt dies auch, warum das Regime eine Öffnung des Landes für Reformen zugelassen und Suu Kyi größere Freiheit sowie eine formelle politische Rolle zuerkannt hat. Nicht einmal korrupte Generäle können auf längere Sicht die Augen vor der Tatsache verschließen, dass Suu Kyi für alle, die ein anderes Burma wollen, eine sammelnde Kraft ist und bleiben wird. Lange Zeit wurde ihre Person derart mit politischen Inhalten assoziiert, dass die Erwähnung ihres Namens ein absolutes Tabu war. Auf den Straßen Ranguns nannte man sie »die Lady«. In den vom Staat kontrollierten Zeitungen gab man ihr weniger schmeichelhafte Namen und bezeichnete sie oft als »Miss Michael Aris« oder »Die Frau, die früher mit einem Ausländer verheiratet war«.

Aber Aung San Suu Kyis symbolische, ja geradezu ikonische Bedeutung erstreckt sich weit über die Grenzen Burmas hinaus. Das erste Mal wurde sie 1989 eingesperrt, nur wenige Monate, bevor die Berliner Mauer fiel und die Sowjetunion zusammenbrach. Und in der ganzen Zeit seit Zuerkennung des Friedensnobelpreises 1991 war sie ein Symbol des internationalen Kampfes für Freiheit und Menschenrechte.

Sie nimmt denselben Status wie Nelson Mandela zur Zeit des Apartheid-Regimes in Südafrika ein. Beide sind die am stärksten leuchtenden politischen Sterne ihres Heimatlandes. Beide haben einen großen Teil ihres Lebens in Gefangenschaft verbracht. Beide sind darüber hinaus im Kampf für die Freiheit zu großen Aufopferungen gezwungen gewesen. Als Aung

San Suu Kyi unter Hausarrest gestellt wurde, waren ihre Söhne Alexander und Kim 16 bzw. zwölf Jahre alt. Ihr Mann Michael Aris starb 1999 an Krebs, ohne dass sich die beiden voneinander verabschieden konnten. Mehrere Male wurde Aung San Suu Kyi angeboten, das Land zu verlassen, doch sie weigerte sich, weil sie genau wusste, dass sie niemals würde zurückkehren können, solange die Junta an den Hebeln der Macht saß. Nur zu gern hätte man sie zu einem Leben im Exil gezwungen.

Gleichzeitig haben sich Aktivisten auf der ganzen Welt für ihre Sache eingesetzt. Künstler wie Madonna, U2 oder REM haben Suu Kyi Titel auf ihren Alben gewidmet. (Bono traf sie übrigens bei der Entgegennahme des Nobelpreises in Oslo und bezeichnete sich selbst »als ihr größter Fan«.) Nobelpreisträger wie Václav Havel und Desmond Tutu haben sie mit Zeitungsartikeln, Vorträgen und politischen Kampagnen unterstützt.

Doch trotz aller Aufmerksamkeit, aller Artikel, TV-Programme und Lieder ist Aung San Suu Kyi für die meisten nur ein Symbol geblieben, ein Spiegel, der alle möglichen Träume und Hoffnungen reflektieren kann. Wer ist also eigentlich die Frau hinter diesem Bild? Wodurch wird Aung San Suu Kyi angetrieben und was macht sie so interessant für die gesamte Welt? Welche Bedeutung hat sie für Burmas Potential, sich aus dem Griff der Diktatur zu befreien? Was treibt sie trotz der enormen Belastungen Jahr für Jahr zur Fortsetzung des Kampfes an?

Schließlich verließ ich das Hauptquartier der NLD wieder. Die Fotografen auf der anderen Straßenseite schossen ein paar letzte Bilder, und in einer nutzlosen Demonstration von zivilem Ungehorsam starrte ich böse in ihre Richtung. Es war mitten am Tag. Die Hitze flirrte über dem Asphalt und die

Straßen waren wie leergefegt. Ich bat den Taxifahrer, mich zu einem Restaurant im Zentrum zu bringen. Ich wollte meine Notizen ordnen und das Interview niederschreiben.

Mir wurde klar, dass ich großes Glück hatte, weil trotz aller Probleme ein Interview zustande gekommen war. Während der meisten Jahre, in denen ich über Burma geschrieben hatte, wäre ein Interview mit Aung San Suu Kyi undenkbar gewesen. Nun fühlte es sich fast ein wenig seltsam an, eine Person getroffen zu haben, über die ich bereits so viel geschrieben, deren Freunde und Bekannte ich interviewt und deren Leben mittlerweile so massive internationale Aufmerksamkeit auf sich gezogen hatte. Vielleicht kann ich es nicht so gut beurteilen, aber meine Begegnung mit Aung San Suu Kyi bestätigte das Bild, das ich mir aus zweiter Hand durch Bücher und Interviews von ihr gemacht hatte.

Eine vollständige Biographie ist allein schon deshalb nicht möglich, weil ein Großteil ihrer Arbeit noch nicht vollendet ist. Sollte die Macht des Militärs in Burma eines Tages nachlassen, wird Aung San Suu Kyi eine aktive Rolle bei der Konstruktion eines neuen Staates und in dem langsamen Prozess der Etablierung einer neuen politischen Kultur spielen. Dieses Kapitel ihres Lebens ist noch nicht geschrieben.

Mit diesem Buch möchte ich gleichwohl das Bild einer der interessantesten politischen Persönlichkeiten unserer Tage nachzeichnen sowie über ihren Hintergrund in Europa und Asien, ihre politischen Einschätzungen und ihre Zeit als Politikerin in Burma berichten.

Diese Aufzeichnungen drehen sich um Aung San Suu Kyi und Burma, beginnen aber an anderer Stelle, nämlich im Mai 2009, als ein 53-jähriger Amerikaner im Inya See schwimmen gehen wollte.

2.
Der Schwimmer

Gott war ihm in einem Traum erschienen. Klare Bilder waren durch Johns Kopf geflossen. Er sah sich selbst einen dunklen See durchschwimmen und nahe eines weißen Steinhauses an Land gehen. Im Schutz der Dunkelheit hatte er an einer Tür gestanden. Dahinter befand sich die Frau, deren Ermordung er verhindern sollte.

Der Traum war leicht zu deuten. Bereits einige Monate zuvor hatte er sich an derselben Stelle befunden, war jedoch abgewiesen worden. Nun war er gezwungen, einen erneuten Versuch zu unternehmen. Würde er darauf verzichten, könnte er nicht in Frieden weiterleben. Nur zwei Jahre zuvor hatte er geträumt, dass sein Sohn Clint durch einen Motorradunfall sterben würde. Damals hatte er nicht auf die Warnung gehört, und als Clint einige Wochen später bei einem solchen Unglück ums Leben kam, war die Trauer umso größer, weil er die Tragödie hätte verhindern können.

Die Zeit nach dem Unfall war schwer und düster gewesen, und nun wollte er denselben Fehler nicht noch einmal machen. Um nicht entdeckt zu werden, lag er nun am Stadtrand von Rangun bäuchlings in einem Abflussrohr. Seine Kleidung war feucht und verschmutzt. Beinahe wäre sein Vorhaben gescheitert. Zwei bewaffnete Wächter in grünen Uniformen hatten den Weg, der um den See herumführt, passiert. Genau an der Öffnung des Abflussrohrs waren sie an ihm vorbeigekommen. Der Länge nach hatte er sich in den Dreck geworfen und war vorwärts gekrochen, so wie er es vor mehr als 30 Jahren in der Armee gelernt hatte. Das Rohr war fünf Meter lang und führte leicht abwärts. Je näher er der Mündung kam, desto höher stieg das Wasser. Nur wenige Minuten vergingen, dann war er vom kühlen Wasser des Inya Sees umgeben. Ein Platschgeräusch war zu hören, als seine beiden vollgepackten Kunststoffsäcke auf die Wasseroberfläche trafen, ansonsten war es still.

Er begann zu schwimmen, bemerkte aber, dass er noch immer Grund unter den Füßen hatte, und stapfte daher ein paar Schritte weiter. Er fühlte sich durch die unförmigen Schwimmflossen aus harter Pappe behindert, die er vor ein paar Minuten mit Klebeband an seinen Sandalen befestigt hatte.

In diesem Moment entdeckten ihn die beiden Soldaten. Oder vielmehr sahen sie die beiden Kunststoffsäcke, die auf den Wellen schaukelten und seinen Kopf verbargen. Einer der Soldaten hob einen Stein auf und warf ihn in Johns Richtung. Er verfehlte sein Gesicht um wenige Zentimeter. Dann kam noch ein Stein geflogen, und gleich ein weiterer. Sie zielten genau, so als wollten sie die Kunststoffsäcke versenken, schienen aber nicht zu bemerken, dass sich ein westlicher Ausländer mittleren Alters hinter der schwimmenden Zielscheibe versteckte.

Vorsichtig versuchte er, die Säcke im Takt der Wellenbewegungen weiterzuschieben. Plötzlich schienen die Soldaten das Interesse verloren zu haben. Sie wandten sich ab und zogen von dannen. Er war entkommen.

Eine gute Stunde brauchte er bis zum Ziel. Auf dem Weg dorthin wurde das Wasser tiefer, und er musste schwimmen. Als er das Haus mit der weißen, durch Feuchtigkeit beschädigten Fassade sah, wusste er, dass er das Ziel erreicht hatte. Mit den Kunststoffsäcken über den Schultern watete er die letzten Meter an Land. Er war müde und glaubte, furchtbaren Lärm zu verursachen. Aber die Dunkelheit war kompakt, und keiner der Wachleute an der Vorderseite des Hauses konnte ihn sehen. Ein paar Stufen führten zu einer Terrasse hinauf. Als er das letzte Mal hier gewesen war, hatte ihn das Hauspersonal abgewiesen. Er hatte nicht hereinkommen und seine wichtige Mitteilung vorbringen dürfen. Es war ihm lediglich gelungen, ein paar Bücher über die Kirche der Mormonen zu überreichen. Manchmal fragte er sich, ob die Dame des Hauses die Botschaft gelesen, sie überhaupt angenommen hatte.

Alles war so, wie er vermutete: Die Terrassentür war unverschlossen. Er öffnete sie langsam und vorsichtig und stand plötzlich mitten im Haus. In der Dunkelheit konnte er zwei Frauen sehen, die ihn anstarrten. Sie wirkten erstaunt, fast ein wenig schockiert.

Es war fünf Uhr früh am 4. Mai 2009, und John Yettaw hatte soeben seinen Traum wahr gemacht. Er hatte das Haus von Aung San Suu Kyi am Inya See in Rangun betreten.

Noch immer ist ungeklärt, was John Yettaw, dieser 53-jährige Mormone aus Missouri, mit seinem Besuch bei einer der bekanntesten und meistrespektierten politischen Gefangenen der Welt auszurichten erhoffte. Als er in dieser Mainacht aus dem Inya See kletterte, hatte Aung San Suu Kyi bereits 14 Jahre unter Hausarrest gestanden und war seit sechs Jahren fast vollständig von der Welt isoliert. Nur wenige Personen hatten Zugang zu ihr; zwei Hausangestellte (die beiden Frauen, denen Yettaw an der Terrassentür begegnete), ihre Ärzte, eine Kontaktperson aus der Demokratiebewegung und – ein paar wenige Male – Vertreter internationaler Organisationen.

Möglicherweise sah sich Yettaw als Held eines Dramas, in dem Aung San Suu Kyi ihre Freiheit wiedererlangen sollte. In den schwarzen Kunststoffsäcken hatte er unter anderem zwei schwarze Schadors mitgebracht – eine muslimische Kopfbedeckung, die den ganzen Körper bis zu den Knien verhüllt. Anscheinend hatte Yettaw geplant, sich selbst und Aung San Suu Kyi zu verkleiden und dann das Haus durch den Haupteingang zu verlassen. Offenbar hatte er nicht darüber nachgedacht, was wohl die Wächter sagen würden, wenn plötzlich zwei muslimische Frauen aus dem Haus der bestbewachten politischen Gefangenen Burmas herauskämen.

Yettaw durfte ein paar Stunden auf dem Fußboden in der Eingangshalle schlafen, wurde jedoch weggebracht, sobald die Abenddämmerung wieder einsetzte. Am Tag danach wurde er vor einem Geschäft im Zentrum Ranguns festgenommen; der Sicherheitsdienst hatte ihn offensichtlich beobachtet und nur auf den richtigen Moment gewartet, um ihn festzusetzen. Kurz danach wurden auch Aung San Suu Kyi und ihre beiden Hausangestellten verhaftet.

Für die Militärjunta kam Yettaws Ausflug wie ein Geschenk des Himmels. Aung San Suu Kyis aktueller Hausarrest, der im Mai 2003 begonnen hatte, sollte nur wenige Tage später enden, und laut burmesischem Gesetz konnte die Junta sie nicht länger festhalten, ohne sie zuerst von einem Gericht verurteilen zu lassen. Sie freizulassen war undenkbar. Burma befand sich schon jetzt in einer heiklen Lage und die ganze Macht der Junta stand auf dem Spiel.

Knapp zwei Jahre zuvor, im Herbst 2007, hatten die Demonstrationen buddhistischer Mönche, die sogenannte Safran-Revolution, den Blick der Weltöffentlichkeit auf die gewalttätigen Übergriffe der Junta gelenkt. Die massiven öffentlichen Proteste waren ausgebrochen, nachdem das Regime die Subventionen für Benzin, Gas und andere Treibstoffe gestrichen hatte und sich die Preise mit einem Schlag verdoppelten. Plötzlich mussten die Menschen ein ganzes Monatsgehalt für

Brennstoff aufwenden. Unter der Oberfläche hatten die Unruhen allerdings schon seit mehreren Jahren gegärt. Trotz des Versuchs der Junta, die Wirtschaft nach außen zu öffnen, unterliegen zahlreiche bedeutende Sektoren weiterhin einer harten staatlichen Kontrolle. Alle Im- und Exporte erfordern entsprechende Lizenzen, was ausgeprägte Korruption sowie unsinnige Papierarbeit nach sich zieht. Der Handel mit Reis wird von Unternehmen kontrolliert, die direkt oder indirekt der Junta unterstehen. Die Geschäfte mit den Nachbarländern werden durch mangelhafte Straßen und Schienenwege erschwert, es mangelt an vielen der wichtigsten Lebensmittel. Als Besucher in Burma kann man die Armut kaum übersehen.

Es gab also gute Gründe für die Proteste im September 2007. Einige Wochen war die ganze Welt Zeuge, wie Zehntausende von Mönchen im Protest gegen jahrzehntelange Übergriffe auf die Straßen gingen, und die ganze Welt war entsetzt, als die Junta den Aufstand kurz entschlossen und effizient niederschlug. Die Gewaltausbrüche führten zu massiven internationalen Protesten. Die USA und Europa verschärften ihre Sanktionen gegen das Land, und zum ersten Mal beschäftigte sich der UN-Sicherheitsrat mit der Krise in Burma. Bis zu diesem Zeitpunkt hatten China und Russland alle Versuche, den Druck auf die Militärjunta zu verstärken, blockiert. Nun forderte der Sicherheitsrat ein Ende der Gewalt und einen Dialog zwischen der Junta und der Opposition.

Auch wenn die Junta daraufhin den Anschein der Gesprächsbereitschaft zu erwecken suchte, geschah in der Praxis nichts. Tatsächlich wurden die Forderungen der UN mit Arroganz und Schweigen beantwortet, und der Sicherheitsrat hatte keine Möglichkeit, die Frage voranzutreiben.

Ein knappes Jahr später, am 2. Mai 2008, traf der Orkan Nagris auf die burmesische Küste. Große Teile des dichtbesiedelten Irrawaddy-Deltas wurden überschwemmt. Im Nachhinein ist es geradezu rührend, die Berichte der westlichen Medien über dieses Ereignis zu lesen, das sich später als extreme Naturkatastrophe entpuppen sollte. Sogar in Rangun, das weit entfernt von der am stärksten betroffenen Region liegt, wurden Bäume entwurzelt. Ganze Stadtviertel drohten einzustürzen. In der University Avenue 54 wurde das Dach von Suu Kyis Haus am Inya See durch die Orkanböen heruntergerissen.

Nichtsdestotrotz wurden die Schäden heruntergespielt. Am 5. Mai berichtete die *Daily Mail*, dass »mindesten 350 Menschen« durch den Orkan ums Leben gekommen seien. Drei Tage später veröffentlichten westliche Medien die von der Junta gemachten Angaben, nach denen ungefähr 8000 Menschen gestorben waren. Einige Wochen später jedoch kam die Wahrheit ans Licht. Die Zahl der Toten hatte sich auf 145000 erhöht und über zwei Millionen Menschen waren obdachlos.

Die Militärjunta begriff, dass eine Naturkatastrophe dieses Ausmaßes enorme politische Konsequenzen haben könnte, und tat daher alles, um die Tatsachen zu vertuschen. Zunächst lehnte sie internationale Hilfe für die Durchführung der Rettungsmaßnahmen ab, dann ließ sie die Hilfe zu, verweigerte ausländischen Helfern jedoch den Zutritt zum Land. Das Militär beschlagnahmte große Teile des Hilfspakets für seinen eigenen Bedarf und verteilte Lebensmittel und Geld in Form einer »Leihgabe« an die notleidende Bevölkerung. Große Geldsummen aus dem Hilfspaket wurden für Propagandazwecke missbraucht, wodurch sich die Junta die Verteilung von Lebensmitteln, Zelten und medizinischer Ausrüstung auf die eigenen Fahnen schreiben konnte. Schließlich sah man ein, dass die eigenen Kapazitäten nicht ausreichten, und ließ die Hilfsorganisationen ins Land. Doch obwohl die Zahl der Toten weiter stark angestiegen war, erhielten die Helfer monatelang keinen Zutritt zu den am stärksten betroffenen Gebieten. Die Junta hatte panische Angst davor, dass der Bedarf an ausländischer Unterstützung als Schwäche aufgefasst werden könnte. Der Bevölkerung sollte der Eindruck vermittelt werden, dass die Hilfsmaßnahmen direkt von der Junta erfolgten, denn sonst hätte die Katastrophe womöglich zu einem weiteren Volksaufstand führen können.

Während die Aufräumarbeiten fortgesetzt wurden und Millionen Burmesen ums Überleben kämpften, führte die Junta eine Volksbefragung zu einem neuen Grundgesetz durch. Jahrelang hatte sie an diesem Vorhaben gearbeitet und behauptete, das Gesetz solle zu einer Demokratisierung Burmas führen. Doch ihr Vorschlag war nichts anderes als eine Parodie auf demokratische Zustände. Dem Militär sollten bei allen zukünftigen Wahlen 25 Prozent der Parlamentssitze zugesichert werden, und Personen, die jetzt oder früher mit einem Ausländer verheiratet waren, sollte das Recht verweigert werden, für politische Ämter zu kandidieren. Dieser Paragraph war natürlich direkt gegen Aung San Suu Kyi gerichtet, die 1972 den britischen Staatsbürger Michael Aris geheiratet hatte. Darüber hinaus wies der Verfassungsentwurf keinerlei föderalistische Prägung auf, so wie es die ethnischen Minderheiten in Burma forderten. Diese wollten ein großes Maß an Selbstverwaltung, die Junta hingegen schlug vor, dass die wichtigsten politischen Gebiete der Kontrolle der Zentralregierung unterstellt bleiben sollten.

Als die Volksabstimmung ausgezählt wurde, behauptete die Junta allen Ernstes, dass 99 Prozent der Burmesen zur Wahl gegangen wären und über 90 Prozent für die neue Verfassung gestimmt hätten. Die ganze Weltöffentlichkeit gab ein Hohngelächter von sich, aber die Generäle verzogen keine Miene.

Kurz danach verkündete die Junta die Durchführung einer Wahl in Burma bzw. Myanmar, wie das Land von den Machthabern genannt wird. Die Bevölkerung sollte über die Zusammensetzung des Parlaments entscheiden, und die Generäle hatten den Wahlprozess so angelegt, dass sie die Macht behalten konnten. Aung San Suu Kyi allerdings gefährdete den sorgsam erarbeiteten Plan. Sie war einfach viel zu populär. Die Junta befürchtete, dass ihr die Wahl aus den Händen gleiten könnte, wenn Suu Kyi freigelassen würde. So war es schon beim letzten Mal im Jahr 1999 gekommen, als Aung San Suu Kyis Partei, die National League for Democracy über 80 Prozent der Parlamentssitze erringen konnte.

Somit nahm die Junta Yettaws kleine Schwimmtour zum Anlass, Suu Kyi erneut vor Gericht zu stellen. Der erste Anklagepunkt lautete, sie hätte gegen die Regeln des Hausarrestes verstoßen, indem sie Yettaw in ihr Haus einließ. Der zweite Anklagepunkt warf ihr vor, ein Gesetz gebrochen zu haben, das eine besondere Genehmigung für den Fall vorschrieb, dass ein Nichtfamilienmitglied im Haus übernachten wollte.

Der Prozess wurde vor einem Militärgerichtshof abgehalten. Die Junta wollte um jeden Preis größere Protestaktionen vermeiden und wählte daher einen Gerichtssaal im etwas abgelegeneren Insein-Gefängnis. Der Raum hatte einen schmutzigen Steinfußboden und ein Dach, aber keine Wände. In einiger Entfernung von den Angeklagten hockten die beiden Richter auf Stühlen, die mit zwei Meter hohen, reichverzierten Rückenlehnen versehen waren, wodurch es wirkte, als säßen die Richter auf Königsthronen. Links vor ihnen saßen Yettaw und sein Anwalt, auf der rechten Seite die Anwälte Aung San Suu Kyis. Im Gerichtssaal gab es keine Bandaufzeichnungsgeräte, keine Protokollanten, keine Bücher und auch sonst nichts, was einen Gerichtshof normalerweise ausmacht. Aung San Suu Kyi traf kurz vor Beginn der Verhandlung ein. Sie trug eine helle, lilafarbene Bluse und einen gestreiften Longyi, die burmesische Variante des Sarongs, und hatte die Haare zu einem Pferdeschwanz gebunden.

»Alle behaupten, dass sie über solch eine Ausstrahlung verfügt, daher hatte ich eigentlich erwartet, enttäuscht zu werden«, sagte die schwedische Diplomatin Liselott Martynenko Agerlid, die zur Beobachtung des Verfahrens anwesend war. »Als sie jedoch den Raum betrat, war sie einhundert Prozent Charisma.«

Sie unterhielt sich, scherzte mit ihren Anwälten und wandte sich schließlich an die Zuschauer. Sie sprach mit leiser Stimme, so dass sich die ausländischen Zuhörer um sie scharen mussten, um das Gegacker der Hühner, die Verkehrsgeräusche auf der Straße und das Regengeprassel auf dem Blechdach auszublenden. Aung San Suu Kyi bedankte sich für ihr Kommen und bat sie, ihre Dankbarkeit den jeweiligen Regierungen zu übermitteln. Die Anwesenheit von Vertretern anderer Länder war wichtig, unabhängig vom Ausgang des Verfahrens.

Aung San Suu Kyi und ihre beiden Hausangestellten wurden zu drei Jahren Gefängnis verurteilt. Auf direkten Befehl des Juntaführers Than Shwe wurde die Strafe allerdings in 18 Monate weiteren Hausarrestes umgewandelt. Yettaw wurde zu sieben Jahren Zwangsarbeit verurteilt, unter anderem wegen »ungesetzlichen Schwimmens«. Als westlicher Ausländer und noch dazu amerikanischer Staatsbürger hatte er jedoch nichts zu befürchten; er wurde freigelassen, nachdem der amerikanische Senator Jim Webb nach Rangun kam und über seine Entlassung verhandelte. John Yettaw konnte nach Falcon, Missouri, zu Frau und Kindern zurückkehren.

Die Junta konnte nun in aller Ruhe die für das folgende Jahr vorgesehene Wahl vorbereiten. Nachdem Suu Kyi wieder unter Hausarrest gestellt war, gab es niemanden, der die Junta vom letzten Schritt des Planes abhalten konnte. Formell sollte die Macht einer zivilen Regierung übertragen werden, doch in der Praxis behielt das Militär die Kontrolle über das Land. Ein langer Prozess stand vor dem Abschluss. Ein Prozess, der eigentlich schon Ende der 1980er Jahre begonnen hatte, als Aung San Suu Kyi nach Burma zurückkehrte.

3.
Heimkehr

Spät am Abend des letzten Märztages 1988 befanden sich Aung San Suu Kyi und ihr Mann Michael Aris in ihrem Haus in Oxford. Es war Freitag. Michael musste am folgenden Tag ein paar Dinge an der Universität erledigen, ansonsten freuten sich die beiden auf ein ruhiges Wochenende im Kreise der Familie.

Nachdem sie längere Zeiträume an verschiedenen Orten gelebt und gearbeitet hatten, oft sogar durch Kontinente und Weltmeere voneinander getrennt, wohnten sie nun bereits eine ganze Weile in Oxford. Ihre Söhne Kim und Alexander waren schon eingeschlafen, und die Eheleute machten es sich in ihren Sesseln bequem, um zu lesen, als das Klingeln des Telefons die Stille durchbrach. Der Anruf kam aus Rangun. Ein enger Freund der Familie berichtete, dass Aung San Suu Kyis Mutter Khin Kyi einen Schlaganfall erlitten habe. Ihr Zustand sei überaus kritisch, und die Ärzte wüssten nicht, ob oder wie lange sie überleben würde.

Folgt man der Auffassung, dass es im Leben eines Menschen bestimmte Augenblicke, Geschehnisse oder Zufälle gibt, die den weiteren Weg und die künftigen Entscheidungen definieren, so war dies für Aung San Suu Kyi ohne Zweifel ein solcher Moment. »Gleich nachdem sie den Hörer zurückgelegt hatte, fing sie an zu packen, und ich hatte das Gefühl, dass sich unser Leben für alle Zeiten verändern würde«, schrieb Michael Aris einige Jahre später.

Als Aung San Suu Kyi nach Burma kam, um am Bett ihrer Mutter im Rangoon General Hospital zu wachen, hatte sie seit über 25 Jahren nicht mehr im Land gelebt. Im Alter von 15 Jahren war sie mit ihrer Mutter nach Neu-Delhi gezogen. Khin Kyi war die erste Frau, die in Burma zur Botschafterin ernannt worden war, und sollte das Land in Indien vertreten. Als Suu Kyi alt genug war, die Universität zu besuchen, schickte man sie nach Oxford, wo sie Michael Aris kennenlernte. 1972 heirateten die beiden, und zu diesem Zeitpunkt hatte Suu Kyi bereits einige Jahre als UN-Angestellte in New York gearbeitet. Während die beiden in Bhutan lebten, erwartete Suu Kyi ihr erstes Kind, Alexander. Von dort zogen sie in die indische Gebirgsstadt Simla und danach zurück nach Oxford. Ein kosmopolitisches Leben, weit entfernt von dem isolierten Staat, zu dem Burma unter der Militärdiktatur geworden war.

Ihre Mutter hingegen war nach ihrer Dienstzeit als Botschafterin nach Burma zurückgekehrt, und Aung San Suu Kyi hatte sie in den 1970er und 1980er Jahren beinahe jedes Jahr getroffen.

Während sich Suu Kyi nun also zum ersten Mal wieder in Burma aufhielt, informierten sie Freunde und Verwandte über die Geschehnisse im Land. Sie berichteten über die Junta, die militärischen Übergriffe, die erbärmliche Wirtschaftlage und den Krieg gegen die ethnischen Minderheiten in den Grenzgebieten des Landes. »Früher oder später kamen wir immer auf die Politik zu sprechen«, sagte sie in einem Interview mit Alan Clements, der in den 1990er Jahren ein Buch über sie schrieb. Der Besuch in Burma war jedoch zunächst einmal nicht mehr als nur ein Besuch. Es gab keine Anzeichen, die darauf hindeuteten, dass sie ernsthaft plante, sich in der alten Heimat niederzulassen, und erst recht war nicht abzusehen, dass sie in kürzester Zeit eine der bekanntesten politischen Figuren der Welt werden sollte.

Natürlich könnte man einwenden, dass die Krankheit der Mutter oder der besagte Anruf keinen entscheidenden Einfluss auf sie hatten. Als Tochter des burmesischen Freiheitshelden Aung San musste Suu Kyi das ganze Leben ein Erbe mit sich herumtragen, und vielleicht war es einfach so, dass das Schicksal sie schließlich ereilte.

Ihr Vater hatte Burma von der britischen Kolonialherrschaft befreit und in den 1940er Jahren die erste demokratische Verfassung des Landes erarbeitet. Aung San war ein Mensch mit ausgeprägtem Charisma und hatte darüber hinaus die Unterstützung der meisten ethnischen Gruppen Burmas. Alle gingen davon aus, dass Aung San der erste Premierminister des souveränen Landes werden sollte, doch einige Monate vor der formellen Unabhängigkeit wurde er von einer rivalisierenden Gruppe innerhalb der nationalistischen Bewegung ermordet.

In der Innenstadt von Rangun drangen Soldaten in die Versammlungsräume der Regierung ein und eröffneten mit ihren Automatikgewehren das Feuer. Einige Minister wurden zusammen mit Aung San getötet. Viele betrachten die Morde in der Regierungskanzlei als Startpunkt für den Prozess der zunehmenden Machtübernahme durch das Militär, der schließlich 1962 in einem Staatsstreich mündete und zum Sturz der gewählten Regierung führte.

Das Andenken an Aung San wird in Burma noch immer hochgehalten. Überall hängt sein Bild an den Wänden, sei es im kleinsten Teehaus, in den Militärbaracken oder in den Büros der Demokratiebewegung. Alle möchten sich im Glanz des mythenumwobenen Bogyoke (General) Aung San sonnen.

Als ihr Vater ermordet wurde, war Aung San Suu Kyi zwei Jahre alt. Obwohl sie vor 1988 keinerlei konkrete Pläne für ein Leben in der Öffentlichkeit hatte, war ihr die Bedeutung dieses Erbes doch immer bewusst. Zu Beginn der 1970er Jahre, als sie in New York arbeitete und Michael Aris sich in dem kleinen Bergfürstentum Bhutan auf der anderen Seite der Erdkugel befand, konnten die beiden Frischverliebten eine Zeitlang nur in Form von Briefen miteinander kommunizieren. Über große räumliche und zeitliche Distanzen hinweg führten sie einen Dialog über ihre gemeinsame Zukunft. In einem ihrer Briefe schrieb Aung San Suu Kyi:

»Ich möchte dich nur darum bitten, dass du mir hilfst, meine Pflicht zu erfüllen, falls mein Volk mich brauchen sollte. Hättest du etwas dagegen, wenn diese Situation eintreten sollte? Ich weiß nicht, ob das sehr wahrscheinlich ist, aber es könnte dazu kommen.

Mitunter erschreckt mich der Gedanke, dass bestimmte Umstände oder nationale Erwägungen uns im Augenblick des Glücks trennen könnten. Eine Trennung wäre schrecklich. Dennoch weiß ich, dass solche Ängste banal und inkonsequent sind: Wenn wir einander lieben und achten, solange es möglich ist und so sehr wir können, dann bin ich sicher, dass die Liebe und das Mitgefühl am Ende siegen werden.«

Sie wusste, dass eine Zeit kommen könnte, in der Burma ihre ganze Aufmerksamkeit erfordern würde. »Sie wollte, dass ich ihr versprach, sie nicht aufzuhalten, wenn die Heimat sie riefe. Dieses Versprechen gab ich ihr«, sagte Michael Aris später in einem Interview mit der *New York Times*.

Trotz des sozialen und politischen Erbes hatte Aung San Suu Kyi bis 1988 von einer Einmischung in das politische Spiel des Landes Abstand genommen. In Alan Clements' Buch *The Voice of Hope* beschrieb sie, wie das Schicksal ihres Vaters – sowohl die anstrengende, aufopferungsvolle Arbeit während der Befreiung als auch das ultimative Opfer seiner Ermordung – sie dazu veranlasst hatte, eine öffentliche Rolle abzulehnen. Sie wollte es nicht. Und als sie nun nach Burma zurückkehrte, hatte sie keine Pläne, dauerhaft dort zu bleiben. »Die einzige Idee, die ich abgesehen von der Pflege meiner Mutter hatte, war, eine nach meinem Vater benannte Bibliothek aufzubauen«, sagte sie.

Das wahrscheinlichste Szenarium war demnach, dass Aung San Suu Kyi nach Oxford zurückkehren und wieder die maßvolle akademische Bahn verfolgen würde, die sie als junge Frau eingeschlagen hatte. Bis dahin hatte sie die Welt – im besten Fall – als Autorin und Spezialistin für burmesische Literatur kennengelernt.

Aber die Geschichte wählt nicht immer den wahrscheinlichsten Weg.

Die Erkrankung der Mutter fiel mit einer Zeit der politischen Umwälzung zusammen. Mitte der 1980er Jahre ordnete die UN Burma als eines der zehn ärmsten Länder der Welt ein. Eine Klassifizierung, die dem Wunsch Burmas entsprach. Denn wenn man auf dieser Liste der ärmsten Länder landete, erhielt man günstigere Bedingungen bei der Weltbank und dem Internationalen Währungsfonds – Burma brauchte Geld.

In den 26 Jahren seit der Machtübernahme durch General Ne Win und das Militär im Jahr 1962 hatte sich Burma von einem der aussichtsreichsten Länder Südostasiens in einen wirtschaftlich und politisch völlig missglückten Staat verwandelt. Die Arbeitslosigkeit erreichte Rekordhöhen, und die Inflation fraß die Ersparnisse der Menschen auf. Der Preis für Reis konnte innerhalb eines Monats um 20 bis 30 Prozent steigen. In Teilen des Landes herrschte Hungersnot und in den Grenzgebieten tobte ein scheinbar endloser Bürgerkrieg zwischen der Zentralregierung und den ethnischen Minderheiten. Im Herbst 1987 hatte Juntaführer Ne Win darüber hinaus die Situation mit einem Schlag verschlechtert, indem er alle existierenden Geldscheine für ungültig erklärte. Seine Tochter berichtete später, dass sein Astrologe ihm die Maßnahme empfohlen hätte, um die Kontrolle über die wirtschaftliche Entwicklung an sich reißen zu können. Von einem Tag auf den anderen wurde das alte Geld durch neue Scheine ersetzt, die glatt durch die Zahl 9, Ne Wins Glückszahl, teilbar waren. Plötzlich wurden Basare und Teehäuser von neuen und nicht ganz logischen 45er- und 90er-Scheinen überschwemmt. Zu jener Zeit vertrauten die Burmesen – aus guten Gründen – nicht den Banken des Landes. Die meisten hatten ihr Geld in der Matratze versteckt, und der Beschluss, die alten Scheine ohne Vorwarnung abzuschaffen, führte dazu, dass Millionen Menschen von heute auf morgen alle Ersparnisse verloren.

Am Tag nach Einführung dieser Maßnahme begannen die Studenten an der Technischen Universität in Rangun mit öffentlichen Protesten. Sie verließen ihre Unterkünfte in den nördlichen Stadtteilen, gingen auf die Straße, warfen Steine auf öffentliche Gebäude, zerstörten Autos von Regierungsangestellten und zertrümmerten einige Ampeln entlang ihres Weges. Die Polizei griff unter Anwendung von Gewalt ein und drängte die Studenten zurück, was der Lust am Aufruhr jedoch keinen Abbruch tat. Einige Wochen später veranstalteten die Studenten in dem im Osten des Landes gelegenen Arakan-Staat ähnliche Demonstrationen, desgleichen im kleinen Staat Pyinmana in Zentralburma. In Ermangelung eigener politischer Leitfiguren trugen einige Studenten Plakate mit dem Bild Aung Sans mit sich, die sie auch dann noch hoch hielten, als die Polizei das Feuer eröffnete. Ungefähr zur selben Zeit detonierten ein paar kleinere Bomben in Mandalay und Rangun. Eine dieser Explosionen zerstörte aus ungeklärten Gründen einen Teil der tschechischen Botschaft.

Nicht zum ersten Mal waren in Burma soziale Unruhen ausgebrochen. Im Prinzip haben Studenten und Aktivisten die Straßen immer dann bevölkert, wenn sich eine Gelegenheit ergab, um gegen den Militärputsch im Jahr 1962 zu protestieren. Ebenso gab es Demonstrationen, als der ehemalige UN-Generalsekretär U Thant 1974 in Rangun beigesetzt werden sollte. Jedes Mal hatte die Junta die Proteste mit Gewalt niedergeschlagen. Gleichwohl musste die Militärführung begriffen haben, dass sie es diesmal mit einer neuen Qualität an Protesten zu tun hatte. Die Studenten wollten nicht aufgeben, und unter der Oberfläche schien die gesamte Gesellschaft vor Zorn zu kochen. Nur ein Funke würde ausreichen, um eine Explosion herbeizuführen. Und wie schon so oft in Burmas Geschichte waren es die Studenten der Universität Rangun, die das Feuer entzündeten.

Drei Wochen vor Aung San Suu Kyis Eintreffen betraten drei Studenten ein Teehaus in der Nähe der Universität. Es war ein kleines, schäbiges Lokal mit Lehmboden und Bambuswänden, doch aufgrund seiner bezahlbaren Preise bei den Studenten beliebt. Außerdem gab es einen Kassettenrekorder und einige Bänder mit den populärsten Musikern. Als die drei Studenten hereinkamen, war der Kassettenrekorder von einer Gruppe lokaler Anwohner okkupiert, die traditionelle burmesische Musik hörte. Die jungen Studenten hatten eine Kassette mit der Musik von Sai Hti Hseng bei sich, der als Bob Dylan Burmas gilt. Nach einer Weile fragten sie den Besitzer, ob er nicht das Band wechseln könne, aber da begannen die älteren Männer lautstark zu protestieren. Der verbale Schlagabtausch entwickelte sich zu einem Handgemenge, und einer der Männer schlug dem Studenten Win Myint einen Stuhl auf den Kopf, woraufhin er ins Krankenhaus gebracht werden musste. Die Polizei griff ein, doch es stellte sich heraus, dass der Mann, der Win Myint geschlagen hatte, Sohn eines der lokalen Machthaber war. Er wurde unmittelbar darauf wieder aus dem Polizeigewahrsam entlassen. Die Studenten wurden wütend und zogen auf die Straße, um zu protestieren. Mittlerweile waren es ein paar hundert. Auf dem Weg zur Polizeiwache begegneten sie einer Abordnung der Einsatztruppe Lon Htein, die das Feuer auf die völlig wehrlosen Studenten eröffnete. Ein junger Mann namens Maung Phone Maw starb im Kugelhagel, der Zorn der Studenten wurde größer. Am Tag danach hatten die Lon Thein den kompletten Campus des Rangoon Institute of Technology (RIT) umzingelt. Die Studenten antworteten mit neuen Demonstrationen auf dem Campusgelände. Nach 24 Stunden wurden die Zugänge zum Gelände durch Militärfahrzeuge blockiert, die Soldaten drangen mit Gewehren und Schlagstöcken ein und schlugen in blinder Wut auf alles, was sich rührte.

Gleichzeitig warfen die Behörden den staatlichen Propagandaapparat an, um eine Ausweitung der Proteste zu verhindern. Das staatliche Radio meldete, die Studenten auf dem RIT-Campus hätten sich geweigert zu verhandeln, weswegen ein militärisches Eingreifen erforderlich geworden wäre. Die Regierungszeitung *Working People's Daily* berichtete, dass Maung Phone Maw nicht von Soldaten getötet wurde, sondern während einer Auseinadersetzung mit Zivilisten gestorben sei.

Kein Burmese, der im Vollbesitz seiner geistigen Kräfte war, schenkte den Angaben Glauben. Nach 26 Jahren Militärdiktatur hatten alle gelernt, dass Zeitungen und Radio nur Lügen verbreiteten und dass die Wahrheit woanders zu suchen war. Wie der Wind verbreiteten sich die Berichte über die blutigen Szenen auf dem RIT-Gelände, und schließlich erwachten auch die Studenten der Universität von Rangun. Schnell wurde eine Demonstration mit einigen Hundert Teilnehmern organisiert, die zur nahe gelegenen RIT marschieren sollten. Nach nur wenigen Kilometern, die Sonne stand hoch am Himmel, wurde ihnen der Weg am Ufer des Inya Sees von der Armee verstellt. Mehrere Lagen Stacheldraht waren ausgerollt worden, und als sich die Studenten umwandten, trafen sie auf die Lon Thein, die den Weg aus der entgegengesetzten

Richtung blockierten. Die Studenten waren wie in einem Schraubstock gefangen, und die Junta hatte sich entschieden, dieses Mal ein Exempel zu statuieren – mit tödlichen Folgen. Junge Frauen wurden bewusstlos geschlagen und vergewaltigt, andere wurden ertrinkend am Rand des Sees zurückgelassen. Viele Studenten wurden in die Militärfahrzeuge gepfercht, wo 40 von ihnen in der drückenden Mittagshitze qualvoll erstickten.

Dies war der blutige Anfang eines Sommers voller Proteste und gewaltsamer Aufstände, denen sich nach und nach immer mehr Burmesen anschlossen. Buddhistische Mönche bevölkerten zu Tausenden die Straßen, Arbeiter verließen ihre Fabriken. Grüne islamische Flaggen vermischten sich mit nationalistischen burmesischen Symbolen sowie Fahnen mit dem Pfauenmotiv, ein Symbol für die erstarkende Studentenbewegung. Christliche Geistliche der ethnischen Minderheiten trugen Schilder mit der Aufschrift »Jesus liebt Demokratie« umher. Sogar die Journalisten der ehemals so streng kontrollierten Zeitungen befreiten sich und schrieben, was sie als Wahrheit im Hinblick auf die Entwicklung des Landes auffassten. Die Richtlinien des Informationsministeriums, die jeden Morgen per Fax eintrafen und bis dahin die ganze Nachrichtenberichterstattung gesteuert hatten, landeten im Papierkorb. Die Lage war so chaotisch, dass niemand mehr kontrollieren konnte, was die Journalisten schrieben.

»Wir hatten einen Monat Freiheit, bevor das Regime wieder die Kontrolle übernahm. Es war eine eigenartige Erfahrung, endlich das schreiben zu können, was sich auf den Straßen tatsächlich zutrug«, sagte einer dieser ehemaligen Journalisten, als ich ihm einige Jahre später in Rangun begegnete. Nach dieser kurzen Phase der Freiheit war er zu fünf Jahren Gefängnis verurteilt worden.

Aung San Suu Kyi hielt sich von den großen Demonstrationen fern. In den ersten Monaten nach ihrer Ankunft in Burma wohnte sie mehr oder weniger im selben Krankenhauszimmer wie ihre Mutter und betrat das Haus in der University Avenue 54 nur, um zu baden, die Kleider zu wechseln und einige praktische Dinge zu erledigen. Doch auch wenn sie sich nicht um ihre Mutter hätte kümmern müssen, bleibt zu bezweifeln, dass Aung San Suu Kyi sich schon damals engagiert hätte. Die Straßen waren nicht ihre Arena. »Ich gehörte ganz einfach nicht zu den Menschen, die sich Demonstrationen anschlossen«, sagte sie einige Jahre später. »Ich bewunderte die Menschen für das, was sie taten, aber es war eine Welt, über die ich nichts wusste. Ich gehörte der großen schweigenden Mehrheit an, die sie unterstützte.«

Allerdings sah sie die Folgen der militärischen Brutalität, wenn misshandelte und schwerverletzte junge Leute ins Krankenhaus gebracht wurden. Parallel dazu bekam sie regelmäßig Besuch von älteren Politikern, die noch ihren Vater gekannt hatten und nun ausloteten, ob und wie sie sie in den Kampf gegen die Junta einbeziehen könnten. Bereits Ende der 1970er Jahre, als sie Burma besuchte und für ein Bibliotheksprojekt in Oxford Bücher sammelte, hatte U Tin Moe, Professor für Literatur an der Universität Rangun, sie gefragt, ob sie sich vorstellen könne, etwas für den Kampf gegen das Militär zu tun. »Ja natürlich, Onkel«, hatte sie geantwortet. »Aber was?« Damals konnte die Frage nicht beantwortet werden. Jetzt jedoch wussten die Oppositionspolitiker, dass die Protestbewegung ein ideologisches Zentrum brauchte – etwas oder jemanden, um den sich alle Gruppen – Studenten, ethnische Minderheiten, Religionsgemeinschaften und Gewerkschaften – scharen konnten. Jahrzehntelang hatte die Junta geherrscht, indem sie die verschiedenen Gruppen spaltete und gegeneinander ausspielte, um die Macht behalten zu können.

Wenn nun ein Aufstand gelingen sollte, war eine sammelnde Kraft erforderlich.

In Zeiten politischer Aufstände haben Gerüchte Hochkonjunktur. So kursierte einige Wochen das Gerücht, dass sich Aung San Suu Kyis älterer Bruder Aung San Oo an der Spitze einer großen Armee auf dem Weg von den USA nach Burma befände und auf dieselbe Art in das Land einmarschieren wollte, wie es sein Vater in den 1940er Jahren zusammen mit den Japanern getan hatte. Aung San Oo hatte allerdings zu keiner Zeit irgendwelche politischen Ambitionen gehegt. Seit Jahren war er amerikanischer Staatsbürger und hatte eine Ingenieurslaufbahn eingeschlagen. Während der 1990er Jahre zeigte sich außerdem, dass er der Junta näher stand als der Demokratiebewegung.

Aung San Suu Kyi hingegen war im Land und sympathisierte in höchstem Maße mit der Demokratiebewegung. Wer hätte demnach besser für diese Aufgabe gerüstet sein können als die Tochter des Mannes, der Burma befreit und das Land nach der Kolonialzeit geeint hatte? Gab es also etwas, das Aung San Suu Kyi beitragen könnte? Mehrmals wurde ihr diese Frage gestellt. Sie erwog die Möglichkeiten, gab aber im Laufe des Frühlings und des Sommers keine klare Antwort.

Zu dieser Zeit war sie in Burma noch weitestgehend unbekannt. Seit sie das Land 1960 verlassen hatte, publizierten die staatlichen Zeitungen in regelmäßigen Abständen kleine Notizen über sie, immer jedoch äußerst sparsam, und wenn sie in der öffentlichen Berichterstattung überhaupt vorkam, dann immer nur als Tochter von Aung San.

Nach drei Monaten im Krankenhaus stand fest, dass ihre Mutter nicht überleben würde. Ihr Zustand hatte sich schrittweise verschlechtert, und Suu Kyi konnte veranlassen, dass ihre Mutter die letzten Tage zu Hause verbrachte. In Oxford begannen im Juli die Ferien, so dass Michael und die Söhne nach Burma reisen konnten, um sie zu besuchen und sich von Khin Kyi zu verabschieden. Zum ersten Mal seit fast vier Monaten war die ganze Familie wieder unter einem Dach vereint.

Am Tag nach ihrer Ankunft, dem 23. Juli, trat Ne Win, der Chef der Junta, von seinem Posten ab. Der Druck der Proteste und die brutale Gewalt auf den Straßen waren schließlich zu viel geworden. Es war ein historischer Augenblick. Ne Win hatte das Land seit dem Militärputsch 1962 geführt. Die Armut, die internationale Isolierung und die Unterdrückung durch das Militär waren in höchstem Maße von ihm selbst erschaffen worden. Nun sprach er reuevoll von seinen »Fehlern« und versprach eine baldige Volksbefragung über die Zukunft des Landes. Zwar war nicht ganz klar, was er damit meinte, aber dennoch klang es für die Massen auf der Straße wie eine hoffnungsvolle Botschaft. Der Rücktritt des Diktators wurde als Sieg gefeiert. Der Preis dafür war hoch gewesen. Die meisten Demonstrationsteilnehmer kannten irgendjemanden, der zu einer Gefängnisstrafe verurteilt, misshandelt oder umgebracht worden war. Jetzt jedoch schien eine Veränderung möglich.

Als Aung San Suu Kyi die Abschiedsrede Ne Wins im staatlichen Fernsehkanal verfolgte, war es so, als sei ihr plötzlich etwas klargeworden. »Sie war völlig elektrifiziert, genauso wie der Rest des Landes«, schrieb Michael Aris. »Zum ersten Mal sollte das Volk eine Chance bekommen, die Kontrolle über sein eigenes Schicksal zu übernehmen. Ich glaube, dass sich Aung San Suu Kyi in diesem Augenblick dazu entschieden hatte, etwas zu unternehmen.«

Die Hoffnung auf einen raschen Übergang zu einer zivilen Regierung wurde jedoch fast unmittelbar danach zerstört. Nach Ne Wins Abgang wurde General Sein Lwin zum neuen Premierminister ernannt. Er war derjenige, der im Frühjahr das Blutbad unter den Studenten angerichtet hatte und seitdem bei der Bevölkerung unter dem Namen »Schlächter von Rangun« geführt wurde. Kaum ein Politiker also, dem das Volk vertrauen würde.

Sein Lwin verkündete für ganz Burma den Ausnahmezustand, die Menschen auf der Straße tobten. Am 8. August um 8.08 Uhr begann die größte Volkskundgebung in der Geschichte Burmas. Peter Conrad, ein in Bangkok lebender buddhistischer Theologe, war genau zu diesem Zeitpunkt in Rangun. Seine Schilderungen stammen aus Bertil Lintners Buch *Burma in Revolt*:

»Ich stand genau um neun Uhr morgens auf dem Balkon meines Hotelzimmers. Ein paar maskierte junge Leute kamen mit Höchstgeschwindigkeit auf Fahrrädern die fast menschenleere Straße herunter. Sie riefen irgendetwas auf Burmesisch. Vermutlich riefen sie, dass die Demonstranten auf dem Weg seien. Ein paar Minuten später kamen einige Studenten und bildeten einen menschlichen Schutzwall um die Soldaten, die auf der Straße postiert waren. Jemand sagte, sie seien gekommen, um die Soldaten vor den Angriffen der sich nähernden Demonstranten zu beschützen. Dann sah ich sie in einer massiven Kolonne über die Eisenbahnbrücke an der Sule Pagoda Road heranströmen. Sie waren mit ihren Plakaten und Fahnen auf dem Weg in die Innenstadt. Es waren Tausende, die die Faust zum Himmel reckten und Parolen gegen die Regierung schrien.«

Tausende war sicher stark untertrieben. Tatsächlich waren es Millionen Menschen, die an diesem Tag die Straßen Burmas entlangmarschierten. In mindestens 200 der 314 burmesischen »townships« wurden große Demonstrationen durchgeführt. Allein in Taungyi, der Hauptstadt des in den Bergen gelegenen Shan-Staates im Osten Burmas, demonstrierten über 100000 Menschen.

Sein Lwin ließ sie bis zum späten Abend des 8. August gewähren. Dann schickte er das Militär. Im Laufe der Nacht und der folgenden fünf oder sechs Tage wurden mehrere Tausend Menschen getötet und noch viel mehr ins Gefängnis geworfen. Augenzeugen haben die brutalen Tötungsaktionen geschildert. Auf meiner ersten Burma-Reise Mitte der 1990er Jahre begegnete ich einem Touristenführer, der 1988 Student gewesen war. Er hatte sich in den vordersten Reihen aufgehalten, als das Militär in Rangun das Feuer eröffnete. Ein Mädchen direkt hinter ihm war von einer Kugel in den Hals getroffen worden und starb an Ort und Stelle. Sein bester Freund, der neben ihm lief, hatte einen Schuss ins Bein abbekommen und musste über die schmutzigen Straßen geschleppt werden, um dem Durcheinander zu entkommen. Er selbst war verhaftet und in einem Massenprozess zu einem Jahr Gefängnis verurteilt worden. »Ich hasse dieses Regime«, sagte er und blickte sich nervös um, weil er fürchtete, dass einer seiner Landsleute ihn hören und bei den Behörden anzeigen könnte.

In diesem aufgeheizten politischen Klima entschied sich Aung San Suu Kyi öffentlich hervorzutreten. Zusammen mit Tin Oo und ein paar anderen Oppositionellen schrieb sie einen Brief an die Junta, in dem sie eine Übergangslösung vorschlug, um die verfahrene politische Lage zu lösen. Ein von der Junta unabhängiges Komitee sollte die Regierungsgeschäfte übernehmen und das Land in Richtung Demokratie steuern. Im Prinzip thematisierte dieser Brief die Erfordernis eines Dialogs – eine Thematik, die in Aung San Suu Kyis Rhetorik im Laufe der Jahre immer wieder aufgetaucht ist. Die Generäle jedoch betrachteten diesen Brief als reine Provokation. Der jahrzehntelange Konflikt zwischen Suu Kyi und dem Militär wurde hierdurch eingeleitet.

Gleichwohl sah sich Aung San Suu Kyi in dieser Situation noch nicht als Anführerin der Demokratiebewegung. Einige Tage nach dem 8. August traf Suu Kyi mit Vertretern eines Fachverbandes zusammen, der sich aus den Dozenten an der Universität Rangun zusammensetzte. Sie hatten ihren Brief an die Junta gelesen und forderten sie jetzt auf, die Rolle der Oppositionsführerin zu übernehmen.

»Sie hatte große Zweifel«, berichtete einer der Teilnehmer, als ich ihm viele Jahre später in Bangkok begegnete. »Sie erklärte, dass sie keine Politikerin sei. Allerdings konnte sie sich vorstellen, zwischen den Demonstranten und der Militärjunta zu vermitteln.«

Das verwohnte weiße Steinhaus am Inya See wurde dennoch bald zu einem Zentrum für die wachsende Demokratiebewegung. Aktivisten, Journalisten und Studentenführer scharten sich um Aung San Suu Kyi, ja sogar eine Gruppe älterer Staatsmänner – Überläufer von der Junta, die sich schon lange eine andere Entwicklung für ihr Land wünschten. U Tin Oo, der ehemalige Verteidigungsminister, und U Kyi Maung, der in den 1940er Jahren mit Aung San gegen die Briten gekämpft hatte, waren die prominentesten Vertreter der ehemaligen Machthaber, die sich nun für die Demokratiebewegung einsetzten. Beide waren in den 1940er Jahren zur Armee gekommen und hatten während der demokratischen Periode dem Land als Offiziere gedient. U Kyi Maung hatte das Militär 1963 verlassen, ein Jahr nach dem Militärputsch, während U Tin Oo die Junta im Zusammenhang mit der brutalen Niederschlagung der Studentenproteste verließ, die sich anlässlich der Beisetzung von U Thant 1974 abgespielt hatten. Beide Politiker hatten sich zu Kritikern Ne Wins entwickelt und mehrere Jahre im Gefängnis verbracht. Und für beide war es eine große Sache, dass General Aung Sans Tochter sich nun auf die Seite der Opposition stellte. »Ich kannte ihren Vater«, sagte U Tin Oo in einem Interview, »und sie erinnert mich sehr an ihn. Allein die Art, wie sie lacht oder den Kopf neigt. All ihre Gesten ähneln seinen.«

Inmitten all dessen, der tropischen Hitze der Regenzeit, der Gewalt auf den Straßen und dem immer häufiger frequentierten Haus in der University Avenue, befand sich Suu Kyis Familie. Michael Aris hat diese Monate in Rangun einige Jahre später mit großem Mitgefühl in dem Buch *Freedom from fear* geschildert:

»Trotz der hektischen Aktivität verlor das Haus nie seine warme, liebevolle Atmosphäre. Wie immer man es beurteilen mag, so ist Suu doch eine einzigartige Person, das kann ich nach 20 Ehejahren mit Sicherheit sagen. Dennoch weiß ich nicht, wie sie es schaffte, sich gleichzeitig um ihre Kinder und die Pflege ihrer im Sterben liegenden Mutter zu kümmern und all den Menschen gerecht zu werden, die sie jetzt zur Anführerin im Kampf für Demokratie und Menschenrechte gemacht hatten. Das hatte sicher etwas mit ihrem starken Verantwortungsgefühl und ihrer klaren Definition von Richtig und Falsch zu tun. Eigenschaften, die anderen wie ein tödliches Gewicht auf den Schultern liegen, trägt sie mit größter Anmut.«

Das Blutbad am 8. August hinderte die Menschen nicht daran, mit ihren Demonstrationen fortzufahren. Sie trotzten den Maschinengewehren und begaben sich erneut auf die Straßen. Schließlich kam das Militär zu dem Schluss, dass es seine Strategie ändern müsste. Sein Lwin wurde als Präsident und Führer der Junta abgesetzt und von dem bekannten Historiker Maung Maung abgelöst, der unter anderem eine schmeichlerische Biographie über den Diktator Ne Win verfasst hatte. Zum ersten Mal seit dem Putsch 1962 stand ein Zivilist an der Spitze der politischen Führung. Der Ausnahmezustand wurde aufgehoben, und Maung Maung löste Ne Wins Versprechen hinsichtlich einer Volksbefragung zur politischen Zukunft des Landes ein.

Am 26. August 1988 hielt Aung San Suu Kyi eine große öffentliche Rede an der Shwedagon-Pagode. Ein paar Tage zuvor war sie bereits vor dem Rangoon General Hospital in Erscheinung getreten, doch war dieser Auftritt eher eine Generalprobe. Jetzt war es keine Probe mehr. Der Ort war mit großer Sorgfalt ausgewählt worden, so dass niemand die Symbolik übersehen konnte. Die Shwedagon-Pagode mit ihrer fast 70 Meter hohen und komplett vergoldeten *Stupa*, ist einer der heiligsten Orte des Buddhismus. Für die Burmesen galt die Pagode lange als Symbol für den Kampf gegen die britische Kolonialmacht. Außerdem hielt Aung San hier 1946, als Burma an der Schwelle zur Unabhängigkeit stand, eine seiner wichtigsten politischen Reden.

Die Angaben über die Anzahl der Menschen, die kamen, um ihr zuzuhören, variieren stark, aber sehr wahrscheinlich waren es über eine halbe Million. Aus dem ganzen Einzugsbereich Ranguns strömten die Menschen herbei. Mehrere Tausend Zuhörer hatten sich schon am Abend zuvor eingefunden und vor der Pagode übernachtet, während andere früh am Morgen aufgestanden und viele Kilometer gelaufen waren, um rechtzeitig einzutreffen.

Auch der Propagandaapparat der Junta ruhte nicht. Sie hatten begriffen, dass sie einer ungewöhnlichen Bedrohung gegenüberstanden. Ein Kleinlastwagen fuhr umher und verteilte große Stapel mit Flugblättern. Als die Zuschauer die Papierzettel aufhoben, konnten sie hässliche Verunglimpfungen über Aung San Suu Kyi und ihren Mann lesen. »Fahr zur Hölle, du verfluchte Ausländerin«, war auf einem zu lesen, »Völkermordsprostituierte« auf einem anderen. Einige Zeichnungen auf den Flugblättern waren geradezu obszön.

Aung San Suu Kyi verspätete sich um einige Minuten. Wie üblich trug sie traditionelle burmesische Kleidung; eine weiße Bluse mit bis zu den Ellbogen aufgerollten Ärmeln, einen farbenfrohen burmesischen Longyi und eine weiße Blume im Haar. Die große Schar ihrer Anhänger hatte von Gerüchten gehört, dass die Junta sie ermorden wollte. Ein Dutzend junge Frauen in exakt der gleichen Kleidung umgab Suu Kyi, so dass sie in der Menge nur schwer auszumachen war.

Suu Kyi war vollkommen ruhig und überzeugt davon, dass ihre Stimme für das große Publikum ausreichen sollte. Allerdings wurde sie etwas nervös, als es kaum möglich war, durch die Menschenmasse hindurchzugelangen. Es war ihr klar, dass ihr Auftritt erst mit großer Verspätung würde stattfinden können. Doch schließlich konnte sie das provisorische Podium vor der Pagode erklimmen. Die Veranstalter hatten hinter ihr ein großes Bild von Aung San befestigt und eine Fahne der Befreiungsbewegung aus den 1940er Jahren aufgestellt. Niemand sollte die Symbolik übersehen.

Die zahlreichen Menschen sowie die armselige Lautsprecheranlage führten dazu, dass die meisten nicht hörten, was Aung San Suu Kyi sagte. Aber Aung Sans Tochter war gekommen, um sie im Kampf gegen die Junta zu unterstützen, und das allein reichte. Dieser Auftritt war genau die Unterstützung, die sie brauchten. In all der Dunkelheit, durch die das burmesische Volk seit Eskalation der militärischen Gewalt gegangen war, wirkte sie wie ein leuchtender Stern. »Die Stimmung war so gut und die Erwartungen so groß, dass sie genauso gut ihre Wäschereirechnung hätte vorlesen können, und dennoch wären ihre Worte mit stürmischem Applaus quittiert worden«, schreibt Justin Wintle in seinem Buch *Perfect Hostage*.

»Vor ihrer Rede an der Shwedagon hatten wir uns kein Bild von ihr machen können«, sagt Maung, der später ein leitendes Mitglied in der Jugendorganisation der Demokratiebewegung wurde. »Viele von uns waren sehr skeptisch. Sie hatte ihr ganzes Leben im Ausland verbracht. Was wusste sie über unsere Probleme? Konnte sie überhaupt Burmesisch sprechen? Aber sie überzeugte uns.«

Sie hielt ihre Rede auf fast perfektem Burmesisch. Viele von denen, die sich an ihren Vater erinnern konnten, waren erstaunt über die großen Ähnlichkeiten zwischen den beiden. Suu Kyi hatte dieselbe schlanke Figur und aufrechte Haltung, dieselbe Intelligenz, dieselben dunklen Augen und feinen Gesichtszüge wie ihr Vater. Außerdem sprach sie auf dieselbe Art wie er. Zwar war Aung San ein eher lautstarker und agitatorischer Redner gewesen, viele hatten ihn sogar als Streithammel bezeichnet, aber die beiden hatten dieselbe Art, ohne Umschweife zum Kern der Sache zu kommen, und benutzten dieselben kurzen Sätze und schlagfertigen Formulierungen.

Sie begann ihre Rede mit einer Lobeshymne auf die Studenten und Aktivisten, die an der Spitze der Demonstrationen gegangen waren, und bat um eine Schweigeminute für alle, die ihr Leben einer besseren Zukunft des Landes geopfert hatten. Es muss ein magischer Augenblick gewesen sein, als sich eine halbe Million Menschen von einer lautstarken und lebhaften Menschenmenge in andächtig lauschende Zuhörer verwandelte. Danach erläuterte Aung San Suu Kyi, warum sie beschlossen hatte, sich in der Demokratiebewegung zu engagieren.

»Manche Menschen behaupten, dass ich nichts über burmesische Politik weiß, weil ich große Teile meines Lebens im Ausland zugebracht habe und mit einem Ausländer verheiratet bin [...] Doch das Problem ist eher, dass ich zu viel weiß. Meine Familie weiß besser als viele andere, wie kompliziert und riskant burmesische Politik sein kann und wie mein Vater in diesem Spiel geopfert wurde.«

Sie erwähnte die Zweifel ihres Vaters, nach der Souveränität des Landes tatsächlich die Rolle des Premierministers übernehmen zu können. Er hatte geahnt, dass der weitere Weg nach der Befreiung kompliziert werden würde und dass diejenigen, die sich an die Spitze der neuen Nation stellten, große persönliche Opfer würden erbringen müssen. Er hatte davon gesprochen, sich zurückzuziehen und stattdessen lieber Schriftsteller zu werden.

»Die Zweifel meines Vaters hatten dazu geführt, dass ich mich von dem politischen Spiel fernhalten wollte. Manche fragen sich vielleicht, wieso ich mich jetzt für diese Bewegung engagiere. Als Tochter meines Vaters kann ich mich nicht länger passiv gegenüber den Dingen verhalten, die um mich herum geschehen. Diese nationale Krise ist nichts anderes als ein zweiter Kampf für die Souveränität.«

Diese letzte Formulierung war für den Auftrag, den Aung San Suu Kyi daraufhin übernahm, von zentraler Bedeutung. Sie würde die Arbeit ihres Vaters fortsetzen. Die Souveränität war den Burmesen 1962 durch den Militärputsch und die darauffolgende Tyrannei genommen worden. Jetzt sprach sie sich für den Übergang zu einem Mehrparteiensystem mit demokratischen Wahlen aus. Gleichwohl wurde klar, dass sie sich in einem Punkt radikal von ihrem Vater unterschied. Aung San hatte während des Befreiungskampfes niemals vor der Anwendung gewaltsamer Methoden zurückgeschreckt. Er hatte sogar aktiv dafür plädiert, dass sich die jungen Nationalisten in den 1930er Jahren bewaffnen sollten. Aung San Suu Kyi hingegen war der Ansicht, dass die neue Demokratiebewegung gewaltfrei sein müsse. Gewalttätige Proteste würden der Junta nur das Argument liefern, mit denselben Mitteln zu antworten. Trotz ihrer pazifistischen Grundüberzeugung, die tief im Buddhismus und der Denkweise Mahatma Gandhis verwurzelt ist, betonte Suu Kyi, dass die Armee in einem demokratischen Burma gleichwohl eine Funktion haben müsse.

»Ich will keine Kluft zwischen der von meinem Vater gegründeten Armee und den Menschen, die ihn tief und innig geliebt haben. Von diesem Rednerpult möchte ich die Offiziere in der Armee demütig darum bitten, das Mitgefühl und die Sympathie zu erwidern.«

Michael Aris und die Söhne Alexander und Kim standen auf dem Podium hinter Suu Kyi. Nyo Ohn Myint, einer der jungen Aktivisten in der Demokratiebewegung, berichtete, dass Michael Aris zwar stolz, aber auch voller Zweifel war. »Sein Gesichtsausdruck sagte ungefähr Folgendes: Jetzt werde ich meine Frau und meine Familie und mein Privatleben verlieren.« Auf dem Rückweg von der Veranstaltung fuhr Nyo Ohn Myint im selben Wagen wie Michael Aris. Aung San Suu Kyi hatte entschieden, dass sie und ihr Mann verschiedene Fahrzeuge benutzen sollten, damit er im Falle eines gegen sie gerichteten Attentats nicht in Gefahr geriet.

»Alle im Auto redeten wild durcheinander«, erzählte Nyo Ohn Myint. »Nur Michael Aris saß schweigend da, blickte aus dem Fenster und war tief in Gedanken versunken.«

Eine andere Person, die Aung San Suu Kyi an diesem Tage zuhörte, war die 20-jährige Khin. Sie war Studentin an der Universität und hatte seit dem Frühjahr an den Demonstrationen teilgenommen. Dabei hatte sie auch die Gewalt der Soldaten erlebt, und viele ihrer Freunde waren verhaftet und ins Gefängnis geworfen worden.

»Als ich Aung San Suu Kyis Rede hörte, liefen mir Tränen über die Wangen«, erzählte sie später, nachdem sie gezwungen worden war, aus dem Land zu fliehen. »Ich weinte. Ich wusste sofort, dass sie diejenige war, nach der wir suchten. Sie konnte die Demokratiebewegung anführen.«

Die Wochen nach Aung San Suu Kyis Rede waren von Tumulten gekennzeichnet. Nach den Massakern im August konnten die Menschenmassen nicht länger kontrolliert werden. Die Studentengruppen, die die Demonstrationen angeführt hatten, reichten kaum aus, um gewaltbereite Elemente fortzujagen. Mindestens 50 Sicherheitsagenten kamen dem aufgebrachten Mob in die Quere und wurden am nächsten Laternenmast aufgehängt oder mit selbstgebastelten Macheten geköpft.

Aung San Suu Kyi tat ihr Bestes, um die aufgeheizte Stimmung abzukühlen, und betonte immer wieder die Wichtigkeit gewaltfreier Methoden. Doch es half nichts. Der Mob erging sich weiter in Misshandlungen und Zerstörungen. Endlich hatte das Militär den Vorwand gefunden, um die Kontrolle wieder an sich zu reißen. Am 18. September, als der Rest der Welt seinen Blick auf die ersten Wettbewerbe der Olympischen Spiele in Seoul richtete, verkündete General Saw Maung, dass das Militär wieder die Kontrolle übernommen hatte. (Das Datum war kein Zufall. 1 + 8 = 9, und September ist der neunte Monat; Ne Win und sein Astrologe steuerten hinter den Kulissen weiterhin die Ereignisse.) Der Zivilist Maung Maung wurde als Premierminister abgesetzt und nahm wieder seine Rolle als Historiker ein. Die Gruppe, die jetzt das Land führen sollte, nannte sich State Law and Order Restauration Council, SLORC. Zum zweiten Mal innerhalb kurzer Zeit wurde über das gesamte Land der Ausnahmezustand verhängt, und zum zweiten Mal antwortete die Bevölkerung mit massiven Protesten. Mehrere Hundert Menschen verloren ihr Leben, als die Soldaten das Feuer auf wehrlose Zivilisten eröffneten.

Dieses Mal war das Militär wesentlich besser organisiert als bei den Kundgebungen am 8. August. Ziel war, ein für alle Mal ein Exempel zu statuieren. Der Putsch und die darauffolgenden Gewaltausbrüche veranlassten viele Burmesen, sich über die Grenze nach Thailand zu retten. Tausende junger Studenten – Aktivisten, die an der Spitze der Protestbewegung standen – schlossen sich den Guerillatruppen der ethnischen Minderheiten im bewaffneten Kampf gegen die Junta an.

Inmitten dieses Wirrwarrs verkündete General Saw Maung, dass Burma seinen Namen wechseln und von nun an Myanmar heißen sollte. Burma sei ein Name aus der Kolonialzeit, der außerdem die ethnischen Minderheiten des Landes nicht berücksichtige. Problematisch war nur, dass die ethnischen Minderheiten der gegenteiligen Auffassung waren. Myanmar war der Name des alten burmanischen Königreiches. Der Namenswechsel wurde von den meisten ethnischen Gruppen als Ausdruck für die Herrscherambitionen der Junta verstanden. Burma hingegen war ein britischer Name, aber auch eine Bezeichnung, den die Minderheiten akzeptieren konnten. Die Demokratiebewegung betrachtete den Namenswechsel als billigen Versuch der Junta, ihren schmutzigen Ruf reinzuwaschen. Hierin liegt auch die Erklärung, warum die Demokratiebewegung im Exil sowie die meisten Medien auf der Welt noch heute Burma sagen, während die Diplomaten der UN sowie Vertreter anderer Institutionen den Namen Myanmar verwenden.

Saw Maung verkündete außerdem – zum Erstaunen vieler –, dass die Junta eine demokratische Wahl durchzuführen beabsichtige. Der Beschluss war eine direkte Reaktion auf die

Volksproteste; Saw Maung hatte begriffen, dass etwas getan werden musste, damit sich die Revolte nicht in eine vollständige Revolution verwandelte.

Aung San Suu Kyi befand sich im Schlafzimmer ihrer Mutter im zweiten Stock der University Avenue 54 und hörte die Nachricht im Radio. »Meine stärkste Empfindung war Zweifel«, sagte sie einige Jahre später. »Ich zweifelte an der Ehrlichkeit der Junta und wusste nicht, ob sie wirklich eine freie und gerechte Wahl anstrebte.«

Die Zweifel waren berechtigt. Hinter Saw Maung agierte eine Reihe skrupelloser Akteure, wie der Chef des Sicherheitsdienstes, Khin Nyunt, sowie General Than Shwe, die sich später auf die Posten der Juntaführer hieven sollten. Eiskalt rechneten sie aus, dass die Wahl zu einem zersplitterten Parlament führen würde. Ethnische und politische Gruppen würden im selben Maße gegeneinander wie gegen das Militär kämpfen. Unter dieser Voraussetzung sollten die Generäle in der Praxis das Land weiter regieren können. Möglicherweise hatte die Junta aber auch ein überhöhtes und fehlerhaftes Bild von der Volksmeinung. In Burma gab es keine unabhängigen Informationsquellen. Alle Zeitungen, Radiostationen und Fernsehkanäle wurden von den Zensurbehörden umfassend kontrolliert. Jede noch so kleine Veröffentlichung, ja sogar Todesanzeigen, wurden vorweg einer Untersuchung unterzogen und den Interessen der Junta angepasst.

In den allermeisten Systemen, die auf derart strenge Weise kontrolliert werden, weiß die Bevölkerung, dass die Medien lügen. Oft kümmert es niemanden, was in der Zeitung steht. Es gibt andere, geheime Kanäle, um herauszufinden, was wirklich im Land geschieht. Aber diese Tatsache dringt nicht unbedingt bis zu denjenigen vor, die an der Spitze des Landes stehen. Die Mitglieder der Junta werden mit Informationen gefüttert, die sie von Untergebenen erhalten, welche sich einschmeicheln und Karriere machen wollen. Informationen werden daher angepasst und von unbequemen Wahrheiten gesäubert, und den Generälen wird gesagt, was sie hören wollen. In dieser Hinsicht schien die Führung der SLORC eine Volksmeinung vernommen zu haben, die niemals existierte. Tatsächlich glaubten sie, die Wahl zu gewinnen. Sie glaubten, dass die Millionen, die auf den Straßen protestiert hatten, trotz allem nur eine Minderheit repräsentierten. Eine Blindheit sondergleichen.

Erstens ignorierten die Generäle willentlich die in den Protesten steckende Kraft. Und zweitens erkannten sie nicht das spezifisch Neue, das im Laufe des Jahres in der Demokratiebewegung herangewachsen war. Niemals zuvor hatten sich alle ethnischen Gruppen Burmas denselben Demonstrationen angeschlossen. Niemals zuvor waren sich alle in ihrer Kritik an der Misswirtschaft der Junta so einig. Darüber hinaus hatte Aung San Suu Kyi die politische Bühne betreten. Langsam gewöhnte sie sich an den Gedanken, in dieser politischen Krise nicht nur zu vermitteln, sondern sogar die Opposition anzuführen. Ein historischer Flügelschlag sowie purer Zufall hatten sie zu einem Zeitpunkt in die Heimat geführt, an dem man sie am nötigsten brauchte. Zum ersten Mal seit über 40 Jahren gab es eine Person, auf die sich alle Regimekritiker einigen konnten. Diese Person hieß Aung San Suu Kyi. Und zum ersten Mal seit Eintreten der Souveränität vor über 40 Jahren konnte ein neues Kapitel aufgeschlagen werden.

4.
Das Erbe

In Burma kommt man leicht mit den Menschen ins Gespräch. Obwohl die Sicherheitspolizei das Land mit einem Netzwerk aus Denunzianten überzogen hat und das Volk jahrelang unterdrückt wurde, berichten die Menschen gern über ihren Alltag und ihre Verachtung für die Machthaber.

Vor ein paar Jahren hatte ich während einer Reise durch Burma eine christliche Organisation im Zentrum Ranguns besucht. Einer der dort arbeitenden Geistlichen erzählte mir vom Widerstand der ethnischen Minderheiten gegen die Junta sowie von ihrem Kampf für die Beibehaltung der eigenen Sprache und Traditionen.

Nach dieser Begegnung überquerte ich die Straße und setzte mich in ein Teehaus. Es war mitten am Tag, die Hitze war geradezu unerträglich. Ich bestellte eine Star Cola – Burmas Antwort auf Pepsi – und widmete mich meinen Notizen. Kurz darauf sprach mich ein Mann am Nachbartisch an. Erst in diesem Moment bemerkte ich, dass er ein grünes Militärhemd trug. Ein abgetragenes grünes Hemd ohne irgendwelche Rangabzeichen. Vielleicht war er einmal Soldat gewesen oder gerade vom Militärdienst beurlaubt.

Der Mann war Mitte 20 und fragte, was ich von Burma hielte. Da ich formell betrachtet als Tourist im Land war, erwiderte ich seine Frage mit der üblichen Auflistung beeindruckender Pagoden und historischer Denkmäler.

»Und was denken Sie über die Wirtschaft?«, fragte er.

Erstaunt blickte ich auf. Wirtschaft ist ein Codewort. Wenn die Menschen es benutzen, dann meist, um eine Unterhaltung über Politik einzuleiten. Danach führten wir ein leises Gespräch über das Regime, die Armut und die mangelnde Entwicklung. Über Aung San Suu Kyi konnten wir nicht reden; so weit wagte ich nicht zu gehen. Als die Unterhaltung fast beendet war, deutete ich auf ein Bild an der Wand, das ihren Vater, General Aung San zeigte.

»Er verstand Burmas Probleme«, sagte der Mann leise. »Er hätte die Spaltung aufhalten können.«

Dieser Kommentar ist ganz typisch. Man hört ihn überall in Burma.

Obwohl 60 Jahre vergangen sind, seit Aung San ermordet wurde, ist er doch immer noch eine der bedeutendsten Figuren des Landes. Die Souveränität Burmas wird ihm zugeschrieben, und sowohl die Demokratiebewegung als auch das Militär bedienen sich seines politischen Erbes, um ihre Politik zu legitimieren. Wollte man es sich einfach machen, so könnte man sagen, dass er Burmas Äquivalent zu George Washington ist. Ein Mann, der die Kolonialmacht davonjagte und eine Nation gründete.

Aung San wurde am 13. Februar 1915 in Natmauk, einer verschlafenen Stadt in den zentralen Trockengebieten Burmas, geboren. Er war das jüngste von neun Kindern, seine Eltern gehörten der unteren Mittelklasse an – soweit man im damaligen Burma überhaupt von einer Mittelklasse sprechen kann. Sein Vater, U Pha, stammte aus einer Bauernfamilie, verließ jedoch die ländliche Gegend und ließ sich zum Juristen ausbilden. Während Aung Sans Kindheit und Jugend betrieb der Vater eine kleine Anwaltskanzlei, doch in einer Stadt wie Natmauk gab es nur einen begrenzten Klientenstamm und die Kanzlei erwirtschaftete nicht viel mehr als die Unkosten. Stattdessen war es die Mutter, Daw Suu, die für die ökonomische Stabilität der Familie sorgte. Sie hatte außerhalb der Stadt etwas Land geerbt. Neben Kindererziehung und Haushaltsführung kümmerte sie sich darum, dass der Besitz genügend Erträge abwarf und die Familie zurechtkam.

Zur Zeit des burmanischen Königreiches in den letzten Jahren des 19. Jahrhunderts hatte ihre Familie dem niederen burmanischen Adel angehört. Der Cousin ihrer Mutter, U Min Yaung, war zu Beginn der britischen Besatzung in den 1880er Jahren einer der zähesten Guerillakämpfer gewesen. Aung San wuchs mit Erzählungen über seinen berühmten Verwandten auf, und schon als Kind träumte er davon, sich an der Spitze einer großen Armee der britischen Kolonialmacht entgegenzustellen.

Die Briten hatten Burma im 19. Jahrhundert in drei Phasen besetzt. In den 1820er Jahren hatten sie die Provinzen Arakan und Tenasserim an der Küste eingenommen. Das Ziel bestand zu dieser Zeit eigentlich nur darin, die Großmachtpläne des burmanischen Königreichs zu unterbinden. Unter der Herrschaft König Bodawpayas waren die Burmanen 1784 in Arakan einmarschiert und hatten die dort ansässige Bevölkerung mehr oder weniger versklavt. Die Folge war, dass eine Flüchtlingswelle die Grenze nach Indien überrollte, wo die Briten herrschten. 1817 überfielen die Burmanen Assam im nordöstlichen Indien, und zwei Jahre später erfolgte ein gewaltsamer Übergriff auf Manipur und danach Cachar, dessen ehemalige Machthaber bei den Briten Schutz suchten. Doch erst im Jahr 1823, als die Burmanen den britischen Außenposten auf der Insel Shapura angriffen, entwickelte sich der Konflikt mit den Briten zu einem ausgewachsenen Krieg. Die Briten entsandten eine große Truppe, die jedoch aufgrund von Krankheitsfällen und wegen der Regenzeit beinahe völlig unterging. 15000 Soldaten starben. Insgesamt kostete der Krieg die Briten fünf Millionen Pfund – ein Betrag, der nach heutigem Geldwert ungefähr einer Summe von 15 Milliarden Euro entspricht.

Aber sie gewannen den Krieg und unterwarfen dadurch zwei der strategisch wichtigsten Küstenabschnitte Burmas. Eine der entscheidenden Schlachten fand in Danabyu statt, das einige Kilometer nordwestlich von Rangun liegt. Bis zu diesem Zeitpunkt war die burmanische Armee immer als Sieger hervorgegangen, doch in Danabyu gelang es den Briten, den burmanischen Oberbefehlshaber General Bandula zu töten, ein militärstrategisches Genie, das die Kriegstaktik persönlich entwickelt hatte. Der burmanische Hof traf ein Friedensabkommen mit den Briten (Yandabo-Abkommen), das unter anderem günstige Handelsbedingungen für die Britische Ostindien-Kompanie beinhaltete. Ein paar Jahre später forcierten die britischen Händler einen weiteren Krieg, und innerhalb weniger Tage wurden auch Rangun sowie Teile des Irrawaddy-Deltas besetzt.

Die Briten kontrollierten nunmehr die gesamte Küste und das fruchtbare Land im Süden. Die Macht lag in der Praxis bei den Händlern der Ostindien-Kompanie. Eine Handelsvertretung hatte den Status einer Kolonialmacht erlangt, die natürlich ein geradezu symbiotisches Verhältnis mit dem englischen Staat hatte.

Das burmanische Königreich – oder was davon übrig geblieben war – musste sich für sein Überleben nun völlig dem britischen Wohlwollen unterwerfen. Doch die Britische Ostindien-Kompanie war noch nicht zufrieden. Sie wollte einen Handelsweg zwischen dem Indischen Ozean und China aufbauen und betrachtete die Berge im nördlichen Burma als beste Alternative für ihr Vorhaben. Zur selben Zeit expandierten die Franzosen ihre Interessenssphäre in Indochina; die Briten fürchteten Konkurrenz. In einem Brief an den indischen Generalgouverneur schrieb der britische Außenminister Lord Cranborne 1867:

»… es ist von äußerster Wichtigkeit, zu verhindern, dass eine andere europäische Macht sich zwischen das britische Burma und China drängt. Es ist von größter Bedeutung, dass wir unseren Einfluss in diesem Land behalten. Nicht weil das Land an sich größere Bedeutung hätte, sondern weil es für die Nation überaus wichtig ist, eine gute Kommunikation mit der Bevölkerung aufrechtzuerhalten, die im westliche China wohnt.«

In der burmanischen Hauptstadt Mandalay kam schließlich König Thibaw durch ein kompliziertes Intrigengespinst an die Macht. Um sich aller denkbaren Konkurrenten um den Thron zu entledigen, hatte er über 80 seiner engsten Verwandten umbringen lassen. Männer, Frauen und Kinder waren in weiße Säcke gezwängt, auf den Palasthof geführt und dann von Thibaws Leibwächtern zu Tode geprügelt worden. Die Briten hatten schon lange ein Auge auf die nördlichen Landesteile geworfen, und das brutale Vorgehen König Thibaws lieferte ihnen den passenden Vorwand. Als sie im Herbst 1885 angriffen, hatte die burmanische Armee den gut ausgerüsteten und disziplinierten englischen Truppen nichts entgegenzusetzen; der Krieg war innerhalb von zwei Wochen entschieden. Mandalay wurde eingenommen und geplündert, Thibaw ins Exil an die indische Ostküste verbannt.

Kurz bevor die Briten angriffen, hatte Thibaw Aung Sans Verwandten U Min Yaung zum Befehlshaber über die Stadt Myolulin ernannt, die in der Nähe von Aung Sans Geburtsort Natmauk liegt. Unmittelbar nach dem Sturz Thibaws schafften die Briten das burmanische Adelssystem ab und riefen alle lokalen Machthaber dazu auf, sich gegenüber der Besatzungsmacht loyal zu erklären. Doch U Min Yaung weigerte sich. Er erklärte, lieber sterben zu wollen, als den Briten zu weichen, und stellte sich an die Spitze einer Guerillatruppe. Die Briten wussten, dass er in Zentralburma als populärer Anführer galt, und taten alles, um ihn auf ihre Seite zu ziehen. Als dies missglückte, starteten sie eine militärische Operation, um den Widerstand zu brechen. Nach einem längeren Katz- und Mausspiel wurde U Min Yaung gefasst und enthauptet.

Dennoch dauerte es über 20 Jahre, bis die Kolonialmacht auch in der Praxis die Kontrolle über Burma übernehmen konnte. Überall trafen die rot gekleideten Soldaten auf Widerstand ehemaliger Offiziere der burmanischen Armee oder der ethnischen Minderheiten.

Die größte Volksgruppe in Burma sind die Burmanen. Sie machen ungefähr 60 Prozent der Gesamtbevölkerung aus und leben hauptsächlich in den zentralen Landesteilen nahe des etwa eintausend Kilometer langen Irrawaddys. Verwendet man das Wort burmanisch, bezieht man sich also auf die ethnische Majoritätsgruppe. Den Begriff burmesisch hingegen verwendet man zur Bezeichnung aller Volksgruppen, die in den Grenzen Burmas leben.

Außer den Burmanen gibt es zahlreiche ethnische Minoritätsgruppen, deren kleinste gerade einmal ein paar tausend Menschen umfasst. Die größten dieser Gruppen sind als eigene Volksgruppen deutlich voneinander zu unterscheiden. Lange Zeit hatten sie die Kontrolle über ihr eigenes Territorium und haben eigene soziale und politische Strukturen entwickelt. Sie verfügen über eigene Sprachen, eigene Kulturen und wissen um die Geschichte ihrer Völker. Die größten Volksgruppen sind die Karen, die Karenni (Kayah), die Mon, die Chin, die Shan, die Kachin und die Arakan. Diese Gruppen leben hauptsächlich in den bergigen und dschungelbewachsenen Grenzgebieten und waren im Laufe der Geschichte eigentlich nie der burmanischen Zentralmacht unterworfen. Das Land mit der Bezeichnung Burma bzw. Myanmar, welches heutzutage die Weltkarten ziert, hat also mit anderen Worten niemals existiert. Die verschiedenen Volksgruppen haben immer schon in unterschiedlichen Gesellschaften gelebt. Durch die Berge waren sie vor der Besatzung geschützt und verfügten über ein gewisses Maß an Souveränität.

Oft hatten die Grenzvölker in Konflikt mit den burmanischen Königen gestanden, und als die Briten einfielen, hegten sie keinerlei Absicht, die burmanische Monarchie zu verteidigen. Gleichwohl fürchteten sie, dass die Briten bei der Besatzung der Bergregionen nicht gerade zimperlich vorgehen würden, weswegen einige der ethnischen Gruppen auszogen, um gegen die Okkupation zu kämpfen.

Die Briten entschieden sich, die ethnischen Konflikte zu ihrem eigenen Vorteil auszunutzen. In Zentralburma, dem Siedlungsgebiet der Burmanen, wurde ein knallhartes Regime errichtet, das mehr oder weniger einer Militärdiktatur glich. In den Bergregionen erhielten die ethnischen Minderheiten die formale Souveränität, die sie immer gewollt hatten. Die Briten bezeichneten dieses Gebiet als »The Border Areas«. Für die Kachin, die Shan, die Karen und die anderen Gruppen hatte die Kolonialzeit demnach eine Voraussetzung geschaffen, die ihr Streben nach eigenen Staaten begünstigte. Männer aus den ethnischen Minoritätsgruppen, nicht zuletzt die Karen und Karenni, übernahmen Aufgaben bei Armee, Polizei und Administration. Aus Indien wurden billige Arbeitskräfte importiert, und zu Beginn des 20. Jahrhunderts lebten in der Hauptstadt Rangun mehr Inder als Burmanen.

Für die Burmanen beinhaltete diese Entwicklung eine kulturelle, politische und wirtschaftliche Degradierung. Die einst in der Hierarchie am höchsten Stehenden fanden sich plötzlich ganz unten wieder.

Aung San wuchs in einer Gesellschaft auf, die die alten Zeiten hinter sich gelassen hatte. Das Königreich existierte nicht länger. Das Land wurde von einem brutalen britischen Regime gesteuert, das die Naturressourcen ausbeutete und einen Großteil der Bevölkerung der Armut überließ. Ein gut ausgebautes Netzwerk von Denunzianten und eine gefürchtete Sicherheitspolizei hielten die gesamte Bevölkerung in Schach, und jeder Versuch des bewaffneten Widerstands wurde mit brutaler Gewalt erstickt. Allerdings bauten die neuen Machthaber auch die Infrastruktur aus. Von Nord nach Süd wurden Eisenbahnschienen gelegt, es wurden Brücken und Straßen gebaut, und im Umkreis der großen Städte wuchs die Industrie heran. Auch ein Bildungssystem wurde geschaffen, das das Land modernisieren sollte, aber auch als Gegengewicht zu den buddhistischen Klosterschulen gedacht war, die als antikoloniale Widerstandsnester galten.

Die letzte Revolte, die von konservativer Sehnsucht nach der alten Zeit der Könige geprägt war, war der sogenannte Saya-San-Aufstand, der zu Beginn der 1930er Jahre stattfand. Saya San war ein Mönch, der sein Kloster verließ und sich der nationalistischen Bewegung anschloss. Aus Protest gegen die Armut der Landbevölkerung scharte er eine Rebellenarmee aus Bauern um sich, die den gut ausgebildeten britischen Truppen einzig mit Knüppeln sowie Pfeil und Bogen entgegentraten. Die von den Briten gegen die Rebellen aufgestellten Truppen bestanden zu großen Teilen aus Soldaten des Karen-Volkes im östlichen Burma. Über 3000 Rebellen wurden von den Briten abgeschlachtet, viele von ihnen, weil sie sich durch Amulette, die sie bei sich trugen, gegen Gewehrkugeln immun glaubten und daher direkt in das britische Kugelfeuer hineinmarschierten. Saya San wurde ergriffen und im November 1931 hingerichtet.

Zu dieser Zeit begriff sich die nationalistische Bewegung in erster Linie als antikolonial; die ideologischen Unterschiede der einzelnen Gruppen waren eher marginal.

Doch zu Beginn der 1930er Jahre trat eine Veränderung ein. Die Bewegung wurde zunehmend von jungen Männern dominiert, die allesamt ihre Ausbildung auf den von den Briten geschaffenen Schulen erhalten hatten. Zwar waren sie Nationalisten bis in die Fingerspitzen, wollten aber die alte Monarchie nicht neu erschaffen. Stattdessen waren sie von Platon, Mill, Marx und Lenin beeinflusst, allerdings auch von den neuen faschistischen Ideen aus Deutschland, Italien und Japan.

Gleichwohl waren sie immer noch ein Teil der buddhistischen Tradition. Burma war und ist eines der Länder, die am stärksten vom Buddhismus geprägt sind. Ungefähr 80 Prozent der Bevölkerung sind gläubige Buddhisten. Der Rest setzt sich aus Christen, Hindus und Muslimen zusammen. Die allermeisten kombinieren, unabhängig von ihrem Bekenntnis, ihre jeweilige Religion mit dem uralten Glauben an sogenannte *nats*, eine Mischung aus Kobold und Geist.

Der Buddhismus wurde schon vor tausend Jahren, als das erste burmanische Königreich entstand, zur dominierenden Religion. Es heißt, dass der erste König Anawrahta, kurz nachdem er die Macht übernommen hatte, von einem Mönch aufgesucht wurde. Dieser überzeugte ihn, dass es einfacher wäre, das Reich zusammenzuhalten, wenn es eine einende Religion gäbe.

Die meisten Burmanen sind praktizierende Gläubige und verbringen einen Teil ihres Lebens im Kloster, um zu meditieren und sich aus der Welt zurückzuziehen – entweder als Novize in der Jugend oder zu einem späteren Zeitpunkt im Leben. Man geht davon aus, dass es heute um die 400 000 Mönche in Burma gibt. Die Klöster bieten insbesondere Kindern aus armen Familien die Möglichkeit einer kostenlosen Schulbildung, wohingegen staatliche Schulen hohe Gebühren verlangen. Aufgrund seiner festen Verwurzelung im Volk ist das *sanghan*, das Mönchtum, immer eine dominierende Kraft in der Zivilgesellschaft gewesen. Die Klöster schaffen eine Arena für Diskurse und politische Aktivitäten, der sich kein Herrscher bislang entgegenzustellen wagte. Die Klöster haben zudem immer außerhalb der staatlichen Jurisdiktion gestanden, und das sogar in Zeiten, als der Staat besonders totalitär ausgeprägt war. Sie haben sich sozial engagiert, Verfolgte unterstützt sowie politisch geradezu revolutionäre Thesen formuliert, wenn die Machthaber Grenzen überschritten. So betrachtet war es also kein Zufall, dass die Klöster oft Zentren der nationalistischen Bewegung und des Widerstands gegen die britische Kolonialmacht darstellten.

Aung San war Marxist und Sozialist, aber auch von dem buddhistischen Mönch Thakin Kodaw Hmaing beeinflusst. Als Kind hatte Kodaw Hmaing in den 1880er Jahren miterlebt, wie die Briten Mandalay besetzten und König Thibaw ins indische Exil verbannten. Er wird oft als das deutlichste Bindeglied zwischen dem vorkolonialen Burma und der sich ausweitenden Revolution um die Zeit des Zweiten Weltkriegs betrachtet. Thakin Kodaw Hmaing vermischte sozialistisches Gedankengut mit der buddhistischen Glaubenslehre. Unter anderem beschrieb er eine fiktive vorhistorische Zeit, eine Art Nirwana, in der die Menschen in Freiheit und Harmonie miteinander gelebt hätten. Doch wie alle Paradiese sei auch dieses durch Gier und weltliche Begierden verlorengegangen, und ein Buddha sei vonnöten, um die Menschen in die ungeschützte Wirklichkeit zu führen. Die Ähnlichkeiten mit der Jesusgeschichte in der Bibel liegen auf der Hand, aber Kodaw Hmaings mythologische Welt passte auch gut mit den sozialistischen Theorien über Volkseigentum und der Kritik an den sozialen Abgründen innerhalb einer kapitalistischen Wirtschaftsordnung zusammen.

Ein Jahr nach dem Saya-San-Aufstand begann Aung San ein Studium an der Universität. Er war erst 18 Jahre alt und hatte das Schulsystem schnell und mit Spitzennoten in allen Fächern durchlaufen. Eine bemerkenswerte Leistung, wenn man bedenkt, dass sich seine Mutter lange geweigert hatte, ihren jüngsten Sohn aus dem Haus zu lassen, und er deshalb erst mit zwei Jahren Verspätung die Grundschule besuchte.

Für einen jungen Burmesen vom Land muss Rangun damals in etwa so gewesen sein, als würde man heute von einem winzigen Ort nach London, Paris oder New York ziehen. Die Stadt war stark von ihrer multikulturellen Identität geprägt. Inder, Briten, Franzosen und Chinesen bestimmten zusammen mit dem ethnischen Mosaik, das Burma von Anbeginn ausmachte, das Straßenbild. In den Vierteln um den Hafen befuhren europäische Autos die ausgebauten Straßen. Und für alle, die an englischer oder burmesischer Literatur interessiert waren, gab es zahlreiche Buchhandlungen.

An der Universität waren die Engländer tonangebend. Es gab nur wenige einheimische Studenten, und der erste Professor mit burmesischen Wurzeln war erst ein paar Jahre zuvor eingestellt worden. Englisch und Burmesisch waren obligatorische Fächer, doch alle Vorlesungen und Diskussionen sowie die Kursliteratur basierten auf der Sprache der Kolonialmacht, auch wenn einige Lehrer Burmesen waren. Die Studenten hatten das Recht, einen Longyi zu tragen – den burmesischen Sarong, der sowohl von Frauen als auch Männern benutzt wird –, die Lehrer hingegen hatten die strikte Auflage, europäische Kleidung zu tragen, meist Anzug und Hemd mit Manschettenknöpfen und Fliege. Für viele Studenten war es oft ein bizarres Erlebnis, einem Lehrer gegenüberzusitzen, der kaum die Sprache beherrschte, die zu sprechen von ihm erwartet wurde.

Im Nachhinein betrachtet, scheint sich Aung San während seiner Studienzeit keineswegs als geborener Kandidat für die Rolle des Nationalhelden geeignet zu haben. Eher wirkte er wie ein Sonderling. Ein Mensch also, dem es in einer weniger dramatischen Zeit wohl schwergefallen wäre, sich als Anführer zu behaupten. »Er konnte stundenlang tief in Gedanken versunken dasitzen«, schrieb Bo Let Ya, einer seiner engsten Freunde während des Studiums. »Wenn man ihn ansprach, war es nicht sicher, ob er einem antwortete.« Andere beschrieben, wie wenig sich Aung San um sein Aussehen scherte. Er kleidete sich schlecht und trug seine Sachen so lange, bis sie völlig verschmutzt waren und es niemand mehr in seiner Nähe aushielt. Wenn er dann einmal die Kleidung wechselte, lieh er sie bei Freunden aus, weil er überhaupt nicht genügend saubere Kleidungsstücke besaß, die er hätte tragen können. In seiner Welt drehte sich alles um den antikolonialen Kampf. »Er hatte einen politische Urinstinkt, und Politik war alles, wofür er lebte«, sagte der Schriftsteller Dagon Taya viele Jahre später. »Keine sozialen Verpflichtungen, keine Etikette, keine Kunst, keine Musik. Politik war seine einzige Leidenschaft, und die machte ihn hart, brutal und roh.«

Wenn Aung San an Debatten teilnahm, konnte es passieren, dass er ums Wort bat und dann ununterbrochen redete, bis er von den Buhrufen und Protesten des Publikums zum Schweigen gebracht wurde. »Aung San, du Idiot, setz dich hin!«, riefen sie ihm zu. Sein Englisch war zwar grammatisch korrekt, die Aussprache aber schlichtweg erbärmlich, und da der Unterricht sowie die öffentlichen Diskussionen auf Englisch geführt wurden, gab es viele, die überhaupt nicht verstanden, was er sagte. Ebenso konnte es vorkommen, dass Freunde zu Besuch kamen und ihn dabei überraschten, wie er den Büschen hinter seiner Studentenbude lange Vorträge hielt. Wenn sie ihn dann fragten, was er dort machte, erwiderte er, dass er dasselbe tat wie der britische Politiker Edmund Burke, wenn dieser sich an das Meer wandte, um seine rhetorischen Fähigkeiten zu erproben.

Manchmal jedoch können solch exzentrische Persönlichkeiten ihren Platz in der Geschichte einnehmen und den Augenblick nutzen, in dem alles zusammenpasst. Und offenbar bot Burma in den 1930er Jahren eine passende Plattform in dieser Hinsicht. Denn innerhalb nur weniger Jahre wurde Aung San, neben anderen wie U Nu, Let Ya und Rashi, zu einem der führenden Vertreter der jungen nationalistischen Bewegung.

Die Studentenschaft an der Universität Rangun bot eine erste Ausgangsbasis. Aung San wurde zum Redakteur der Studentenzeitung *Oway* (Pfau) ernannt. In einer Ausgabe veröffentlichte Aung San den Artikel »Hell Hound at Large«, in dem er einem der englischen Universitätslehrer vorwarf, Prostituierte besucht zu haben. Angesichts der Tatsache, dass die meisten in Burma lebenden männlichen Briten zu jener Zeit regelmäßig Bordelle aufsuchten, war dies sicher eine zutreffende Anklage. Als die Universitätsleitung verlangte, dass Aung San den Urheber des Artikels benennen sollte, weigerte er sich und wurde daraufhin exmatrikuliert. Dies führte zu einem massiven Streik der Studenten. Die Universitätsleitung gab nach, und Aung San konnte sein Studium fortsetzen. Der Streik und Aung Sans Starrköpfigkeit riefen in Burmas Presse große Aufmerksamkeit hervor, und alle burmanischen Organisationen und Vertreter ergriffen Partei für die Studenten. Aung San hatte den ersten Schritt zu nationalem Ruhm hinter sich gebracht. Er war nicht länger der »verrückte« Aung San, sondern der »Redakteur« Aung San. Einige Jahre später wurde er zum Vorsitzenden der Studentenschaft in Rangun sowie der nationalen Studentenorganisation All Burma Federation of Student Unions gewählt.

Es gab eine Gruppe von Nationalisten, die mit dem Faschismus liebäugelte und gute Kontakte zum japanischen Kaiserreich hatte. Dazu gehörten Saw, Ba Maw und auch Aktivisten der jüngeren Generation wie beispielsweise Ne Win, der spätere burmesische Diktator.

Aber sogar linksgerichtete Nationalisten wie Aung San flirteten in den 1930er Jahren für eine kurze Zeit mit faschistischem Gedankengut. Doch die dominierende Ideologie war sozialistisch. Im Marxismus und in Lenins Kritik am Kolonialismus fanden die jungen Nationalisten ein Gegengewicht zu dem ökonomischen und politischen System, das sie hassten und von dem sie sich befreien wollten.

Anfang 1937 war Aung San an der Gründung des Buchclubs »Roter Drache« beteiligt. Bis zum Kriegsausbruch publizierte dieser Artikel und Übersetzungen europäischer Titel der linken Literatur wie beispielsweise John Stracheys *The Theory and Practice of Socialism*, die Werke Nietzsches, Texte von Marx und Bücher über die irische Sinn Féin.

Im Gleichtakt mit der Radikalisierung der Nationalisten erhöhten sich auch die internen politischen Spannungen. Die antikoloniale Kritik verlor sich mitunter in ideologischen Haarspaltereien und Debatten, die oftmals nur dazu gedacht waren, sich zwischen den verschiedenen Fraktionen der Bewegung zu positionieren. Vielleicht ist dies eine Erklärung dafür, dass Aung San eine so starke Stellung einnehmen konnte: Im Unterschied zu vielen anderen verlor er niemals das Ziel aus den Augen; Sinn und Zweck der Bewegung war die Vertreibung der Briten und die Gründung eines souveränen Burma. Keine ideologischen oder innenpolitischen Konflikte waren so wichtig, als dass sie die Bewegung daran hindern sollten, ihr endgültiges Ziel zu erreichen. Diese Haltung machte Aung

San zu einer zentralen Figur, unabhängig davon, welche Fraktion zufällig gerade die Bewegung als Ganzes dominierte.

1938 verließ Aung San die Universität, um sich der Organisation Dohbama Asi-ayone (Wir Burmesen) anzuschließen. Diese hatte sich ein paar Jahre zuvor gegründet, und die Mitglieder bezeichneten sich selbst als *thakins* (Herren), ein Titel der normalerweise den Briten vorbehalten war. Zur selben Zeit wuchsen die sozialen Spannungen in Burma. Arbeiter der Ölindustrie streikten für bessere Löhne und Arbeitsbedingungen, Bauern zogen nach Rangun, um auf den Straßen zu demonstrieren. Bei einem Studentenaufstand wurde einer der Studenten von der Polizei getötet, was im ganzen Land eine Welle neuer Proteste auslöste. In Mandalay starben 17 Menschen bei einem Zusammenstoß von Polizei und Demonstranten. Die Lage war damals genauso angespannt wie 60 Jahre später, als sich Aung San Suu Kyi an die Spitze der Protestbewegung stellte.

Aung San betrachtete die sozialen Unruhen als Chance zur Schaffung einer nachhaltigen Widerstandsbewegung sowie als Möglichkeit, den Druck auf die britische Administration zu verstärken. Zusammen mit anderen Anführern der Organisation Dohbama Asi-ayone reiste Aung San unentwegt im ganzen Land umher und traf mit Arbeiterführern, Studenten und Mönchen zusammen, um die Proteste zu koordinieren. Nach einigen Monaten hatte sich »Wir Burmesen« innerhalb der antikolonialen Widerstandsbewegung einen Namen gemacht.

Das Arbeitstempo und die Energie passten zu Aung San. Er war der Generalsekretär der Organisation und arbeitete unentwegt. Tagsüber hielt er Zusammenkünfte ab und schrieb Artikel, in der Nacht schlief er auf einer Decke im Büro der Organisation in der Yegyaw Street. Noch immer scherte er sich nicht um sein Aussehen, und seine Kleidung hing wie schmutzige Lappen an seinem mageren Körper. Obwohl er der bekannteste Anführer der Nationalisten war, hatte er das Alter von 24 Jahren noch nicht überschritten. Viele der älteren Nationalisten, die in das Büro in der Yegyaw Street kamen, hielten ihn für einen Dienstboten, der Ordnung halten und Tee servieren sollte.

Den Briten war die politische Entwicklung keineswegs entgangen. Im Laufe der 1930er Jahre hatten sie Burma einen größeren, wenngleich nur symbolischen Einfluss zuerkannt. Die Burmesen durften ihr eigenes Parlament wählen und ihre eigene Regierung bestimmen. In den 1930er Jahren war Ba Maw für einige Zeit Premierminister. In der Praxis war die politische Macht jedoch stark begrenzt, alle Beschlüsse mussten dem britischen Gouverneur, der Verwaltung in Kalkutta oder der Regierung in London vorgelegt werden.

Die Proteste und die Gewalt auf den Straßen führten zur Absetzung der Regierung Ba Maws, die jedoch bald darauf von einer weiteren Marionettenregierung ersetzt wurde.

Die nationalistische Bewegung hatte gute Verbindungen nach Indien und war seit langem von den gewaltfreien Methoden Gandhis und Nehrus beeinflusst. Auch Aung San betrachtete die indischen Nationalisten als Vorbilder – gut ausgebildete Akademiker, oft politisch radikal, die sich für einen Eintritt in das System entschieden, um es von innen heraus zu verändern. Für Aung San waren die Methoden an sich gleichwohl immer diskutierbar. Der Weg zum Ziel war eine Frage der Strategie, nicht mehr und nicht weniger. Gegen Ende der 1930er Jahre hatte ihn die Trägheit des Systems ermüdet, und er neigte immer mehr dem Standpunkt zu, dass die Zeit für bewaffneten Widerstand gekommen sei. Er wollte Waffen beschaffen und eine Guerillaarmee aufbauen. Im Buch *Aung San and the Struggle for Burmese Independence* findet sich ein Zitat von ihm, in dem er den Plan erläutert, den er während der sozialen Unruhen im Jahr vor Ausbruch des Zweiten Weltkriegs bereits in groben Zügen skizziert hatte:

»Eine umfassende nationale und progressive Massenmobilisierung gegen den britischen Imperialismus […] eine Reihe von lokalen Streiks unter den Industriearbeitern und auch den Landarbeitern, die später zu einem Generalstreik führen sollen. Außerdem alle Arten militanter Propaganda, beispielsweise Massendemonstrationen und Volkskundgebungen, um die Bereitschaft zu zivilem Ungehorsam in der ganzen Bevölkerung zu erhöhen. Dazu eine ökonomische Kampagne, einen Boykott englischer Waren und die Weigerung der Bevölkerung, Steuern zu entrichten. Alles unterstützt von Guerillaangriffen auf Militär- und Polizeiposten, Kommunikationswege und Ähnliches. Ziel ist die völlige Lähmung der britischen Administration in Burma.«

Ende Dezember 1939 war Aung San in Mandalay, um bei einem Treffen der nationalistischen Bewegung zu sprechen. Im Vorübergehen traf er dort auf den britischen Labour-Politiker Stafford Cripps. Als dieser ihn fragte, wie sich die Nationalisten die Befreiung Burmas vorstellten, antwortete Aung San mit einem anschaulichen Beispiel. Wenn Stafford Cripps ihm einen Füllfederhalter abnähme, würde er zunächst höflich fragen, ob er ihn zurückhaben könne. Wenn dies nichts hälfe, würde er ihn zurückverlangen, und wenn auch das nicht funktionierte, so würde ihm nichts anderes übrig bleiben, als sich den Füllfederhalter mit Gewalt zurückzuholen. Als er dies sagte, streckte Aung San die Hand nach dem Füllfederhalter aus, der in Cripps Hemdtasche steckte, und riss ihn mit solcher Gewalt an sich, dass das Hemd zerriss. Die anwesenden Burmesen fanden Aung Sans Benehmen äußerst unangebracht, aber Cripps war beeindruckt von dessen Engagement und Charisma und erzählte später seinen Parteikollegen in England von dieser Episode.

Hätte Aung San seine Idee von einem Guerillaaufstand verwirklicht, dann wäre ihm wahrscheinlich dasselbe Schicksal wie seinem berühmten Verwandten, U Min Yaung, in den 1880er Jahren widerfahren. Er wäre gefangen, hingerichtet und dem Vergessen der Geschichte überantwortet worden. Aber wenn es einen Charakterzug gab, der Aung San besonders auszeichnete, so war dies sein Vermögen, die jeweilige Lage richtig einzuschätzen. Er begriff, dass ein so gewagter und vage formulierter Plan nicht die Voraussetzungen erfüllte, um in die Tat umgesetzt zu werden. Eine nationale Guerilla würde niemals über ausreichende Stärke verfügen, um die gut ausgebildete und effizient arbeitende britische Militärmacht zu besiegen. Zwar griffen die Nationalisten später zu den Waffen, aber zwecks erfolgreicher Durchführung ihres Vorhabens waren sie zunächst gezwungen, im Ausland nach Unterstützung zu suchen.

Nach den Protesten 1939 hatte die britische Administration die Daumenschrauben bei der Unabhängigkeitsbewegung angezogen. Viele der führenden Mitglieder saßen hinter Gittern und waren des Verrats und des versuchten Aufruhrs angeklagt. Aung San schaffte es bis 1940, sich der Sicherheitspolizei zu entziehen. Auf dem Weg von einer Zusammenkunft im Irrawaddy-Delta legte er eine Pause ein, um eine Rede in der Stadt Daung Gyi zu halten. Die lokale Ordnungsmacht hielt die Kundgebung unter Beobachtung, und gerade als Aung San beginnen sollte, reichte ihm einer der Polizisten einen handgeschriebenen Zettel, auf dem zu lesen war, dass er die Situation des Chin-Volkes im westlichen Burma unter keinen Umständen erwähnen dürfe. Aung San nahm den Zettel zur Kenntnis, bestieg das Podium und erklärte, dass er seine komplette Rede den Übergriffen der Briten gegen das Chin-Volk im westlichen Burma widmen werde.

Die Polizei erließ sofort einen Haftbefehl, und Aung San musste sich fortan von öffentlichen Kundgebungen fernhalten.

In dieser Situation – die Widerstandsbewegung war hart zurückgedrängt worden – wurde vorgeschlagen, dass einige Vertreter nach China reisen sollten, um Hilfe von den chinesischen Kommunisten zu erbitten. Im August 1940 verließen Aung San und Thakin Hla Myaing Burma auf dem unter norwegischer Flagge fahrenden Frachter *Hai Lee*. Ihr Ziel war die internationale Enklave Amoy in China (heute unter dem Namen Xiamen bekannt). Ein wenig unklar war, wie der Kontakt mit den Kommunisten eigentlich zustande kommen sollte. Die Reise wurde also auf gut Glück unternommen. Als sie nach Amoy kamen, ließen sie sich in einem einfachen Gasthaus nieder. Ein langer, hoffnungsloser Prozess des Wartens begann. Nach einigen Wochen ging ihnen das Geld aus. Aung San erkrankte an Ruhr und lag den ganzen Tag im Bett. Als die Lage völlig aussichtslos erschien, erhielten sie Besuch von einem Agenten des japanischen Sicherheitsdienstes.

Japan interessierte sich bereits seit Mitte der 1930er Jahre für Burma und hatte 1935 den rechtsorientierten Nationalisten U Thaw nach Tokio eingeladen. Bei seiner Rückkehr hatte er kurzerhand die Zeitung *Sun* aufgekauft, offenbar mit japanischen Geldern, und danach Propaganda für die japanische Expansion in Asien betrieben. Dasselbe war mit der Zeitung *New Burma* geschehen, nachdem ihr Besitzer, der profaschistische Politiker Thein Maung, 1939 eine ähnliche Reise unternommen hatte.

Diese rechtsorientierten Nationalisten hatten für Aung San und seine sozialistischen Kollegen nicht viel übrig, begriffen aber, dass die Japaner aus seiner etwas kopflosen Reise nach China Nutzen ziehen könnten. Hinter dem Rücken der gesamten nationalistischen Bewegung einigten sie sich mit Oberst Keiji Suzuki vom japanischen Sicherheitsdienst. Als Journalist getarnt war Suzuki nach Rangun entsandt worden, leitete jedoch in Wirklichkeit die Minami Kikan, eine Geheimorganisation, deren einzige Aufgabe es war, die nationalistische Bewegung Burmas zu unterstützen. Japan zielte darauf ab, die Kontrolle über die sogenannte Burmastraße zu erlangen, ein Transportweg, der das nördliche Burma durchquerte. Die Alliierten nutzten diese Straße, um Waffen und Ausrüstung an Chiang Kai-shek und seine chinesische Nationalarmee, die Kuomintang, zu schicken. Wäre es den Japanern gelungen, diesen Transportweg zu unterbrechen, so hätten sich ihre Chancen für einen endgültigen Sieg über Chiang Kai-shek und eine daraus resultierende Kontrolle über ganz Asien beträchtlich erhöht.

Die burmesischen Rechtsnationalisten hatten gemeinsam mit Suzuki einen Plan ausgearbeitet, der darauf hinauslief, dass die japanische Armee eine Gruppe junger Nationalisten in Empfang nehmen und ihnen eine militärische Ausbildung angedeihen lassen sollte. Nachdem Aung San und Thakin Hla Myaing in Amoy von den Japanern kontaktiert worden waren, brachte man sie nach Tokio, damit sie mit Suzuki zusammentreffen konnten. Heute ist es unmöglich zu klären, ob Aung San im Hinblick auf die Zusammenarbeit mit den Japanern Bedenken hatte. Einige Jahre später – mit dem Fazit in der Hand – behauptete er, gleich von Beginn an Zweifel gehabt zu haben. Der Aufenthalt in Japan war »nicht so schlimm, wie man hätte erwarten können«, sagte er, betonte jedoch auch, dass ihn die knallharte soziale Hierarchie und die Art und Weise, wie die japanische Armee Frauen behandelte, erschreckt habe. Geradezu schockiert war er, als Suzuki erklärte, die einzige Methode zur Vertreibung der Briten bestünde darin, Männer, Frauen und Kinder ohne Ausnahme zu töten. Zwar kniete Aung San vor dem kaiserlichen Palast nieder, als man das 2600-jährige Bestehen des Imperiums feierte, aber »nur aus Höflichkeit, und nicht, weil ich die Absicht hatte, ein Untertan des Kaisers zu werden«.

Tatsächlich hatte wohl Aung Sans pragmatische Seite den Ausschlag gegeben. Er betrachtete Japan als Werkzeug. Als Feind des Feindes, der mit seiner starken Militärmacht und seinen imperialistischen Eigeninteressen dabei helfen konnte, die Briten vor die Tür zu setzen.

Verkleidet als chinesischer Seemann kehrte Aung San im Februar 1941 nach Burma zurück. Im Gepäck hatte er die Aussicht auf Geld, Waffen und militärisches Training. Viele der radikalen Nationalisten in Rangun reagierten skeptisch. Sie misstrauten den japanischen Ambitionen, aber Aung San überzeugte sie, dass es strategisch richtig war, auf die Japaner zu bauen. Eine Gruppe junger Burmesen wurde ausgewählt, um nach Hainan zu reisen und sich vom japanischen Sicherheitsdienst militärisch ausbilden zu lassen.

In drei Gruppen fuhren sie nach Hainan. Kurze Zeit später folgte noch eine vierte Gruppe, die sich aus Nationalisten aus der faschistischen Fraktion zusammensetzte. Der Anführer dieser Gruppe war Thakin Tun Ok, aber auch Ne Win, der spätere Diktator, befand sich unter ihnen. Spätestens zu diesem Zeitpunkt war klar, dass die Japaner Aung San nicht über den Weg trauten und die Gruppe der linksgerichteten Nationalisten um eine loyalere, rechtsorientierte Gruppe ergänzen wollten. Die jungen Männer, die in Hainan militärisch ausgebildet wurden, bezeichnete man später als »die Dreißig Kameraden«.

Vor dem Aufenthalt in Hainan war es noch immer eine offene Frage gewesen, wer sich an die Spitze der jungen Nationalisten stellen sollte, jetzt jedoch trat Aung San als treibende

Kraft deutlich hervor. In ihrem Buch *Aung San of Burma* schreibt Aung San Suu Kyi:

»Trotz aller Beschwerden über seine erbärmlichen sozialen Fähigkeiten, war er es, der die Männer antrieb, wenn sich ihre Köpfe und Körper wehrten. Er war es, der sich um die Jüngsten der Gruppe kümmerte und beispielhafte Selbstkontrolle zeigte, wenn die anderen über das unmenschlich harte militärische Training der Japaner klagten.«

Ende 1941 trafen Suzuki und die Dreißig Kameraden in Bangkok zusammen, wo sie die formale Gründung der Burma Independence Army (BIA) besiegelten. Thailand, wo sich die Männer frei bewegen konnten, hatte lange zwischen den Kriegsmächten gestanden. Schließlich jedoch hatte Premierminister Phibun Soggram den Finger in die Luft gehalten und festgestellt, dass der Kriegswind zugunsten Japans blies. Daraufhin hatte er Japan das mündliche Versprechen gegeben, Thailand als Durchfahrtsland für die Okkupation Malaysias und Burmas benutzen zu dürfen. Darüber hinaus hatte er das vage Versprechen erhalten, dass der Shan-Staat im Osten Burmas nach einem Sieg Japans an Thailand fallen würde.

Als Aung San und Suzuki in Bangkok die BIA gründeten, war die Stadt von japanischen Agenten und Offizieren geradezu überschwemmt. Die BIA war der Embryo, der sich später in Burmas reguläre Armee verwandeln sollte. Zu Beginn bestand sie aus den 30 in Hainan ausgebildeten Nationalisten, einigen Agenten von der Minami Kikan sowie einigen Hundert Burmesen und Thailändern, die sich in Bangkok freiwillig hatten rekrutieren lassen. Keiji Suzuki wurde zum General und Befehlshaber ernannt, Aung San wurde Stabschef und war der höchstrangierende Burmese in der BIA.

Als die Pläne für die japanische Unterstützung entwickelt worden waren, hatte Oberst Suzuki die Rolle der japanischen Armee wohlweislich im Unklaren belassen. Eine Interpretation besagte, dass die BIA die Kerntruppe darstellen, nach Burma vordringen und auf dem Weg nach Rangun eine größere Guerillatruppe rekrutieren sollte. Die Japaner sollten Teile des südlichen Burma sowie den Shan-Staat einnehmen, um die Burmastraße nach China zu blockieren, den Rest des Landes aber den burmesischen Truppen überlassen. Tatsächlich kam es anders. Es zeigte sich, dass die Japaner die burmesischen Nationalisten nur benutzten, um einen moralischen Vorwand für die Invasion zu erhalten, die sie schon lange geplant hatten. Die BIA marschierte Seite an Seite mit der japanischen 15. Armee, als der Angriff Ende 1941 erfolgte. Die japanische Luftwaffe hatte bereits seit Wochen strategisch wichtige Ziele im Land bombardiert. Die Briten, die den Krieg schlecht vorbereitet hatten und dem Angriff nichts entgegensetzen konnten, flohen Hals über Kopf in die Assam-Provinz nach Indien.

Aung San hoffte, dass die in Burma verbliebenen Nationalisten Guerillazellen aufgebaut hätten, die beim Angriff der BIA aktiviert werden könnten. Doch eine solche unter der Oberfläche agierende Organisation gab es nicht. Stattdessen vollzog sich die Rekrutierung neuer Soldaten völlig planlos und hatte beunruhigende Konsequenzen, als undisziplinierte Einheiten über die Karen-Bevölkerung im Süden Burmas herfielen.

Oberst Suzukis Organisation in Burma funktionierte hingegen besser. Die japanische Propaganda hatte darauf abgezielt, die japanischen Truppen als Befreier darzustellen. Als die ersten Bomber über dem ländlichen Raum im Süden Burmas auftauchten, suchten viele Burmesen daher nicht etwa nach Schutz, sondern verließen ihre Häuser und versammelten sich auf den Straßen, um ihnen zuzuwinken.

Zu Beginn schienen die Besatzer auch an ihrem Versprechen festzuhalten, den Burmesen selbst die Kontrolle zu überlassen. In Rangun wurde unter Leitung Tun Oks eine Regierung eingesetzt. Doch die burmesische Selbstverwaltung war bereits zu diesem Zeitpunkt stark beschnitten. In der Praxis wurden alle entscheidenden Beschlüsse vom japanischen Militärkommando gefasst. Nach nur wenigen Monaten trat die Regierung Tun Oks zurück und wurde danach durch eine lange Reihe kurzlebiger Marionettenregimes ersetzt. Eine dieser Regierungen wurde von Ba Maw geleitet, der bereits unter den Briten als Premierminister gedient hatte und für seine Verachtung demokratischer Prinzipien bekannt war. Sein Motto als Regierungschef lautete: »Ein Blut, eine Stimme, eine Führung.«

»Die Soldaten aus Nippon, die von vielen als Befreier gefeiert wurden, entpuppten sich als schlimmere Unterdrücker als die Briten«, schreibt Aung San Suu Kyi. »Die Anzahl brutaler Vorfälle stieg mit jedem Tag. Kempei (der japanische militärische Sicherheitsdient) wurde zu einem gefürchteten Wort, und die Burmesen mussten lernen, in einer Welt zu leben, in der Folter, Zwangsarbeit und das Verschwinden von Menschen zum Alltag gehörten.«

Die japanische Armee verachtete die Burmesen infolge eines Rassismus, den sie für die meisten Völker in Asien hegte. Viele Offiziere meinten, dass ein Volk, das sich hatte kolonisieren lassen, nicht verdiente, als Menschen behandelt zu werden. Die Gefängnisse, die nach der Flucht der Briten geleert worden waren, füllten sich schnell aufs Neue. Verhöre wurden regelmäßig unter der Anwendung von Folter durchgeführt; unter anderem wurden die Gefangenen kopfüber aufgehängt und bekamen kochendes Wasser über die Geschlechtsteile und in die Nasenlöcher gegossen.

In jeder Stadt verlangten die Japaner freien Zugang zu burmesischen Frauen. Bordelle hatten immer schon zum allgemeinen Stadtbild gehört, nie zuvor jedoch in solch einem geradezu industriellen Ausmaß wie jetzt. Junge Frauen wurden gezwungen, sich für ein paar Rupien zu verkaufen; waren keine Prostituierten zur Verfügung, gingen die Soldaten zu regelrechten Vergewaltigungen über.

Aung Sans Verbitterung angesichts des japanischen Verrats wurde immer größer. Unmittelbar nach der Okkupation hatte die BIA den Befehl erhalten, nach Norden zu marschieren und den Kampf gegen die fliehenden Briten fortzusetzen. Nach einigen Wochen allerdings verstand Aung San, dass das einzige Ziel dieser Aktion darin bestand, ihn vom politischen Spiel in der Hauptstadt fernzuhalten. Die BIA wurde später von den Japanern aufgelöst und durch eine kleinere Truppe, welche die Verantwortung für die innere Sicherheit übernehmen sollte, ersetzt. Die BIA sollte in eine Art Polizeitruppe umgewandelt werden – ganz anders als die nationale Armee, die Aung San ein Jahr zuvor an jenem Abend in Bangkok vor seinem geistigen Auge gesehen hatte.

Auf einem Bankett zur Feier des Sieges im Frühjahr 1942 hielt Aung San eine Rede, die klar verdeutlichte, wo er stand: »Auch wenn ich an diesem Bankett teilnehme, so ist es mir dennoch unangenehm. Ich weiß, dass es zu Ehren der Anführer stattfindet, die das Land in die Souveränität geführt haben, aber ich kann dieses Geschenk nicht annehmen, weil ich noch nichts Bemerkenswertes vollbracht habe.«

Und beim Besuch eines Militärquartiers in Maymyo sagte er: »Ich bin nach Japan gefahren, um mein Volk zu retten, das von den Briten wie eine Kreatur geschunden wurde. Aber jetzt werden wir wie Hunde behandelt und müssen noch mehr kämpfen, um überhaupt unseren Status als Kreatur zurückzuerlangen.«

1943 kehrten Aung San und einige andere der Dreißig Kameraden nach Japan zurück, wo sie eine Auszeichnung vom Kaiser sowie das erneute Versprechen erhielten, dass sich die japanische Armee zurückziehen werde, sobald der Zweite Weltkrieg vorüber sei. Als sie nach Burma zurückkehrten, wurde Aung San zum Verteidigungsminister in einer neuen Regierung ernannt. Ne Win, einer der Dreißig Kameraden, wurde Oberbefehlshaber. Für einen Augenblick schien die Souveränität in Reichweite.

Doch kurz danach bat Oberst Suzuki Aung San um eine private Unterredung. Suzuki war nach Japan zurückbeordert worden und lüftete vor seiner Abreise das Geheimnis um die geheim gehaltene Agenda, welche die Politik Japans gegenüber Burma die ganze Zeit bestimmt hatte. Die Japaner hatten keineswegs die Absicht, dem Land eine tatsächliche Souveränität zu gewähren. Suzuki berichtete, dass er mehrmals darauf gedrungen hätte, den Einfluss der Burmesen zu erhöhen, doch jedes Mal seien seine Befehle von den Generälen in Tokio widerrufen worden.

Angesichts dieser Situation machte Aung San eine sogar für ihn ungewöhnlich dramatische Kehrtwendung: Er suchte Unterstützung bei den Briten. Wenn Japan vertragsbrüchig wurde, mussten die Bücher eben erneut umgeschrieben werden. Jetzt sollte die alte Kolonialmacht benutzt werden, um die neue zu vertreiben.

Die Alliierten hatten die Hoffnung, Burma wieder einzunehmen, noch nicht aufgegeben. Japans Vorrücken war stellenweise durch Guerillatruppen der ethnischen Minderheiten gebremst worden. Im Norden hatten die Kachin erfolgreich Widerstand geleistet, und die japanischen Soldaten hatten furchtbare Angst, sich in die Berge nördlich der Stadt Myitkyina zu begeben, wo Krankheiten, Tiger und eine nahezu unsichtbare Armee aus Dschungelkriegern auf sie warteten.

Die Kachin hatten darüber hinaus die morbide Angewohnheit, ihren Opfern die Ohren abzuschneiden und sie als Kriegstrophäen mit nach Hause zu nehmen. Unterstützt von Offizieren der alliierten Luftlandetruppen in den Bergen an der Grenze nach Thailand, hatten die Karen ähnlichen Widerstand geleistet. Später konnten sich die Karen rühmen, mindestens 30000 japanische Soldaten während des Krieges getötet zu haben.

Um den Dschungelkrieg zu finanzieren, bedienten sich die Alliierten der einzigen Währung, die in den Bergregionen von Natur aus vorhanden war: Opium. Die Gebiete im nordöstlichen Burma eignen sich perfekt für den Anbau von Opiummohn, und die Bauern hatten über Generationen Opium auf den lokalen Märkten verkauft. Im frühen 20. Jahrhundert hatten die chinesischen Kriegsherren den Anbau der Droge zwecks Export zu den Opiumhöhlen in Großstädten wie Peking, Shanghai und Hongkong forciert. Chiang Kai-shek hatte die Produktionsmengen noch weiter in die Höhe getrieben, um den immer aussichtsloser werdenden Kampf gegen die Japaner zu finanzieren. Die Alliierten übernahmen einen Teil der Kontakte der chinesischen nationalistischen Armee in diesem Gebiet.

Die beiden ehemaligen Offiziere Dean Brelis und W. R. Peers beschreiben in ihrem Buch *Behind the Burma road* die Situation wie folgt:

»Einfach ausgedrückt war Papiergeld, ebenso wie Münzen, als Zahlungsmittel oft völlig wertlos. Für Geld gab es schlichtweg nichts zu kaufen; Opium dagegen war ein Zahlungsmittel, das alle benutzten [...] Für unsere Agenten war Opium aus vielen Gründen verfügbar. Um Informationen zu beschaffen oder sich freies Geleit zu erkaufen. Angesichts der enormen Aufgaben mussten alle moralischen Zweifel beiseite geschoben werden. Wenn Opium für den Sieg benutzt werden konnte, so war die Sache klar.«

Der alliierte Plan sah vor, Burma vom Norden her zurückzuerobern und eine neue Straßc über die Berge nach China zu öffnen. Die in der indischen Provinz Assam zusammengestellte Armee war so kosmopolitisch wie noch keine zuvor. Es gab Soldaten aus allen Teilen des britischen Imperiums: Nigerianer, Kenianer, Ägypter, Inder sowie Männer aus den ethischen Minderheitsgruppen in Burma. Und auch Amerikaner, Australier und Franzosen waren in diese abgelegene Ecke Südostasiens geschickt worden, um eines der allerwichtigsten Landgebiete in diesem Krieg zurückzugewinnen.

Die alliierte Truppe startete ihre Gegenoffensive im Herbst 1943 und war im Mai 1944 bis nach Myitkyina, der Hauptstadt des Kachin-Volkes vorgedrungen. Auch wenn Burmas Städte und Dörfer während der japanischen Invasion stark beschädigt worden waren, so war dies doch nichts im Vergleich zu der Verwüstung, die dem Land nun widerfuhr. Die Alliierten rückten von einer Stadt zur anderen, von einem Dorf zum nächsten vor und trafen überall auf erbitterten Widerstand der japanischen Kräfte, die den Befehl erhalten hatten, bis zum letzten Mann zu kämpfen und die Gebiete, die von den Alliierten eingenommen wurden, so weit wie möglich zu zerstören. Fünf Monate lang wurde Myitkyina belagert. Ungefähr 3000 japanische Soldaten hatten sich in der Stadt verbarrikadiert, und als sie schließlich abzogen, lag jedes einzelne Gebäude in Trümmern. Generalmajor Mizukami Genzu, der den Befehl erhalten hatte, unter keinen Umständen zu kapitulieren, beging auf einer Insel im Irrawaddy Harakiri. Als ich Myitkyina vor einigen Jahren besuchte, konnte mir niemand ein Gebäude zeigen, dass vor 1945 erbaut worden war.

Nach der Einnahme von Myitkyina war es nur eine Frage der Zeit, bis die Briten die Kontrolle über das gesamte Land zurückerhalten würden. In Rangun traf Aung San mit Let Ya, Ba Maw, Ne Win und den anderen Nationalisten zusammen, um den richtigen Zeitpunkt abzusprechen, an dem die Waffen gegen die Japaner erhoben werden konnten. Im November 1943 berichtete Major Seagrim, der auf Geheiß der Alliierten den Widerstand des Karen-Volkes im östlichen Burma organisierte, seinen Vorgesetzten, dass »ein gewisser« Aung San von der burmesischen Armee der Nationalisten seine Truppen gegen die Japaner zu richten beabsichtige, sobald sich die Gelegenheit dazu ergäbe. Gleichwohl sollte es noch bis März 1945 dauern, bevor Aung San seine Truppen gegen die Japaner einsetzte, und da war der Krieg im Prinzip bereits entschieden.

Im Mai 1945 besuchte Aung San das alliierte Hauptquartier in Meiktila, um sich mit General William Slim zu treffen. Er trug exakt dieselbe Kleidung wie bei seiner gemeinsam mit den Japanern erfolgten Rückkehr nach Burma drei Jahre zuvor: eine japanische Uniform mit einem am Gürtel befestigten Schwert. Sein Anblick erweckte bei den alliierten Truppen große Aufmerksamkeit, aber General Slim gefiel dieser merkwürdige kleine Mann, der da vor ihm stand und Anspruch erhob, das ganze burmanische Volk zu repräsentieren. Er beschrieb ihn als »ehrlich und nachdenklich«, eine Person, »die ihr Wort halten würde, wenn sie sich auf eine bestimmte Abmachung einließe«. Die Burmanen hatten mit den Alliierten gemeinsame Sache gemacht und die Japaner über die Berge im östlichen Burma aus dem Land getrieben – auf demselben Weg, über den sie gekommen waren.

5.

Schüsse im Sekretariat

Im Sommer 1942 konnten aufmerksame Bewohner Ranguns ein Paar beobachten, das gelegentlich über die glatte Oberfläche des Inya Sees ruderte. Er trug eine Uniform, sie einen Longyi und eine weiße Bluse, manchmal aber auch die weiße Tracht einer Krankenschwester. An Sonntagen ruderten sie auf dem See und an anderen Tagen machten sie lange Spaziergänge, um einander kennenzulernen. Fast pausenlos unterhielten sie sich über Politik, den Krieg, die sozialen Probleme des Landes – und ihre Liebe.

Er war bereits eine bekannte Person in der burmesischen Hauptstadt; alle wussten, wer Aung San war. Er hatte an der Spitze der Befreiungsbewegung gestanden und war als Drahtzieher des britischen Abzugs gefeiert worden. Er war 27 Jahre alt und schon ein Nationalheld.

Sie hieß Khin Kyi und arbeitete als Krankenschwester im Rangoon General Hospital. Im Frühsommer 1942 hatte sich Aung San wegen hohen Fiebers eine kurze Zeit im Krankenhaus aufgehalten; wahrscheinlich war er an Malaria erkrankt, die er sich auf dem langen Marsch durch den Dschungel zugezogen hatte. Ärzte und Krankenschwestern wussten natürlich um die Bedeutung ihres Patienten, und viele der jüngeren Krankenschwestern wagten es kaum, sich seinem Bett in einem der Krankensäle zu nähern. Khin Kyi allerdings scherte sich nicht um die Berühmtheit ihres Patienten. »Sie behandelte ihn mit einer Mischung aus professioneller Härte, Zärtlichkeit und Humor«, schreibt Aung San Suu Kyi über die erste Begegnung ihrer Eltern.

Khin Kyi war drei Jahre älter als Aung San, doch ganz offensichtlich ähnelten sie sich in vielerlei Hinsicht. Beide waren politisch aktiv. Khin Kyi hatte sich bereits vor dem Krieg in der Women's Freedom League engagiert, einer nationalistischen Organisation, die für die Rechte der Frauen kämpfte. Beide schienen darüber hinaus von einer Art innerem Kompass gesteuert zu werden, der ihnen auch in Situationen weiterhalf, in denen die Umstände in eine ganz andere Richtung zeigten. Ohne diese Eigenschaften hätte Aung San die anstrengenden Jahre in der Befreiungsbewegung nie überstanden. Und Khin Kyi wäre es niemals möglich gewesen, nach dem Tod ihres Mannes als eine der ersten Frauen in einer exponierten öffentlichen Position Karriere zu machen.

Ebenso wenig hätte sie den Beruf der Krankenschwester gewählt, wenn sie sich enger an die Konventionen gehalten hätte. Diese Aufgabe war normalerweise den Frauen aus den ethnischen Minderheiten wie den Karen, den Chin oder den Kachin vorbehalten. Wenn sich ein Burmane im Gesundheitswesen engagierte, dann als Arzt, nicht mehr und nicht weniger.

Als Kind hatte Khin Kyi die Kemmendines Mädchenschule in Rangun besucht und Lehrerin werden wollen. Der Pflegeberuf interessierte sie jedoch mehr, und nach einer Weile bekam sie eine Arbeit im Rangoon General Hospital, demselben Krankenhaus, in dem sie fast 50 Jahre später nach einem Schlaganfall dahinwelken sollte.

Offenbar hatte es nur weniger Tage bedurft, bis sich Aung San im Klaren darüber war, dass Khin Kyi die Frau in seinem Leben werden sollte. Auf seine wie üblich direkte und praktisch orientierte Art gestand er ihr seine Gefühle. Er wollte heiraten. Es war an der Zeit.

Khin Kyi hingegen war sich nicht so sicher. Aber Aung San gab nicht auf, und nachdem das Fieber abgeklungen war und er sich wieder in die Arbeit stürzte, trafen sie sich weiter.

Für die meisten Kameraden und Kollegen Aung Sans kam das Verhältnis vollkommen überraschend. Auf der Universität war er ein Sonderling gewesen und hatte sich danach immer zu hundert Prozent dem Befreiungskampf gewidmet. Sogar während des Krieges hatte er seine »asoziale« Seite beibehalten. Er war zwar ein respektierter Anführer und Volksredner, seine Hygiene jedoch war nicht besser geworden. Der spätere burmesische Hofhistoriker Maung Maung beschrieb, dass er während der japanischen Okkupation einmal beobachtet hatte, wie Aung San vor einem Treffen in Zentralburma seinen Uniformrock auszog. Das Hemd darunter war schmutzig und voller Löcher. Er hatte nur zwei Uniformen, die er abwechselnd trug, und lehnte alle Formen persönlichen Komforts ab. Diese selbstaufopfernde Attitüde hatte seine Stellung unter den Burmesen gestärkt und ihn unerhört beliebt gemacht, doch Frauen waren in seinem Leben nicht vorgekommen. Die allermeisten glaubten, dass »das politische Urwesen« Aung San kein Interesse an Heirat oder Familiengründung hatte. Dies schien ein Luxus zu sein, der er sich nicht gönnen konnte – oder wollte. Während des Krieges hatte er einmal sogar seinen Soldaten verboten, am Abend im Lager romantische Lieder zu singen, da er Angst hatte, dass der Gesang sie von dem übergeordneten Ziel ablenken könnte. Ebenso ist dokumentiert, dass er bei einem Wutausbruch einmal geschrien hatte, alle wahren Patrioten sollten sich kastrieren lassen, damit der Sexualtrieb sie nicht von »der großen Aufgabe« wegführen könnte.

In seinem Buch *Perfect Hostage* beschreibt der Autor Justin Wintle, dass viele in Aung Sans Umgebung geradezu eifersüchtig reagierten, als er schließlich selbst der Liebe verfiel.

Sie wollten Bogyoke Aung San für sich selbst behalten, und gleich von Anbeginn kursierten eigenartige Gerüchte über Khin Kyi. Einige behaupteten, sie stamme aus dem Karen-Volk, andere sagten, sie sei Christin, Baptistin oder sogar Angehörige der Kirche der Siebenten-Tags-Adventisten.

Die Wahrheit jedoch war, dass ihr Vater, Pho Hnyin, in einer gewöhnlichen burmesischen Familie aufgewachsen war, deren einzig denkbare Religion Buddhismus hieß. Als junger Mann war er häufig zur Jagd gegangen, und viele seiner Jagdkameraden – oft die besten Schützen – stammten aus christlichen Familien des Karen-Volkes. Während der gemeinsamen Jagdausflüge hatten sie ihm oft aus der Bibel vorgelesen. Sie hatten von der christlichen Botschaft der Liebe und Vergebung berichtet, und nach einiger Zeit war Pho Hnyin zum Christentum konvertiert. Vor dem Hintergrund der Konflikte zwischen den verschiedenen Religionen und ethnischen Gruppen sowie des sich verstärkenden Nationalismus war dies sicher ein ungewöhnlicher und umstrittener Schritt.

Auch Khin Kyis Mutter reagierte ablehnend. Sie stammte aus einer gläubigen Familie und weigerte sich lange, die Entscheidung ihres Mannes zu akzeptieren. Zu guter Letzt kamen sie zu der Übereinkunft, ihre Kinder mit zwei Religionen aufwachsen zu lassen, so dass diese sich später entscheiden konnten, welchen Glauben sie annehmen wollten. Während ihrer Jugend in Myaungmyar im Irrawaddy-Delta besuchte Khin Kyi regelmäßig buddhistische Klöster, nahm aber auch an christlichen Gottesdiensten teil. Daher wurde es für sie auch ganz natürlich, in einer multikulturellen und multireligiösen Gesellschaft zu leben. Die starken Spannungen, die das Verhältnis der verschiedenen Volksgruppen in Burma insgesamt prägten, waren in ihrem eigenen Zuhause nicht existent.

Beide waren sich im Klaren darüber, dass ihre Beziehung keine »gewöhnliche« Ehe werden würde. Doch auf dem spiegelnden Wasser des Inya Sees nahm Khin Kyi schließlich Aung Sans Heiratsantrag an. Doch beinahe wäre nichts aus alledem geworden, denn am Tage vor der Hochzeit verlor Aung San auf eine für ihn untypische Art und Weise die Kontrolle. Der Vorfall ist in *Perfect Hostage* wiedergegeben. Eine Gruppe japanischer Offiziere hatte Aung Sans Junggesellenabend ausgerichtet und freute sich, dass der engagierte und äußerst hart arbeitende Burmese trotz allem eine menschliche Seite zu haben schien. Aung San hatte kaum je zuvor im Leben Alkohol getrunken und war deshalb chancenlos, als die abgehärteten Japaner das Trinktempo erhöhten. Völlig betrunken luden sie ihn kurz nach Mitternacht auf der Veranda seines Hauses ab, wo Khin Kyi bereits auf ihn wartete. Sie wurde wütend und beschimpfte die Japaner für das, was sie mit ihrem zukünftigen Ehemann angestellt hatten. Nachdem die Japaner fort waren, schimpfte sie auch Aung San ordentlich aus. Statt zu antworten, erbrach sich dieser jedoch auf der Veranda. Daraufhin erklärte Khin Kyi die Hochzeit für abgesagt. Sie machte Schluss. Wenn er sich derart benehme, müsse sich »der große« Aung San eine andere Frau suchen. Nach einer stundenlangen Diskussion, in der er erklärte, dass er sich niemals zuvor so benommen habe und dies auch nie wieder tun werde, änderte sie ihre Meinung. Sie heirateten am 6. September 1942.

Es lassen sich nur Vermutungen darüber anstellen, wie die beiden in politischen und religiösen Fragen einander später beeinflussten. Als erwiesen gilt, dass Khin Kyi vor ihrer Begegnung mit Aung San eher dem Christentum zuneigte, der Religion ihres Vaters, sich jedoch nach der Eheschließung zur gläubigen Buddhistin bekehren ließ. Äußerlich betrachtet klingt dies nach einer rein strategischen Entscheidung. In einem so tief im Buddhismus verankerten Land wie Burma wäre es Aung San wohl sehr schwergefallen, mit einer Christin an seiner Seite Karriere zu machen. Nach Aussage ihrer Freunde und ihrer Familie handelte es sich jedoch um eine ernsthafte und durchdachte Entscheidung, und ihr Glaube wurde mit zunehmendem Alter nur umso stärker. Niemals jedoch verlor sie ihren toleranten Blick auf andere Kulturen und Religionen. Wie Wintle hervorhebt, kann ebendiese Haltung dazu beigetragen haben, dass Aung San nach dem Krieg großes Verständnis für die ethnischen Minderheiten Burmas zeigte und den Respekt der burmanischen Mehrheit einforderte.

Im Laufe der folgenden Jahre bekamen Aung San und Khin Kyi in kurzen Abständen vier Kinder. Fast genau neun Monate nach der Hochzeit wurde der älteste Sohn Aung San Oo geboren. Ein knappes Jahr später kam dessen jüngerer Bruder Aung San Lin zur Welt, und am 19. Juni 1945 wurde die erste Tochter des Paares, Aung San Suu Kyi, geboren. 1946 bekam das Paar eine weitere Tochter, die jedoch unmittelbar nach der Entbindung starb.

Aung San Suu Kyis Name ist eine Kombination der Namen älterer Familienmitglieder. Aung San kommt vom Vater, Suu von der Großmutter väterlicherseits und Kyi von der Mutter. In dieser Hinsicht folgten ihre Eltern nicht der burmesischen Tradition. Die Burmesen haben keine Familiennamen, so wie sie im Westen vorkommen. Eine Frau, die heiratet, nimmt nicht den Namen ihres Mannes an, ebenso wenig erhalten Kinder den Namen ihrer Eltern. Heißt jemand z.B. Win Naing, so sind dies beides seine individuellen Vornamen.

Stattdessen beruht der Name der meisten Burmesen auf dem Wochentag, an dem sie geboren wurden. Aung San Suu Kyi wurde an einem Dienstag geboren, für den Namen wie

Cid, Nyi, San und Zaw typisch sind. Daraus resultiert, dass die Anzahl der Namen in Burma relativ begrenzt ist; sehr viele Menschen haben denselben Namen. Um nun zwischen den Einzelindividuen zu unterscheiden, wird dem Namen häufig der Geburtsort hinzugefügt. Der ehemalige UN-Generalsekretär U Thant war in Burma beispielsweise als Pantanaw U Thant bekannt, da er in der Stadt Pantanaw geboren wurde.

Mitunter kann die Namensgleichheit auch von Vorteil sein. Vor einigen Jahren begegnete ich einem Menschenrechtsaktivisten, der regelmäßig illegal eingewanderte und in Bangkok inhaftierte Burmesen besuchte. Um Zutritt in das Gefängnis zu erhalten, musste er jedes Mal den Namen der Person angeben, die er besuchen wollte. Das Problem dabei war, dass er nie mit Sicherheit wusste, wer genau an dem jeweiligen Tag im Gefängnis saß. »Ich sage immer, dass ich Maung Maung besuchen möchte«, erklärte er lachend, »und immer werde ich eingelassen.«

Das Namenswirrwarr wird sogar noch undurchdringlicher, wenn man die Titel berücksichtigt, die die Burmesen den Namen oft voranstellen. Ein älterer, respektierter Mann trägt immer den Titel U, was so viel bedeutet wie »Herr« oder »Onkel«. Demnach hieße z. B. U Nu eigentlich nur Nu. Das weibliche Äquivalent zu U lautet Daw. Wenn die Menschen also Daw Aung San Suu Kyi sagen, erweisen sie ihr hierdurch besonderen Respekt.

Darüber hinaus benutzen viele Autoren und Polit-Aktivisten einen Decknamen oder ein Pseudonym. Dieser Usus entwickelte sich zunächst während der Kolonialzeit und diente dazu, die Sicherheitspolizei zu verwirren, ist aber auch unter der Herrschaft der Junta noch immer verbreitet. Als Beispiel sei hier der Studentenführer Min Ko Naing erwähnt, der eigentlich Paw Oo Tun heißt, seinen Namen jedoch infolge der Studentenproteste änderte. Min Ko Naing bedeutet »Königsmörder« und war von Anbeginn eine Sammelbezeichnung für eine Gruppe von Studenten, die aus Protest gegen die Militärregierung politische Texte druckte. Nachdem Paw Oo Tun als Anführer der gesamten Studentenproteste hervorgetreten war, wurde er mit diesem Namen verknüpft. (Als zusätzliches Kuriosum sei erwähnt, dass der Schriftsteller Eric Blair, der in seiner Jugend als Polizist in Burma arbeitete, später der burmesischen Tradition folgte und den Schriftstellernamen George Orwell annahm.)

Aung San Suu Kyi bedeutet wörtlich »Strahlendes Bündel denkwürdiger Siege«. In der burmesischen Astrologie wird jeder Wochentag mit einer Reihe persönlicher Eigenschaften in Verbindung gebracht. Da Suu Kyi an einem Dienstag zur Welt kam, wurde von ihr erwartet, dass sie sich zu einem ehrlichen Menschen mit hohen moralischen Werten entwickelte. Ihr Vater war an einem Montag geboren worden, was bedeutete, dass er zu einem Unruhestifter mit hitzigem Wesen wurde. Der Glaube an die Bedeutung des Geburtstages ist in Burma stark ausgeprägt. Daher ist es sehr wahrscheinlich, dass die diesbezüglichen Erwartungen der Eltern und anderen Erwachsenen Einfluss darauf haben, welche Persönlichkeit ein Mensch entwickelt – ähnlich wie die sozialen Anforderungen die Entwicklung sogenannter typisch männlicher oder weiblicher Eigenschaften beeinflussen.

Der Zweite Weltkrieg endete nur wenige Wochen vor Aung San Suu Kyis Geburt. Nach Kriegsende stellte sich die Frage, welchen Status ein zukünftiges Burma erhalten würde. An seinem Standort in London ging Winston Churchill davon aus, dass das englische Kolonialreich wiederauferstehen sollte. Schließlich hatte er den Weltkrieg nicht gewonnen, um das Imperium aufzugeben. Doch Churchill gelang es nicht einmal, die englischen Wähler von seinen Vorzügen als Nachkriegspolitiker zu überzeugen. Die Labour Party gewann die Parlamentswahl 1945, und mit Clement Attlee als Premierminister wurde ein Prozess zur Demontage des größten existierenden Weltreichs eingeleitet. Aung San und die anderen Anführer der nationalistischen Bewegung hatten jedoch mittlerweile gelernt, sich nicht auf die Versprechungen der Briten zu verlassen. Das Misstrauen beruhte in höchstem Maß auf Gegenseitigkeit. Nach dem Krieg kehrten die alten Kolonialherren nach Rangun zurück, und viele betrachteten Aung San und die Dreißig Kameraden noch immer als halbkriminelle Unruhestifter. Auch Gouverneur Reginald Dorman-Smith misstraute der jungen nationalistischen Generation. Nachdem Japan in Burma eingefallen war, hatte er Zuflucht in Kalkutta gesucht und war verbittert, weil die Burmanen sich nicht von Anbeginn auf die Seite der Alliierten gestellt hatten. In seinen Augen war Aung San ein Krimineller, der vor ein Kriegsverbrechertribunal gestellt werden musste.

In Zusammenarbeit mit der Administration in London hatte er ein Weißbuch für Burmas zukünftigen Status erarbeitet. Erst 1948 sollte ein langsamer Prozess für die Souveränität des Landes eingeleitet werden, und bis dahin planten die Briten, Burma auf dieselbe Weise wie vor dem Krieg zu regieren. Aung San befürchtete, dass das Weißbuch nur dazu dienen sollte, Burmas Selbstbestimmung so lange zu verzögern, bis die Briten in der Lage wären, das alte Kolonialsystem wieder einzuführen. Darüber hinaus sollte der Wiederaufbau von Wirtschaft und Infrastruktur denselben westlichen Unternehmen überlassen werden, die vor dem Krieg die Teakwälder und Mineralgruben ausgebeutet hatten.

Aung San schloss nicht aus, dass ein erneuter bewaffneter Kampf erforderlich werden könnte, und bereitete die nationalistische Bewegung auf einen Guerillakrieg vor. Unmittelbar nach der Wiedereinnahme Burmas hatten die Briten die nationalistische Armee aufgelöst. Ungefähr 5000 Mann wurden der neuen burmesischen Armee einverleibt, die in der Übergangszeit zwischen Kolonialherrschaft und Souveränität entstand. Aung San war mit dieser Lösung zufrieden, baute jedoch aus Sicherheitsgründen neben der regulären Armee eine Miliz auf, die PVO. Offiziell widmete sich die PVO der Krankenpflege und Sozialarbeit, war tatsächlich jedoch eine Privatarmee unter der Führung Aung Sans.

Aung San stand vor einer Grundsatzentscheidung. Der Weltgeschichte mangelte es nicht an politischen Führern, die im Augenblick der Befreiung tatenlos verharrten, die Waffen nicht niederlegen konnten und somit neuer Unterdrückung Vorschub leisteten. Schaut man auf Länder wie Simbabwe, Eritrea oder Vietnam scheint der Schritt von Befreiung zu Freiheit der allerschwerste zu sein.

In der konkreten Situation jedoch bewies Aung San, dass er mehr war als ein Befreier. Der Kampf für die Souveränität hatte seine Weitsicht nicht vermindert, sondern geschärft. Er hatte einen Teil seiner exzentrischsten Persönlichkeitszüge abgeschliffen und war zu einem politischen Führer herangereift. Und er begriff drei Dinge:

Erstens konnte er den Briten gegenüber keine dogmatische Verhaltensweise an den Tag legen. Auch wenn er mit den Säbeln rasselte, war er im Grunde davon überzeugt, dass es Verhandlungen und friedlicher Methoden bedurfte, um eine nachhaltige Souveränität zu erlangen. Im Herbst 1945 verließ er daher die Armee und setzte seine politische Arbeit als Zivilist fort.

Zweitens mussten sich die politischen Fraktionen innerhalb der nationalistischen Bewegung einigen, denn ansonsten würden die Differenzen zu einem Bürgerkrieg führen. Schon vor dem Zweiten Weltkrieg hatten sich die Kommunisten geweigert, japanische Hilfe zu erbitten, um die Briten hinauszuwerfen. Völlig zu Recht – wie sich zeigen sollte – hatten sie in Japan eine weitaus brutalere imperialistische Macht gesehen als in Großbritannien und daher beabsichtigt, die japanische Expansion in Asien gemeinsam mit den Briten zu bekämpfen. Aber Aung San und einigen anderen Anführern war es gelungen, die Kommunisten ins Boot zu holen. Nach der Invasion waren die Kommunisten in die Opposition gegangen und ihre Anführer vom japanischen Sicherheitsdienst verfolgt worden. Zwei führende Kommunisten hatten sich nach Indien abgesetzt, doch der radikalste Anführer, Thakin Soe, war in Burma geblieben und zu einer Quelle ständiger Unruhe geworden. Hätten die Kommunisten zu früh zu den Waffen gegriffen, wäre Aung San gezwungen gewesen, sie zu bekämpfen. Statt eines gemeinsamen Kampfes gegen Japan, wäre es zu einem Bürgerkrieg gekommen. Aung San hatte Thakin Soe dazu überreden können, von einem vorzeitigen Waffengang abzusehen. Die nationalistische Bewegung hatte sich mit der Anti-Fascist People's Freedom League, AFPFL, zusammengetan, und Aung San war zum ersten Vorsitzenden ernannt worden. AFPFL sollte bis zur Machtübernahme durch Ne Win im Jahr 1962 zur wichtigsten Partei des Landes werden.

Als die Briten zurückkamen, arbeitete Aung San nach demselben Prinzip der Einigung weiter. Die Widerstandsbewegung musste zusammenhalten, ansonsten würde ihre Uneinigkeit von den Briten für eigene Zwecke ausgenutzt werden.

Drittens war es schließlich erforderlich, die ethnischen Minderheiten miteinzubeziehen. Aung San begriff, dass Verhandlungen und großes diplomatisches Geschick vonnöten waren, um das Land nicht in einen neuen Krieg zu stürzen. Die Briten hatten diese Gruppen konsequent unterstützt, und die Spannungen waren durch die von den Japanern und der burmanisch-nationalistischen Armee (BIA) hervorgerufenen

Verwüstungen nur verstärkt worden. Besonders hart hatte es die Karen getroffen. Die Invasionsarmee war direkt über die traditionellen Siedlungsgebiete der Karen im Süden und Osten Burmas vorgestoßen. Viele der Soldaten, die als Freiwillige bei der BIA dienten, waren vordem Kriminelle gewesen und scherten sich nicht darum, was die Zivilbevölkerung von der burmesischen Armee halten würde. Als Soldaten der Karen später Attentate und Guerillaangriffe gegen japanische Ziele durchführten, hatte Oberst Suzuki den Befehl gegeben, dass die BIA ein abschreckendes Exempel statuieren müsse. Mehrere Karen-Städte östlich von Rangun wurden angegriffen und bis auf die Grundmauern niedergebrannt. Männer, Frauen und Kinder wurden erschossen.

Aung San war bewusst, dass ein zukünftiges Burma nicht ohne Mitwirkung der ethnischen Minderheiten funktionieren würde. Bereits in den ersten Monaten nach der japanischen Besatzung hatte er in regelmäßigen Abständen die politischen Anführer aufgesucht, um deren Vertrauen zu gewinnen. Langsam hatte sich eine Verständigung zwischen Aung San und den ethnischen Gruppen entwickelt.

Zu dieser schwer lösbaren Gleichung gehörte darüber hinaus die Rivalität zwischen den einzelnen Anführern der nationalistischen Bewegung. Einige ältere Rechtsnationalisten versuchten, sich auf Spitzenpositionen zu manövrieren. Ba Maw, der bereits zweimal als Premierminister gedient hatte, war einer der selbsternannten Kandidaten, wie auch U Saw, der sowohl unter den Briten als auch den Japanern diesen Posten innegehabt hatte. Obwohl Aung San die größte Unterstützung im Volk genoss, zog es Gouverneur Dorman-Smith vor, mit den beiden anderen Politikern über Burmas Zukunft zu reden. Beide verfügten ebenfalls über eigene private Milizen. Zwar war keine so einflussreich wie Aung Sans PVO, doch allein die Tatsache, dass U Saw und Ba Maw eigene Schutztruppen aufgestellt hatten, gab ihnen Einfluss in dieser ungewissen politischen Nachkriegslandschaft.

Parallel dazu war die AFPFL schon auf dem Weg des Zerfalls. Die gesamte nationalistische Bewegung wurde von internen Streitigkeiten zerrissen. Im Frühjahr 1946 unternahm Tun Ok, einer der eher rechtsorientierten Nationalisten, den Versuch, Aung San aus dem Weg zu räumen, indem er ihn des Mordes beschuldigte. Tun Ok behauptete, gesehen zu haben, dass Aung San während der Invasion 1942 einen Mann hingerichtet hätte.

Damit hatte Dorman-Smith die Chance erhalten, sich des jungen Anführers zu entledigen. Dennoch zögerte er. Der britische Militärkommandant Hubert Rance wies darauf hin, dass ein Vorgehen gegen Aung San zu einem Bürgerkrieg führen würde. Dorman-Smith befahl Aung San zu sich, der die Vorwürfe unumwunden bestätigte. Als die BIA die Dschungelgebiete im Süden durchquert hatte, war Aung San nahe der Stadt Moulmein in ein Dorf gekommen. Einige Tage später hatten die Bewohner ihr eigenes Dorfoberhaupt, einen Inder, festgenommen, der mit den Briten zusammengearbeitet hatte. Aung San beschloss, ein Exempel zu statuieren und verurteilte den Mann in einem Kurzverfahren zum Tode. Daraufhin sollte Aung San vor der versammelten Dorfgemeinschaft das Urteil vollstrecken. Er hieb mit einem Schwert auf ihn ein, doch der Mann überlebte, und Aung San befahl einem seiner Männer, den Verurteilten mit einem Kopfschuss zu töten. Ein bizarres Ereignis, das einen dunklen Schatten auf Aung Sans Andenken wirft. Gegenüber Dorman-Smith betonte er selbstbewusst, dass die Hinrichtung im Kriegszustand erfolgt sei und er nur seine Pflicht als Soldat und Befehlshaber ausgeführt habe.

Dorman-Smith entschied sich schließlich, die Anklage fallen zu lassen, agierte aber weiterhin gegen Aung San und die PVO. Seine Politik wurde weder von den Politikern in London noch von Lord Mountbatten, dem Chef des britischen Oberkommandos in Indien, geschätzt. Mountbatten war indes von Aung Sans Ruhe und Integrität beeindruckt und sah in ihm eine vereinende Kraft in einem Burma, das sich bereits am Rande des totalen Chaos befand.

Einige Monate später konnte Aung San einen bedeutenden Sieg verbuchen, als nämlich die britische Regierung entschied, Dorman-Smith aus Burma abzuberufen. Sein Nachfolger Hubert Rance löste als Erstes den politischen Rat auf, der als burmesische Interimsregierung unter britischer Kontrolle arbeitete. In einem neuen Rat ließ er die Mehrheit der Sitze der AFPFL zukommen. Zwar wurde dies nie offen ausgesprochen, aber bald stand ebenfalls fest, dass das Weißbuch ausgedient hatte. Aung San wurde zum stellvertretenden Vorsitzenden des Rates ernannt, er war einzig Rance unterstellt. Außerdem erhielt er die Verantwortung für Schlüsselthemen wie Verteidigungs- und Außenpolitik. Somit war klar, dass die älteren Nationalisten wie U Saw und Ba Maw ihren Einfluss auf den Prozess der Souveränität des Landes verloren hatten.

Aung Sans Aufstieg hatte gleichwohl zur Folge, dass die AFPFL in zwei Teile zerfiel. Die Kommunisten hatten auf eine umwälzende Revolution gehofft. Sie hatten Pläne für große Streiks geschmiedet und wollten die unsichere Situation nach dem Krieg dazu nutzen, einen sozialistischen Staat mit engen Verbindungen zur Sowjetunion zu etablieren. Für sie war es undenkbar, sich an einer Übergangsregierung zu beteiligen, in der die Briten noch immer das letzte Wort hatten. Thakin Soe war bereits im Frühjahr abgesprungen und hatte Zuflucht im Irrawaddy-Delta gesucht. Dort hatte er eine kleinere Guerillaarmee (Red Flag Communists) um sich versammelt und plante einen bewaffneten Aufstand gegen die Zentralregierung. Nun sagten sich auch Than Tun und Thein Pe von der AFPFL los und gründeten eine eigene kommunistische Guerilla (White Flag Communists).

Diese Abspaltung war ein schwerer Rückschlag für die Einheit der Nationalisten, bedeutete aber auch, dass Aung San nichts mehr vortäuschen musste. Seine politische Rhetorik milderte sich ab, und er ähnelte eher einem pragmatischen Sozialdemokraten als einem von Leidenschaft getriebenem Kommunisten. Fraglich bleibt, ob sein verändertes Profil auf den persönlichen Aufstieg oder eine tatsächliche Überzeugung zurückzuführen ist. Wenn die jungen Nationalisten jedoch verantwortungsvolle Staatsmänner werden wollten, so mussten sie mehr Pragmatismus an den Tag legen.

Im Januar 1947 reiste eine von Aung San angeführte Delegation nach London, um sich mit Premierminister Attlee über die letzten Details eines Abkommens, das Burma die Souveränität geben sollte, zu einigen. Auf dem Weg nach England verweilte Aung San einige Tage in Neu-Delhi und wohnte bei Premierminister Nehru. Wie üblich hatte Aung San keinerlei Wert auf angemessene Kleidung gelegt und trug dieselbe abgetragene Uniform wie bei der Invasion vier Jahre zuvor. Nehru lachte, als er seinen burmesischen Kollegen empfing und versuchte, ihn davon zu überzeugen, dass eine japanische Uniform nicht gerade die beste Ausstattung für einen offiziellen Besuch in der Downing Street Nr. 10 sei. Nehru schickte nach einem Schneider, der einen dreiteiligen Anzug für Aung San anfertigte. Diesen trägt er auf allen Bildern, die von dem Besuch in London erhalten sind.

In Neu-Delhi hielt Aung San eine Pressekonferenz ab, auf der er erläuterte, welche Forderungen die burmesische Delegation an die Regierung in London stellen würde. Völlige Souveränität, sagte Aung San. Keine britische Dominanz in einem vage zusammengesetzten Commonwealth. Außerdem warnte er vor der Gefahr eines neuen bewaffneten Aufstands. Für den Fall, dass die Gespräche mit Attlee scheitern würden, hatte die AFPFL vor Abreise der Delegation die PVO bereits in höchste Alarmbereitschaft versetzt.

Doch Aung San und Attlee einigten sich auf einen Kompromiss. Noch im Januar wurde ein Abkommen unterzeichnet, dass die Souveränität Burmas innerhalb von einem Jahr vorsah. Im April sollten demokratische Wahlen durchgeführt werden, und die erste Aufgabe des neugewählten Parlaments sollte darin bestehen, eine neue Verfassung zu erarbeiten, die auf demokratischen und föderalen Prinzipien beruhte. Die Betonung des föderalen Aspekts zielte insbesondere darauf ab, den ethnischen Minderheiten großen Einfluss in den jeweiligen Teilstaaten sowie eine festgelegte Anzahl an Plätzen in Parlament und Regierung zu garantieren. Die AFPFL sollte unter britischer Oberaufsicht eine Übergangsregierung bilden.

Das Abkommen verstärkte die Spaltung der nationalistischen Bewegung aufs Neue. U Saw war zwar Mitglied der Delegation, weigerte sich jedoch, das Dokument zu unterschreiben. Unmittelbar nach seiner Rückkehr gründeten er und Ba Maw eine eigene, rechtsgerichtete Partei und warfen Aung San vor, sich für das Erlangen persönlicher Macht an die Imperialisten verkauft zu haben.

Aung San hatte wenig Zeit, sich wegen solcher Anklagen den Kopf zu zerbrechen. Sie waren absehbar gewesen. Ohnehin hatte er stets damit gerechnet, dass U Saw und Ba Maw ihr eigenes Süppchen kochen würden, sobald die Souveränität ein Faktum wäre. Sofort nach seiner Rückkehr fuhr er weiter in die kleine Stadt Panglong im Shan-Staat. Dort waren Vertreter der ethnischen Minderheiten zusammengekommen, um darüber zu entscheiden, ob innerhalb der Grenzen, die Burma heute definieren, ein Staat entstehen würde oder ob die Forderung nach totaler Unabhängigkeit aufrechterhalten werden sollte. Im Prinzip gab es keine Hinderungsgründe für letztere Alternative. Wirtschaftlich betrachtet waren die Teilstaaten natürlich unterentwickelt – aber dies galt für die meisten asiatischen Staaten nach dem Krieg. Auch in administrativer Hinsicht gab es große Schwierigkeiten. Viele der Teilstaaten waren in nur wenigen Jahrzehnten von lokalen Stammesgesellschaften zu Teilstaaten des britischen Imperiums geworden. Aber auch dies unterschied sie nicht von vielen anderen Ländern, die kolonisiert worden waren und nun eigene gesellschaftliche Strukturen aufbauen mussten. In geographischer sowie demographischer Hinsicht hatten sie sich indes zweifellos qualifiziert. Der Kachin-Staat im Norden Burmas ist ungefähr so groß wie Österreich. Der Shan-Staat hat heute eine Bevölkerung von circa vier Millionen und ist größer als die meisten europäischen Länder.

Am stärksten beharrten die Karenni auf ihren Forderungen nach Souveränität. Sie hatten der Kolonialmacht viel näher gestanden und waren davon ausgegangen, dass die Briten ihnen einen eigenen Staat garantiert hatten. Am 11. September 1946 hatte einer der lokalen Karenni-Anführer eine Regierung für die »Vereinten Karenni-Staaten« ernannt. Andere Karenni-Vertreter hatten ihre Waffenarsenale aufgefüllt. Für die Erlangung der Souveränität waren sie nötigenfalls auch zu einem Krieg bereit.

Ebenso explosiv war die Entwicklung im Arakan-Staat im Westen Burmas. Dort hatte der buddhistische Mönch U Sein Da eine Guerillaarmee um sich versammelt, um das alte arakanesische Königreich wieder aufzubauen. Parallel dazu hatte sich auch eine muslimische Guerilla gebildet, um die Rechte des Rohingya-Volkes gegen die Soldaten U Sein Das zu verteidigen. Über Jahrhunderte hatten Muslime und Buddhisten in dieser Region friedlich zusammengelebt, nun jedoch war die Einigkeit aufs äußerste bedroht.

Sogar die Karen zögerten, sich der neuen Union anzuschließen. Der Krieg hatte ihr historisch begründetes Misstrauen gegenüber den Burmanen verstärkt. In der Hoffnung, dass Attlee mit ihnen ein ähnliches Abkommen wie mit Aung San treffen würde, hatten sie sogar eine eigene Delegation nach London geschickt. Die britische Regierung hatte jedoch alles auf Aung San gesetzt, und der Delegation der Karen war es nicht vergönnt, wichtige Beamten oder Politiker zu treffen. Während ihres anstrengenden Aufenthaltes in der englischen Hauptstadt wurden ihnen lediglich zahlreiche kulturelle und historische Sehenswürdigkeiten gezeigt.

Einige Tage vor dem Treffen in Panglong war die Karen National Union (KNU) gebildet worden. Die Karen hatten sich völlig auf die Souveränität fixiert und waren lediglich als Beobachter nach Panglong gekommen.

Aung San warf sein ganzes politisches Prestige in die Waagschale und konnte die Vertreter des Chin-, des Kachin- sowie des Shan-Volks zur Unterzeichnung eines Abkommens überreden, das ihren Eintritt in die neue Union besiegelte. Den Shan-Prinzen wurde sogar eine Klausel zugestanden, gemäß der sie nach Ablauf von zehn Jahren aus der Union austreten durften, sofern sie mit der Zusammenarbeit nicht zufrieden sein sollten. Die Karenni erhielten dasselbe Recht.

Noch immer gab es eine Reihe ungelöster Fragen, doch der Erfolg von Panglong zeigte, dass Aung Sans Fahrplan den Anforderungen genügte. Im April wurde Burmas erste demokratische Wahl abgehalten, und die AFPFL errang mit Leichtigkeit den Sieg. Zwar wurde die Wahl sowohl von den »roten« und »weißen« Kommunisten als auch von den Karen in der KNU boykottiert, aber der Wahlsieg zementierte nur einmal mehr die Legitimität der Anführerschaft Aung Sans. Er war auf dem Weg, der erste demokratisch gewählte Premierminister eines souveränen Burma zu werden.

Und er wäre es auch geworden, wenn es nicht die Schüsse im Sekretariat gegeben hätte.

Das Sekretariat ist ein rotes Backsteingebäude in der Nähe von Ranguns Hafen und nimmt fast einen ganzen Block ein. Heute ist es von einer roten, stacheldrahtbewehrten Ziegelmauer und einem verwilderten Garten umgeben, blinde Fenster starren auf das heruntergekommene Stadtzentrum. Obwohl es völlig leersteht, wird es rund um die Uhr von bewaffneten Wachleuten geschützt. 1947 war das Sekretariat ein offen zugängliches Gebäude. Obwohl es das Zentrum für die künftige Regierung Burmas sein sollte, obwohl die sensiblen Verhandlungen mit den ethnischen Gruppen noch immer nicht abgeschlossen waren und obwohl nach dem Krieg unendlich viele Waffen im Umlauf waren, war die Sicherheit für die neue Führung des Landes nicht verstärkt worden. Aung San war im Prinzip völlig ungeschützt.

Der Morgen des 19. Juli verlief für Aung San wie viele andere im Laufe der hektischen Sommermonate des Jahres 1947. Um fünf Uhr morgens wachte er im Haus der Familie in der Tower Lane auf. Es lag auf einem grünen Hügel in einer wohlhabenden Wohngegend, gleich nördlich des Kandawgyi Sees. Das Haus war zweistöckig, im Kolonialstil erbaut, verfügte über einen weiß verputzten Turm an einer Ecke und war von einer weißen Steinmauer umgeben.

Aung San nahm ein aus Nudeln bestehendes Frühstück und eine Tasse Tee zu sich, umarmte seine drei Kinder und lief zu dem wartenden Dienstwagen, der ihn ins Sekretariat bringen sollte. Einige Stunden des Vormittags wollte er sich administrativen Aufgaben widmen, um danach gegen halb elf mit seinem Regierungskabinett zusammenzutreffen. In der Regierung saßen einige der vielversprechendsten Politiker des Landes, und ganz bewusst hatte Aung San mehrere Vertreter der ethnischen Minderheiten ausgewählt, beispielsweise den Karen-Anführer Mahn Ba Khaing sowie Hsam Htun, einen der Prinzen des Shan-Volkes. Normalerweise traf die Regierung in der Kanzlei des britischen Gouverneurs zusammen, aber an diesem Tag stand nichts auf der Tagesordnung, was die Anwesenheit des Gouverneurs erforderlich gemacht hätte.

Einige Kilometer weiter nördlich, in einer luxuriösen Villa am Inya See, hatte der rechtsgerichtete Politiker U Saw eine Gruppe von Soldaten um sich versammelt. Eine halbe Stunde bevor die Kabinettssitzung im Sekretariat beginnen sollte, setzten sie sich in einen Wagen, der sie ins Stadtzentrum brachte. Der Gedanke an Rache hatte sich bei U Saw bereits gebildet, als Gouverneur Rance Aung San und der AFPFL die Mehrheit in der Interimsregierung überlassen hatte. U Saw betrachtete sich selbst als rechtmäßigen Anführer der nationalistischen Bewegung. Er war älter und hatte mehr Erfahrung als der Grünschnabel Aung San. Er missbilligte Aung Sans linksorientierte Ansichten und hasste die Tatsache, dass es seinem Widersacher so leicht gefallen war, das Vertrauen der Briten zu gewinnen. Ein paar Monate zuvor war ein Mordanschlag auf ihn verübt worden, und obwohl dies von niemandem bestätigt werden konnte, war er sicher, das Aung San dahintersteckte.

Der Wagen mit den bewaffneten Männern fuhr schnell durch das chaotische Straßenwirrwarr Ranguns in Richtung Süden. Sie passierten Straßenmärkte, Pagoden, englische Automobile und Ochsenkarren aus den nahe gelegenen Dörfern. Niemand hielt sie auf, als sie in den Hof des Sekretariats fuhren, und völlig problemlos konnten sie in den zweiten Stock vordringen, wo die Regierung sich gerade zusammengefunden hatte. Sie erschossen einen vor dem Konferenzraum postierten Wächter und rissen die Tür auf. Aung San war bereits nach dem ersten Schuss aufgestanden und wurde von 13 Kugel getroffen, als die Soldaten das Feuer eröffneten. Weitere sechs Minister wurden getötet, darunter Mahn Ba Khaing und Hsam Htun sowie Aung Sans Bruder, U Ba Win. Später stellte sich heraus, dass eine Reihe britischer Offiziere die Waffen für das Attentat besorgt hatten. Ihre Beteiligung wurde jedoch nie eindeutig geklärt, und U Saw musste die alleinige Schuld für den Mord auf sich nehmen.

Einer der wichtigsten Volksvertreter Südostasiens war tot. Aung San wurde 32 Jahre alt. Er starb um 10.37 Uhr am 19. Juli 1947. Noch heute wird dieses Ereignis als Tag der Märtyrer in Burma feierlich begangen. Er hatte eine bemerkenswerte Reise von den staubigen Straßen seines Geburtsorts Natmauk bis hin zur Universität und dem Kampf für die Souveränität des Landes gemacht. Auch seine asozialen Züge hatte er überwunden; aus dem Sonderling war ein Nationalheld geworden.

»Er war ein Intellektueller mit Instinkt«, sagte Professor Khynt Maung von der Universität Rangun viele Jahre später in einem Interview mit Angelene Naw, »und konnte gleichzeitig vollkommen undiszipliniert sein. Ich kannte ihn gut und kannte auch viele, die mit ihm gearbeitet haben. Einige betonen, er sei äußerst unverschämt und unvorhersehbar gewesen. Aber er war eindeutig auch ein Genie, und so akzeptierten die Menschen seine eigentümlichen Züge.«

Wir können unmöglich wissen, wie Aung San die Schwierigkeiten bewältigt hätte, denen Burma in den 1950er Jahren ausgesetzt war. Der Bürgerkrieg brach nur wenige Monate nach der formalen Souveränität im Januar 1948 aus. Die Karen griffen zu den Waffen, ebenso die Kommunisten. Im Laufe der 1950er Jahre brach die Union Burma mehr und mehr in sich zusammen. Vielleicht wäre Aung San mit seinem starken Siegerinstinkt und seiner Souveränität-um-jeden-Preis-Mentalität genauso brutal und gewalttätig gewesen wie die Generäle, die später an die Macht kamen. Mit seinem diplomatischen Geschick und seinem Vertrauensverhältnis zu den ethnischen Minderheiten hätte er aber genauso gut den Zusammenbruch des Landes verhindern können. Diese Meinung kann man im heutigen Burma oft hören; dass der Mord im Sekretariat ein Todesurteil für das demokratische Versprechen bedeutete, welches die Souveränität und die neue Verfassung beinhalteten.

U Saws Traum, der erste Premierminister des Landes zu werden, zerschlug sich gleich am Nachmittag desselben Tages. Er wurde festgenommen, wegen Hochverrat und Mord zum Tode verurteilt und im Mai 1948 hingerichtet.

An seiner Stelle übernahm U Nu die Rolle des Premierministers. Während der gesamten Studienzeit war er Aung San gefolgt, von der Thakin-Bewegung bis hin zum Krieg. Als die Souveränität in greifbare Nähe rückte, zog er sich jedoch in ein Kloster zurück. Er war ein kluger Anführer, nachdenklich und vernünftig, und war stellvertretender Leiter der AFPFL gewesen. Jedoch war er auch ein Kompromisskandidat und keineswegs die vereinende Kraft, die das Land so dringend brauchte, als es zwischen Stabilität und Chaos abwägen musste. U Nu hatte nicht dasselbe Vertrauensverhältnis zu den ethnischen Minderheiten und – vielleicht am wichtigsten – nicht dieselbe Unterstützung in der Armee. Aung San galt als Gründer der Armee. Nachdem er nicht mehr da war, gab es niemanden, der die destruktive Kraft der bewaffneten Kräfte kontrollieren konnte oder wollte.

6.
Die Wahlkampagne

Aung San Suu Kyi wird manchmal vorgeworfen, sie sei besessen von ihrem Vater. Implizit meinen ihre Kritiker damit, dass sie ihre Stellung als Oppositionsführerin nicht aus eigener Kraft errungen habe, sondern dass diese allein auf Aung Sans Status als Nationalheld beruhe. Dieser Vorwurf entspricht natürlich insofern der Wahrheit, als Aung San Suu Kyi schnell bekannt wurde und eine politische Position erhielt, weil sie seine Tochter ist. Ohne diese verwandtschaftliche Beziehung hätte sie ihre Rede vor der Shwedagon-Pagode 1988 nicht halten können und wäre auch nicht zu einem Symbol der Demokratiebewegung geworden.

Ebenso ist richtig, dass ein bedeutender Teil ihrer Texte und Reden um ihren Vater kreist. Bereits vor ihrer Rückkehr nach Burma im Jahr 1988 hatte sie *Aung San of Burma* veröffentlicht, ein episodenhaft angelegtes Buch, in dem sie seine Vorzüge ausgiebig schildert und leichthin über seine Mängel und Fehlentscheidungen hinweggeht. Nur kurz erwähnt sie die Mordanklage gegen ihn und lässt seinen Flirt mit den totalitären Ideologien der 1930er Jahre völlig unerwähnt. Sogar Peter Carey, ein Freund aus Oxford, sagt, dass sie »die unkritische und bewundernde Einstellung einer Tochter zu ihrem Vater« habe.

Aber besessen? Sie selbst weist diese Behauptung stets zurück:

»Ich denke nicht jeden Tag an meinen Vater. Ich bin nicht

besessen von meinem Vater, so wie einige vielleicht glauben mögen. Ich gebe gern zu, dass meine Einstellung zu ihm auf gesundem Respekt und Bewunderung beruht, aber nicht auf Besessenheit«, sagte sie Mitte der 1990er Jahre.

Im Grunde genommen geht es bei dem Vorwurf der Besessenheit natürlich um etwas anderes. Die Junta hatte stets das Interesse, Aung San Suu Kyi zu diskreditieren, und versucht daher, den Eindruck zu vermitteln, dass sie gar nicht so viel zu bieten hat und lediglich eine Nostalgikerin ist, die die Größe ihres Vaters ausnutzt und von ihr zehrt.

Interessant wird der Vorwurf vor allem dann, wenn man bedenkt, dass so gut wie alle in Burma Aung San als Helden betrachten. Sowohl das Militär als auch die Demokratiebewegung, sowohl die politische Elite des Landes als auch die Menschen auf der Straße. Sein Bild hängt überall, in den Teehäusern, in den Offiziersquartieren und im Büro der NLD. Straßen, Märkte, ja ganze Stadtviertel sind nach ihm benannt. In den letzten Jahren war die Junta allerdings immer weniger geneigt, ihn als Vorbild zu präsentieren, weil sie genau wusste, dass die Menschen immer an Aung San Suu Kyi denken, wenn sie das Bild ihres Vaters sehen.

Aung San Suu Kyis vermeintliche Besessenheit unterscheidet sich demnach nicht von der des durchschnittlichen Burmesen. Vielmehr handelt es sich hier um einen Kampf um die Geschichtsschreibung. Schon seit Ne Wins Machtübernahme im Jahr 1962 hat die Propaganda der Junta eine fortschreitende Linie vom Nationalhelden Aung San bis hin zur Diktatur gezeichnet. Die Militärregierung resultiert demnach aus der Tatsache, dass Aung San die Armee gründete und dass die Armee das Land von der Kolonialmacht befreite. Ohne ausgesprochen zu werden, sollte dies den Generälen also die Deutungshoheit sowie das ewige Recht zur Führung des Landes garantieren.

Indem Aung San Suu Kyi ihren Vater hervorhebt und auf ihre eigene Verbindung zur Befreiung Burmas verweist, hat sie dem Militär dessen Argumentationsweise jedoch aus der Hand geschlagen. Sie hat die von der Junta gezeichnete Linie durchschnitten und gezeigt, dass die praktizierte Unterdrückung keineswegs eine natürliche Folge des Staates ist, den Aung San in den 1940er Jahren skizzierte. Indem sie die Proteste des Volkes im Jahr 1988 als »den zweiten Kampf für die Souveränität« bezeichnete, verknüpfte sie stattdessen die Opposition und die Demokratiebewegung mit dem Befreiungskampf. In dieser Hinsicht war ihr Auftritt an der Shwedagon-Pagode der Startpunkt für eine revidierte Bewertung des Erbes Aung Sans sowie des antikolonialen Kampfes.

Die Rede im Jahr 1988 war darüber hinaus auch der Beginn für eine intensive Wahlkampfarbeit. Nur wenige Wochen nach der Machtübernahme durch Saw Maung und die neue Junta war Aung San Suu Kyi an der Gründung einer politischen Partei, der National League for Democracy, beteiligt. U Tin Oo, der ehemalige Oberbefehlshaber, der in den 1970er Jahren mit der Junta in Konflikt geraten war, wurde zum Parteivorsitzenden gewählt. Aung San Suu Kyi wurde Generalsekretärin.

Die neue Junta, SLORC, hatte verkündet, dass die Wahl irgendwann im Jahr 1990 stattfinden sollte, was bedeutete, dass die NLD ein bis zwei Jahre Zeit hatte, eine Wahlkampagne durchzuführen. Nach 1962 hatte Ne Win alle Parteien mit Ausnahme der sozialistischen Partei BSPP verboten, und das Zentralkomitee der BSPP war mächtiger als die offizielle Regierung des Landes geworden. Als die SLORC 1988 die Macht von der BSPP übernahm, versprach sie, dass der Einparteienstaat abgeschafft werden solle – ein Versprechen, das in der Zivilgesellschaft zu ungeheurer Aktivität führte. Neue Parteien schossen wie Pilze aus dem Boden, und nach ein paar Monaten hatten sich über 200 neue Parteien registrieren lassen. Knapp hundert wurden später von der Junta anerkannt und durften bei der Wahl antreten.

Die Junta hatte allen neuen Parteien das Recht eingeräumt, Telefone zu benutzen (zu dieser Zeit in Burma keine Selbstverständlichkeit), und den Parteien waren besondere Benzinrationen zuerkannt worden, um im Land herumreisen zu können. Die Junta selbst hatte ebenfalls eine neue Partei gegründet, die National Unity Party (NUP), welche die sozialistische Partei ersetzte. Saw Maung sorgte dafür, dass alle Parteien, die sich mit der NUP alliierten, ihre Wahlkampagnen mit Staatsgeldern betreiben konnten, während die Kritiker der SLORC zusehen mussten, wie sie zurechtkamen. Während des gesamten Wahlkampfes weigerten sich die Generäle, mit Oppositionsvertretern zusammenzukommen und öffentlich festzulegen, welche Regeln für den Wahlprozess gelten sollten. »Es gibt über hundert Parteien, mit welcher genau sollen wir zusammentreffen?«, fragten sie rhetorisch. Aung San Suu Kyi schlug daraufhin die Wahl eines gemeinsamen Vertreters der Opposition vor. Bei einem Treffen in Rangun einigten sich 104 Parteien darauf, dass Aung San Suu Kyi die vereinigte Opposition in Gesprächen mit der Junta repräsentieren sollte.

Nach dieser Zusammenkunft wurden alle Parteiführer mit Ausnahme des Leiters der NLD zu Vernehmungen durch die Sicherheitspolizei einbestellt. Demonstrativ wurde ein Paar Handschellen auf den Tisch gelegt, und viele Parteiführer wurden dazu gedrängt, ihre Unterstützung für Aung San Suu Kyi zurückzuziehen. Alle, die sich weigerten, wurden mit knallharten Repressalien konfrontiert. Khin Maung Myint, Vorsitzender der People's Progressive Party, wurde ins Gefängnis gesteckt, wo er einige Jahre später schwer erkrankte. Einer seiner Pfleger berichtete, dass die Junta ihm schließlich noch ein Ultimatum stellte: Er würde Medizin und Pflege erhalten, doch nur, wenn er von Aung San Suu Kyi Abstand nähme. Khin Maung Myint hatte hohes Fieber, rief seinen Bewachern aber dennoch zu: »Keine Uniformen! Bleibt, wo ihr seid! Ich sterbe lieber, als eure Papiere zu unterschreiben!« Er starb nach vier Jahren Gefangenschaft.

Trotz aller Anstrengungen der Junta wussten alle, dass Aung San Suu Kyi die Unterstützung der meisten politischen Parteien und Gruppen genoss. Später schlug sie einmal vor, dass die Opposition sich noch viel früher vereinigen und mit nur einem gemeinsamen Kandidaten pro Wahlkreis antreten sollte, um eine Aufsplittung der Stimmen zu verhindern, doch eine solche Allianz bildete sich nie.

Die SLORC hatte politische Freiheit versprochen, aber es dauerte nur wenige Wochen, bis sie ihr Versprechen brach. Das Militär unterdrückte alle oppositionellen Kräfte. Die größte Studentenpartei, DPNS, welche die NLD offen unterstützte, musste ständig neue Vorsitzende wählen, weil die Junta alle verhaftete, sobald sie ihr Amt angetreten hatten. Einer der Parteiführer, der junge Student Moe Thee Zun, tauchte unter, als er erfuhr, dass der Sicherheitsdienst nach ihm suchte. Einige Wochen später tauchte er nahe der thailändischen Grenze wieder auf und erklärte, dass friedliche Methoden nicht länger anwendbar seien. Es sei an der Zeit, zu den Waffen zu greifen und den Kampf gegen die Junta aufzunehmen. Er wurde zu einer der führenden Kräfte in der Studentenarmee, die einige Jahre lang zusammen mit bewaffneten Truppen der ethnischen Minderheiten an der Grenze zu Thailand die Junta bekämpfte.

Aung San Suu Kyi allerdings war nicht so leicht aus dem Weg zu räumen. Schnell wurde sie äußerst populär, sogar bei den Soldaten der Armee, und begab sich auf eine mehrere Monate dauernde Wahlkampfreise. Unermüdlich fuhr sie umher. In ganz Burma hielt sie politische Zusammenkünfte ab und traf sich mit Aktivisten der NLD. Überall erschienen Zehntausende von Menschen, um ihr zuzuhören, und der Partei gelang es in Rekordzeit, ein umfassendes Netz aus lokalen Parteibüros und Parteivereinigungen aufzubauen. Zum Jahreswechsel konnte man die schwindelerregende Zahl von drei Millionen Mitgliedern verzeichnen.

Reisen beanspruchen in Burma immer eine gewisse Zeit. Die Straßen befinden sich in einem erbärmlichen Zustand, und Heerscharen von Radfahrern, Ochsenkarren und Fußgängern verlangsamen das Tempo. Die Verkehrssituation wird außerdem dadurch erschwert, dass das Lenkrad bei den meisten Autos auf der rechten Seite angebracht ist, obwohl das Land bereits in den 1970er Jahren zum Rechtsverkehr überging. Für einen ungeübten Fahrer ist es daher lebensgefährlich, Überholmanöver durchzuführen, weil man den entgegenkommenden Verkehr nicht sieht.

Aung San Suu Kyi und ihre Begleiter mussten die Reise so planen, dass sie zu jeder Gelegenheit möglichst vielen Menschen begegneten und Mitglieder werben konnten. Die meisten dieser Zusammenkünfte wurden am Nachmittag oder frühen Abend abgehalten. Danach übernachteten Suu Kyi und ihre Reisegesellschaft in irgendeinem Gasthaus, um dann gegen vier Uhr morgens wieder aufzustehen und die Fahrt zum nächsten Ort fortzusetzen. »Ich war immer tief berührt von dem Augenblick, wenn die Welt ganz still und verletzbar daliegt und auf das Sonnenlicht und den neuen Tag wartet, die sie zu neuem Leben erwecken«, schrieb sie einige Jahre später.

Der Journalist und Autor Bertil Lintner, einer der weltweit führenden Experten, wenn es um die Beurteilung burmesischer Politik geht, betrachtet die Wahlkampagne der NLD als eine für die Junta weitaus gefährlichere Herausforderung als die Proteste des Jahres 1988. Obwohl die Junta die Zusammenkünfte störte und Aktivisten verhaftete, gelang es der Demokratiebewegung, den Widerstand in disziplinierte Bahnen zu lenken. Anstatt an chaotischen und oft gewalttätigen Demonstrationen durch die großen Städte teilzunehmen, versammelten sich die Menschen in aller Ruhe, um die politischen Forderungen anzuhören. Und auch wenn Militär und Polizei sie oft provozierten, verhielten sich die Menschen stets ruhig. Die Wahlkampfreise wurde zu einer Lehrstunde in Demokratie und zivilisiertem Widerstand.

Als ich meine erste Reise im Grenzgebiet zwischen Thailand und Burma unternahm, begegnete ich vielen politischen Aktivisten. Oft waren es junge Menschen, die alles auf einen politischen Wandel in Burma gesetzt, den Kampf jedoch verloren hatten und zur Flucht ins Ausland gezwungen worden waren. Nun verbrachten sie ihre Tage in pulsierenden burmesischen Exilgemeinden wie Mae Sot und Chiang Mai. Jeder einzelne, den ich traf, arbeitete für irgendeine Organisation, die sich um das Schicksal der politischen Gefangenen kümmerte, die Rechte der Frauen oder das kulturelle Erbe des Karen-Volks verteidigte oder Flüchtlinge auf beiden Seiten der Grenze medizinisch versorgte. Manchmal fragte ich, welche politische Ideologie sie vertraten, erhielt aber oft nur eine hochgezogene Augenbraue zur Antwort. »Welche politische Ideologie? Wir sind Demokraten.« Einen derartigen Standpunkt entdeckt man oft bei der politischen Opposition in einer Diktatur, in der keine Pressefreiheit existiert, politische Parteien – ungeachtet ihrer Ideologie – bekämpft werden und eine kleine Elite gottgleich regiert.

Auch das erste Parteiprogramm der NLD war von dieser breiten demokratischen Grundeinstellung geprägt. Es wurde von Aung San Suu Kyi und U Tin Oo im Herbst 1988 verfasst. Zwar hatte die SLORC allgemeine Wahlen versprochen und die Menschen aufgefordert, sich politisch zu organisieren, doch die Praxis sah anders aus. Außerdem hatte Burma keine funktionierende demokratische Verfassung, die den Wahlprozess hätte regulieren können. Alles geschah gemäß den Bedingungen der Junta.

In ihrem Parteiprogramm forderte die NLD die Wiederherstellung Burmas als föderale Union, den Respekt vor den Rechten der ethnischen Minderheiten und eine klare Machtverteilung innerhalb eines demokratischen Systems. Die ethnischen Minderheiten sollten sogar mehr Rechte erhalten, als in der Verfassung von 1947 vorgesehen war. Diese hatte sich trotz allem als unzulänglich erwiesen, was die Bewahrung der Ordnung und die Beteiligung aller Volksgruppen am Aufbau der Nation betraf.

Das Programm war stark von Aung San Suu Kyis Vorstellungen beeinflusst, nicht zuletzt, weil es so deutlich hervorhob, dass Burmas Machthaber die Menschenrechte respektieren und die Bevölkerung ihre eigenen Anführer wählen lassen müssten. Betont wurde darüber hinaus, dass der »Weg zum Sozialismus«, den Ne Win seit 1962 ausprobiert hatte, gescheitert sei. Die fast einhundertprozentige Verstaatlichung der Wirtschaft sowie die kulturelle Isolation hätten das Land in die Armut getrieben. Nun sei die Zeit für eine vorsichtige Liberalisierung der Wirtschaft und eine größere Offenheit gegenüber dem Rest der Welt gekommen.

Die NLD verkündete, dass Gesundheits- und Schulwesen besondere Priorität genießen müssten. Auch dies war eine Reaktion auf die seit den 1960er Jahren betriebene Politik der Junta. Das Militär hatte immer größere Mengen des Staatsbudgets verschlungen, während Bildungs- und Gesundheitswesen – die in ganz Asien jahrzehntelang vorbildlich gewesen waren – mehr oder weniger in Trümmern lagen.

Doch eine der wichtigsten Fragen im Rahmen der Wahlkampagne drehte sich um eine Grundsatzentscheidung der

Widerstandsbewegung. Immer wieder betonte Aung San Suu Kyi, wie wichtig eine gewaltfreie Linie sei. In dem Interview mit Alan Clements sagte sie einige Jahre später:

»Burma hat allzu oft mit Hilfe bewaffneter Aufstände das politische System gewechselt. Wählten wir dieselbe Methode, würden wir nur bestätigen, dass es rechtens ist, gewaltsame Mittel anzuwenden, und dann werden wir demselben Widerstand begegnen, wenn wir an die Macht kommen.«

Nichtsdestotrotz distanzierte sie sich nicht vollständig von Gewalt als legitimes Mittel. Sie war gezwungen, mit der Tatsache umzugehen, dass Tausende von Studenten in den Dschungel geflohen waren und eine Studentenarmee gegründet hatten, deren Hauptquartier in der Rebellenfestung Manerplaw nahe der Grenze zu Thailand lag. Aung San Suu Kyi wusste, dass sie im Grunde auf ihrer Seite standen und wählte daher einen diplomatischen Mittelweg: »Sie haben ihre Methoden gewählt, und in der NLD haben wir andere gewählt.«

Rasch und anscheinend ohne große Anstrengung übernahm Aung San Suu Kyi die Rolle der führenden Oppositionspolitikerin in Burma. Es schien, als hätte sie ihr ganzes Leben nur auf diesen Augenblick gewartet, in dem die Wege der Geschichte zusammentrafen und ihr zeigten, für welchen sie bestimmt war.

Während Aung San Suu Kyi die Wahlkampagne mit großer Intensität vorantrieb, wurde deutlich, dass ihre Mutter Khin Kyi nicht mehr lange leben würde. Ihr Zustand verschlechterte sich zusehends, sie starb schließlich Ende Dezember mit 76 Jahren. Obwohl sie ihren Mann um mehr als 40 Jahre überlebt hatte, war sie niemals eine neue Beziehung eingegangen. Es gibt keinerlei Hinweise auf einen »männlichen Bekannten«, und auch sonst nichts, was auf eine Liebesbeziehung hätte schließen lassen können. Aung San Suu Kyi sagte, dass ihre Mutter viel zu verantwortungsvoll gewesen sei, um sich auf einen anderen Mann einzulassen. Sie sei Aung Sans Witwe gewesen, und das Selbstverständnis der Nation habe verlangt, dass sie dies bliebe. Punktum. Im Westen würden wir die Übernahme solch einer Verantwortung normalerweise – wenn überhaupt – nur mit königlichen Familien verbinden.

Die Beisetzung fand am 2. Januar 1989 statt und wurde zu einer weiteren großen Kundgebung gegen die Junta. Aufgrund der Gewalttätigkeit des Militärs hatten die Menschen seit September nicht mehr gewagt, große Demonstrationen durchzuführen. Die Beisetzung von Aung Sans Witwe war jedoch ein bedeutendes gesellschaftliches Ereignis, das es zu tolerieren galt. Daher konnte die SLORC nichts dagegen tun, als über 100 000 Menschen die Straßen bevölkerten. Die NLD befürchtete neue Gewalttätigkeiten und berief Hunderte von Parteiaktivisten ein, die für Ruhe und Ordnung sorgten, als die lange Prozession die University Avenue entlangschritt.

Aung San Suu Kyis Mann, Michael Aris, und die gemeinsamen Söhne, die gleich nach dem Auftritt vor der Shwedagon-Pagode nach England zurückgekehrt waren, wo sie Universitäts- bzw. Schultermine wahrnehmen mussten, reisten erneut nach Burma, um an Khin Kyis Beisetzung teilzunehmen. Die Trennung der Familie hatte sich noch immer nicht sonderlich schmerzvoll oder dramatisch gestaltet. Wie schon in früheren Zeiten ihrer Ehe hielten Michael und Suu Kyi Kontakt, indem sie einander lange Briefe schrieben und fast täglich telefonierten. Doch es blieb nur ein kurzer Besuch in Burma. Nur wenige Tage nach der Beisetzung riefen die Pflichten Michael zurück nach Oxford, und Suu Kyi erhöhte das Tempo der Wahlkampagne.

Die SLORC setzte ihre brutale, mitunter beinahe tragikomische Propaganda gegen Aung San Suu Kyi fort. Sicherheitschef Khin Nyunt behauptete, dass Suu Kyi und U Tin Oo einer internationalen, rechtsgerichteten Konspiration angehörten, an der sogar mehrere ausländische Regierungen beteiligt wären. Er sagte nie, um welche Länder es sich handele, betonte allerdings, dass die britische BBC und der Radiosender Voice of America zu denjenigen gehörten, die Lügen über das Land verbreiteten. Kurz danach änderte er seine Kritik und warf Suu Kyi stattdessen vor, eine Marionette der kommunistischen Partei Burmas zu sein. Seine Absicht bestand darin, Aung San Suu Kyi und die NLD in einen direkten Zusammenhang mit dem 40 Jahre währenden Konflikt mit der kommunistischen Guerilla zu stellen.

Häufig war die Propaganda jedoch nur dazu gedacht, sie als Person zu diskreditieren. Sie nannten sie eine »westliche Modepuppe«, und da sie mit einem Ausländer verheiratet war, musste sie gemäß dem verschrobenen und xenophoben Weltbild der Junta per definitionem eine ausländische Spionin sein. Eine »Axt in den Händen der Neokolonialisten«.

Wenn Aung San Suu Kyi ihre Wahlveranstaltungen durchführte, wurden regelmäßig Zuschauer von der Sicherheitspolizei drangsaliert und sogar festgenommen. Während der Wahlkampfreise durch das Irrawaddy-Delta wurde ihre Delegation ständig von einem Lastwagen verfolgt, der eine Musikanlage auf dem Dach montiert hatte. Sobald Suu Kyi anhielt und eine Ansprache halten wollte, wurde der Lautsprecher aufgedreht und laute Militärmusik gespielt, um sie zu übertönen.

Die Strategie der permanenten Überwachung aller NLD-Auftritte kehrte sich jedoch überraschenderweise gegen die Junta selbst. Die Propaganda zeichnete sie als Terroristin und Aufwieglerin, als eine Person, die das Land ins Chaos stürzen würde. Vor Ort jedoch trafen die Soldaten auf eine ganz andere Person. Wenn ihre Anhänger den Soldaten und der Armee Beleidigungen entgegenriefen – eine beliebte Parole drehte sich um die mangelnde Ausbildung der Juntaführer –, forderte Suu Kyi sie zur Ruhe auf. Oftmals sprangen Soldaten, die zum Stören der Zusammenkünfte geschickt worden waren, von ihren Lastwagen herunter, schlossen sich den Versammlungen an und wollten Suu Kyi reden hören.

Einer ihrer damaligen Leibwächter, Moe Myat Thu, berichtete von einem Ereignis im Oktober 1988, als Aung San Suu Kyi nach Natmauk, der Geburtsstadt ihres Vaters, reiste. Kurz vor der Stadtgrenze wurde sie an einem Checkpoint angehalten. Doch anstatt sich provozieren zu lassen, begann sie, mit den Soldaten zu plaudern, so als handele es sich um alte Bekannte. Sie fragte nach deren Kindern, dem Lebensstandard der Familie und ob sie sich in der Armee wohlfühlten. Für die Soldaten war dies eine völlig neue Erfahrung. Burma war von Anbeginn eine hierarchisch gegliederte Gesellschaft. Historisch betrachtet war die Grenze zwischen oben und unten schon immer scharf gezogen gewesen und nur schwer zu durchdringen. Menschen mit Macht haben von Mitmenschen, die auf der sozialen Leiter tiefer stehen, stets ein großes Maß an Unterordnung erwartet, unabhängig davon, ob es sich bei den Machthabern um britische Kolonialherren oder burmanischen Adel handelte. Die Junta hat diese Kontraste noch verschärft, indem sie den traditionellen Klassenunterschieden eine rein militärische Hierarchie hinzufügte. Offiziere kommunizieren mit ihren Untergebenen durch direkte Befehle, nicht durch freundlichen Small Talk. Aung San Suu Kyi bricht mit all diesen ungeschriebenen Regeln. Einige Menschen, mit denen ich während der Arbeit an diesem Buch gesprochen habe, beschreiben sie als versnobt und arrogant; dabei haben sie anscheinend nur eine Seite von Suu Kyi wahrgenommen, die sie offen zeigt, wenn sie ihre Gesprächspartner nicht sonderlich schätzt. Die meisten hingegen behaupten das Gegenteil: Trotz ihres familiären Hintergrunds, trotz ihrer Ausbildung und ihres Status als nationale Ikone, behandele sie die Menschen wie Gleichgestellte.

Während der Wahlkampagne wurde sie oft gefragt, warum sie einen Ausländer geheiratet habe. Moe Myat Thu erinnert sich an eine Begegnung in einer kleinen Stadt in Zentralburma, wo die Frage von einem weit hinten im Publikum stehenden Mann gestellt wurde. »Das ist gar nicht weiter verwunderlich«, erwiderte Aung San Suu Kyi mit einem Lachen. »Ich wohnte ganz einfach in England, als es an der Zeit war, zu heiraten. Wenn ich in dieser Stadt gewohnt hätte, wäre ich jetzt vielleicht mit dir verheiratet.«

Die Generäle wissen schlichtweg nicht, wie sie mit einer Person umgehen sollen, die über solch entwaffnende soziale Fähigkeiten verfügt.

In den ersten Monaten der Wahlkampagne wagte die Junta es nicht, Suu Kyi persönlich anzugreifen. Sie begriff, dass ein solches Vorgehen zu einer ausgewachsenen Revolution führen könnte. Dennoch entging Aung San Suu Kyi auf einer dieser Reisen nur nur knapp einem Attentat. Die Geschehnisse haben mittlerweile zu der Mythenbildung um ihre Person beigetragen, nicht zuletzt, weil sie etwas Wichtiges über ihre Persönlichkeit aussagen.

Das Ereignis spielte sich in Danubyu ab, einem staubigen kleinen Nest im Irrawaddy-Delta, ungefähr 200 Kilometer nordwestlich von Rangun. Es war der 5. April 1989. Während des Tages war die Delegation mit einem Boot im Delta herumgefahren und hatte Wahlkampf betrieben. Überall waren sie von jubelnden Menschenmassen begrüßt worden, und weder Polizei noch Militär hatten eingegriffen, um die Zusammenkünfte zu beenden. Als die Dämmerung hereinbrach, wollten sie nach Danubyu zurückfahren. Kurz vor der Ankunft im Hafen sahen sie, dass überall Soldaten mit erhobenen Gewehren standen, die auf die herannahenden Boote gerichtet waren.

Sie waren über diesen Anblick nicht sonderlich erstaunt. Als sie am selben Morgen in Danubyu angekommen waren, hatten sich überall auf den Straßen Soldaten aufgehalten. Die Bewohner hatten den Befehl erhalten, ihre Häuser nicht zu verlassen; anderenfalls liefen sie Gefahr, verhaftet oder sogar erschossen zu werden. Als sie zum Büro der NLD gekommen waren, hatte sie ein Kapitän namens Myint Oo empfangen und alle politischen Zusammenkünfte verboten. »Aus Sicherheitsgründen«, hatte er erklärt. Aung San Suu Kyi hatte sich den Anordnungen gefügt und war stattdessen im Büro mit den Parteikollegen zusammengetroffen.

Als sie schließlich Danubyu verlassen wollten, hatte Kapitän Myint Oo erst versucht, sie aufzuhalten, sie dann aber doch passieren lassen, nachdem Aung San Suu Kyi erklärt hatte, noch vor sechs Uhr abends wieder zurück zu sein.

Obwohl der verabredete Zeitpunkt noch lange nicht überschritten war, hatte sich eine hasserfüllte Stimmung in der Hafengegend aufgebaut. Nyo Ohn Myint, Vorsitzender der NLD-Jugendorganisation und einer von Suu Kyis Leibwächtern, schlug vor, dass sie die Boote am Strand neben der Anlegestelle verlassen sollten. Suu Kyi kletterte zuerst ans Ufer. Als die anderen an Land kamen, wurden sie von einer kleinen Gruppe von Soldaten umringt, die sie in Richtung Wasser drängten, an ihrer Kleidung zerrten und sie lautstark zum Umkehren aufforderten. Einer ihrer Leibwächter verlor die Fassung und prügelte sich mit einem Soldaten, doch nach ein paar Minuten entspannte sich die Lage, und Aung San Suu Kyi schlug vor, zum Büro der NLD weiterzugehen.

Sie liefen ein paar hundert Meter die Hauptstraße entlang, und als sie den Marktplatz erreicht hatten, wurden sie von weiteren sechs Soldaten aufgehalten. Kapitän Myint Oo stand neben ihnen, mit einer Pistole in der einen und einem Megaphon in der anderen Hand. Ihr Leibwächter Win Thein lief der Gruppe mit einer NLD-Flagge voraus.

Maw Min Lwin, Chef der Leibwächtergarde, begriff, dass Suu Kyi sich einer unnötigen Gefahr aussetzte. Zusammen mit Nyo Ohn Myint versuchte er, Suu Kyi vorauszugehen, doch sie hielt sie beide auf. »Nein, das ist nicht nötig«, sagte sie. »Es macht sie nur noch nervöser. Lasst mich zuerst gehen.«

Sie liefen weiter.

Für gewöhnlich war Danubyu um diese Tageszeit erfüllt vom Lärm der Marktstände, des Verkehrs und Tausender Stimmen. Doch in diesem Augenblick war kein Laut zu hören.

Ma Thanegi, eine der Frauen aus der Leitung der NLD, ging ein paar Schritte hinter den Leibwächtern und versuchte, mit dem Kapitän zu reden. »Schluss jetzt. Sie müssen uns vorbeilassen«, sagte sie. »Sie müssen uns zu unserem Büro gehen lassen.«

Der Kapitän jedoch schrie nur, dass sie auf der Stelle erschossen würden, wenn sie mitten auf der Straße weiterliefen.

»In Ordnung«, erwiderte Suu Kyi, »dann gehen wir eben am Straßenrand entlang.«

Der Kapitän rief, dass sie auch dann erschossen würden, wenn sie am Rand der Straße weiterliefen. Er fing an zu zählen und gab seinen Soldaten den Befehl, das Feuer zu eröffnen, wenn er bei zehn angelangt sei. Suu Kyi drehte sich um und bat ihre Begleiter stehenzubleiben. Wenn der Kapitän es tatsächlich ernst meinte, wollte sie kein Blutbad riskieren. Sie selbst allerdings ging langsam weiter.

Die Soldaten entsicherten ihre Waffen.

»Ich hatte Todesangst«, sagte Nyo Ohn Myint, als er 20 Jahre später über die Geschehnisse berichtete. »Aber genau in dem Augenblick, als der Kapitän den Schießbefehl geben wollte, kam einer seiner Vorgesetzten, ein Major, angelaufen und stoppte ihn.«

Daraufhin entspann sich eine heftige Auseinandersetzung auf dem Gehweg. Sie endete damit, dass Kapitän Myint Oo seine Rangabzeichen von der Uniform abriss und rief: »Wozu habe ich diese hier, wenn ich keinen Schießbefehl erteilen darf?« In diesem Moment hatte Suu Kyi die Reihe der Soldaten durchschritten und sah, wie einige von ihnen vor Nervosität zitterten. Einer der Soldaten weinte. Viele Jahre später erwähnte Aung San Suu Kyi die Episode gegenüber Alan Clements:

»Ich überlegte, was am besten zu tun sei. Mein erster Gedanke war, dass man in so einer Situation nicht umkehrt. Ich glaube nicht, dass ich die Einzige bin, die so denkt. Ich habe mit vielen Menschen gesprochen, die an Demonstrationen teilgenommen haben. Alle sagen, dass man nicht im vornherein wissen kann, wie man reagiert, wenn man von der Polizei angegriffen wird. Es ist eine Entscheidung, die man in diesem Moment treffen muss.«

Nyo Ohn Myint erinnert sich an das informelle Treffen, das später an jenem Abend im Büro der NLD in Danubyu stattfand. Alle waren schockiert über das Ereignis. Er selbst hatte eine Stunde lang kein einziges Wort sagen können, nachdem sie wieder in Sicherheit waren. Einer der lokalen NLD-Aktivisten berichtete, dass Kapitän Myint Oo nach seiner Erniedrigung in der örtlichen Polizeistation gesessen und geschworen hatte, Aung San Suu Kyi zu töten. Er war völlig betrunken gewesen, hatte mit der Pistole herumgefuchtelt und geschrien, er habe »eine Kugel für die Frau des Inders aufgespart!«. Rassistische Burmanen bezeichnen Ausländer oft nur als Inder.

Im Büro der NLD waren die meisten der Ansicht, dass es nun an der Zeit war, nach Hause zu fahren, aber Suu Kyi weigerte sich, die Termine für den folgenden Tag abzusagen. Auf der Tagesordnung stand die Besichtigung eines Denkmals für General Bandula, der nach einem entscheidenden Kampf gegen die Briten im ersten angloburmanischen Krieg 1825 in Danubyu gestorben war.

»Wenn ich in Danubyu sterben sollte«, sagte sie, »müsst ihr die Situation ausnutzen und alles tun, damit das Land frei und demokratisch wird.«

Als sie zu dem Denkmal kamen, wurden sie von dem Major begrüßt, der die Schüsse am Tag zuvor verhindert hatte. Er erklärte, dass Myint Oo aus Danubyu abkommandiert worden sei, und versicherte, dass Suu Kyi sich nicht länger vom Tod bedroht fühlen müsse.

Die aufopfernde Verhaltensweise, die Suu Kyi in Danubyu gezeigt hatte, erklärt unter anderem, wieso sich die jungen Aktivisten der Demokratiebewegung nach dem blutigen Herbst 1988 hinter sie gestellt hatten. Suu Kyi zeigte deutlich, dass ihre Sicherheit nicht wertvoller als die jeder anderen Person war und dass sie alles in ihrer Macht Stehende tat, um die Aktivisten zu schützen, die sich ihr anschlossen.

Unmittelbar nach ihrer Rückkehr aus Danubyu wurden Moe Myat Thu, einer der Leibwächter, sowie fünf andere junge Aktivisten direkt vor dem Haus in der University Avenue 54 verhaftet. Sie wurden von Soldaten aus dem fahrenden Auto gezerrt und in ein Militärlager gebracht. Als Aung San Suu Kyi davon erfuhr, lief sie sofort zur University Avenue und setzte sich auf den Bürgersteig. Sie erklärte den erstaunten Soldaten, dort sitzen bleiben zu wollen, bis ihre Mitarbeiter wieder freigelassen würden. Die Soldaten wurden nervös. Es war der erste Tag des burmesischen Wasserfestes, und schon bald würde sich die Straße mit Menschen füllen, die das Fest ein paar hundert Meter weiter entfernt, beim Hauptquartier der NLD, feiern wollten. Wenn Aung San Suu Kyi nun auf der Straße säße, könnte sich die ganze Situation in eine Kundgebung gegen die Junta verwandeln. Nach 30 Minuten wurden die NLD-Aktivisten wieder auf freien Fuß gesetzt.

»Es fällt einem nicht schwer, einer Anführerin zu folgen, die so agiert, um ihre Mitarbeiter zu schützen«, sagte Moe Myat Thu, als ich ihn im Winter 2010 in Thailand interviewte.

Aung San Suu Kyis Verhalten zeugt natürlich auch von einer eigenartigen, manchmal geradezu todesverachtenden Sturheit. Dennoch würde sie niemals sagen, das sie besonders mutig sei. Als man sie nach den Ereignissen in Danubyu fragte, erwiderte sie: »Es muss Tausende von Soldaten geben, die jeden Tag solche Dinge tun. Überall auf der Welt gibt es Auseinandersetzungen.«

Aung San Suu Kyi betont oft, sie wolle sich nicht von der Angst beherrschen lassen, auch wenn es häufig gute Gründe gebe, ängstlich zu sein. »Du darfst nie zulassen, dass die Angst dich daran hindert, das zu tun, was du für richtig hältst«, sagte sie. »Du darfst die Angst nicht verleugnen. Angst ist normal. Aber es ist gefährlich, sich von dem abbringen zu lassen, was du für richtig erachtest.«

Dann erwähnte sie, dass sie schon als Kind auf dieselbe Weise mit ihrer Angst umgegangen war, wie sie es während der Wahlkampagne und der ewigen Drangsalierungen durch die Junta getan hat – indem sie ihr trotzte. In der Kindheit hatte sie, wie die meisten Kinder, Angst vor der Dunkelheit, wenn sie abends schlafen gehen sollte. Doch anstatt sich die Decke über den Kopf zu ziehen und die Augen zuzumachen, stieg sie wieder aus dem Bett und lief in den finsteren Keller hinunter. Dort setzte sie sich auf den Boden und wartete, bis sie sich an die Dunkelheit gewöhnt hatte und ihre Angst kontrollieren konnte. Einer ihrer bekanntesten Aussprüche lautet: »Angst ist eine Angewohnheit.«

Nach dem Vorfall in Danubyu erkannte die Junta, dass Aung San Suu Kyi nicht einmal angesichts einer tödlichen Bedrohung zurückweichen würde. Außerdem hatte die Wahlkampagne gezeigt, dass sowohl die Demokratiebewegung als auch die ethnischen Minderheiten hinter ihr standen. Sogar große Teile der Armee blickten zu ihr auf, was bedeutete, dass sie eine direkte Bedrohung für den Machtanspruch der Junta darstellte. Gleichwohl glaubte sie nicht, dass die Junta ein Todesurteil über sie fällen würde, denn falls sie in aller Öffentlichkeit getötet werden sollte, würde dies eine Revolution auslösen. Dennoch hatte das Verhalten Kapitän Myint Oos gezeigt, dass es Elemente in der Armee gab, die sie gern tot gesehen hätten.

Im Laufe des Frühlings und des Sommers 1989 heizte sich das politische Klima weiter auf. Die Junta intensivierte ihre Drangsalierungen, und weitere Aktivisten wurden verhaftet und nach kurzen Gerichtsverfahren zu langen Gefängnisstrafen verurteilt.

Allerdings hinderte dies Aung San Suu Kyi nicht daran, ihre Kritik an der Militärführung zu verschärfen. Lian Sakhon, der heute in Schweden lebt, erinnert sich an eine Begegnung kurz vor dem jährlich stattfindenden Wasserfest in Rangun. Lian stammt aus dem Chin-Volk und gehörte damals zur Leitung der Allianz der ethnischen Minderheiten, UNLD. Er sollte nach Aung San Suu Kyi selbst eine Rede halten.

»Vor dem Auftritt wirkte sie völlig ruhig. Sie verzog nicht eine Miene, doch ihr Blick war intensiv und konzentriert, voller Energie, und die ganze Zeit starr geradeaus gerichtet. Sie trug eine weiße Bluse mit weiten Ärmeln, und genau vor ihrer

Rede krempelte sie sie langsam über die Ellbogen auf. So etwas hatte ich noch nie zuvor gesehen. Sie sah aus wie ein Revolverheld, der sich auf ein Duell vorbereitete.«

Wenige Minuten später ging sie in ihrer Rede erstmalig zum Angriff gegen den ehemaligen Diktator Ne Win über. Bis zu diesem Zeitpunkt hatte sie in ihren Ansprachen immer darauf verzichtet, ihn persönlich zu erwähnen. In Burma ist es üblich, die Älteren zu respektieren – sogar wenn es sich um brutale Volksmörder handelt –, und niemand in der Demokratiebewegung hatte gewagt, den ehemaligen Diktator zu kritisieren. Zwar hatte er sich im Sommer 1988 offiziell von der Macht verabschiedet, aber niemand zweifelte daran, dass er hinter den Kulissen noch immer die Fäden in der Hand hielt. Aung San Suu Kyi warf ihm nun vor, das Erbe ihres Vaters missbraucht und das Land in die Armut gestürzt zu haben, und bemängelte sein Unvermögen, endlich Frieden mit den ethnischen Minderheiten zu schließen.

Die Frage nach den Beziehungen zu den ethnischen Minderheiten wurde selbst innerhalb der Demokratiebewegung und der NLD kontrovers behandelt. Vor dem 19. Juli 1989 erklärte Aung San Suu Kyi, dass sie eine alternative Kundgebung anlässlich des 42. Jahrestages der Ermordung ihres Vaters durchzuführen beabsichtigte. Bereits seit 1962 hatte das Militär den 19. Juli stets zur Unterstreichung seines eigenen Machtanspruchs benutzt und in einen Feiertag zur Huldigung der Militärführung verwandelt. Doch anstatt an den Feierlichkeiten des Regimes mitzuwirken, plante Aung San Suu Kyi einen separaten friedlichen Marsch durch die Straßen Ranguns. Am 15. Juli fand eine Zusammenkunft von NLD und UNLD, der Allianz der ethnischen Minderheiten, statt. Lian Sakhong war einer der Teilnehmer und berichtete, dass Aung San Suu

Kyi und die Vertreter der UNLD planten, diesen Marsch für eine gemeinsame Kundgebung zu nutzen. U Tin Oo und die anderen Generäle in der Führung der NLD reagierten jedoch äußerst ablehnend und drohten, sich der Kundgebung des Regimes anzuschließen, falls der Vorschlag angenommen würde. Die pensionierten Generäle in der Leitung der NLD misstrauten den ethnischen Gruppen, und viele von ihnen wollten unter allen Umständen die Kontrolle über die Teilstaaten behalten. Aung San Suu Kyi hingegen war der Ansicht, dass eine föderale Verfassung nötig sei, um Frieden im Land zu schaffen, und suchte daher eine noch engere Zusammenarbeit mit der UNLD. Darüber hinaus schlug sie vor, dass die NLD von einer Kandidatur in den Teilstaaten absehen sollte, damit die Parteien der ethnischen Gruppen keine Konkurrenz durch die NLD erfahren mussten. Der Konflikt innerhalb der NLD sollte sich allerdings gar nicht weiter zuspitzen können. Als die SLORC Kenntnis von den Plänen einer alternativen Kundgebung für den 19. Juli erhielt, wurden einige Regimentsbataillone aus der Umgegend der Hauptstadt zusammengerufen und auf die Straßen geschickt. Gleichzeitig verkündeten die staatlich kontrollierten Massenmedien, dass die Junta um jeden Preis die Aufrechterhaltung von Ruhe und Ordnung durchsetzen wolle.

Angesichts der Gefahr eines neuen Blutbads wurde die Kundgebung abgeblasen. Die Junta allerdings hatte nun einen Vorwand gefunden, um die Daumenschrauben anzuziehen. Früh am Morgen des 20. Juli 1989 tauchten elf schwere Lastwagen auf der University Avenue auf. Die Fahrzeuge wurden so abgestellt, dass sie den gesamten Verkehr vor dem Haus Aung San Suu Kyis blockierten. Die Soldaten sprangen von den Ladeflächen und hinderten alle am Verlassen des Hauses.

Mehrere Stunden vergingen, ohne dass etwas geschah. Entweder wollten die Soldaten Unruhe und Unsicherheit unter den rund 40 NLD-Aktivisten und ihren Familienmitgliedern im Haus verbreiten, oder sie warteten auf einen Befehl von oben. Aung San Suu Kyi fürchtete, dass die Zeit nun gekommen war und begann zu packen. »Wenn sie mich ins Gefängnis werfen sollten, wollte ich auf jeden Fall eine Tasche mit dem Allernotwendigsten bei mir haben«, erzählte sie einige Jahre später. »Ein paar Kleider zum Wechseln und eine Zahnbürste. Danach machten wir es uns gemütlich und warteten.«

Suu Kyi nutzte den Tag, um sich mit ihren Parteikameraden zu unterhalten, und genoss die Anwesenheit ihrer Söhne Alexander und Kim. Sie waren einige Wochen zuvor zusammen mit ihrem Vater nach Rangun gekommen, aber Michael war zurückgereist, um an der Beerdigung seines eigenen Vaters in Schottland teilzunehmen. Der 16-jährige Alexander war alt genug, um zu verstehen, dass die Soldaten eine Bedrohung darstellten, Kim jedoch fand die Ereignisse in erster Linie spannend. »Ich erinnere mich, wie die Soldaten zum Haus kamen«, sagte er 2004 in einem Interview mit der Zeitung *The Weekly*. »Den ganzen Tag lang herrschte Chaos, überall sah man Waffen und schreiende Soldaten. Ich wusste eigentlich nicht, was passierte, aber für einen Zwölfjährigen wie mich war es unglaublich spannend. Meine Mutter war zuversichtlich, zumindest wenn ich in der Nähe war, und ich erinnere mich nicht, dass ich Angst hatte.«

Einer von Suu Kyis Assistenten spielte mit den Kindern zum Zeitvertreib Monopoly. Gegen vier Uhr hatte das Warten ein Ende. Ein halbes Dutzend Soldaten stürmte ins Haus und durchsuchte die Büroräume im Souterrain. Sie zogen die Schreibtischschubladen heraus, kippten den Inhalt auf den Boden und durchsuchten Garderoben und Küchenschränke. Dann kam ein älterer Offizier hinzu. Er forderte U Tin Oo und U Kyi Maung zum Verlassen des Hauses auf. Die anderen wurden verhaftet und ins Gefängnis gesteckt. Einige wurden nach zwei oder drei Tagen wieder freigelassen, andere erhielten lange Gefängnisstrafen.

Der Offizier, der ins Haus gekommen war, verlas die Anklage gegen Aung San Suu Kyi. Da sie geplant hatte, den Todestag ihres Vaters auf andere Art zu gedenken, sei sie eine »gefährliche« und »subversive« Person und würde unter Hausarrest gestellt. Das Haus wurde geräumt. Nur die Söhne und die beiden Hausangestellten durften bleiben.

Jetzt war Aung San Suu Kyi in demselben alten weißen Steinhaus am Inya See gefangen, in dem sie schon so viele Jahre ihrer Kindheit verbracht hatte.

7. Kindheit

In den 1950er Jahren war Burma ein Land voll scharfer Kontraste. Auf der einen Seite herrschte Krieg und Unruhe – Aung San war tot, und die Gesellschaft durchlief eine immer deutlicher werdende Militarisierung –, auf der anderen Seite gab es einen starken Glauben an die Zukunft, an eine Wirtschaft, die nach dem Krieg wieder aufgebaut werden konnte, und an eine freiheitliche Gesellschaft, die Burma nie zuvor erlebt hatte.

Der dänische Lehrer und Autor Aage Krarup Nielsen beschreibt in seinem Buch *De gyldne Pagoders Land* (Das Land der goldenen Pagoden) aus dem Jahr 1958 die hellen Seiten des Landes. Er berichtet von Burmas enormen Naturressourcen: Mineralien und Rubine in den Gruben im Norden, riesige Teakwälder und fruchtbare Reisfelder. Darüber hinaus war das Bildungssystem gut ausgebaut und die Lesekompetenz die höchste in Südostasien. Krarup Nielsen begegnete Geschäftsleuten und Politikern, die Burma allesamt als ein Erfolgsbeispiel für andere asiatische Länder beschrieben. Zwar war der Begriff zu dieser Zeit noch nicht erfunden, aber alle gingen davon aus, dass Burma einer der »asiatischen Tiger« werden würde.

Gleichwohl stand Burma vor gewaltigen Problemen. Zunächst einmal war das Land nach dem Zweiten Weltkrieg zu großen Teilen zerbombt. Der japanische Vormarsch und der Gegenangriff der Alliierten hatten ganze Städte und Dörfer in

Schutt und Asche gelegt. Der Hafen von Rangun lag in Trümmern und über 500 Züge und Eisenbahnwaggons waren beim Abzug der Japaner gesprengt worden. Gerade als mit dem Wiederaufbau begonnen werden sollte, waren die Kommunisten untergetaucht und hatten einen bewaffneten Kampf gegen die Zentralregierung begonnen. Drei Monate nach Erreichen der Souveränität hatten die Guerilla des Karenni-Volkes sowie die Karen mit ihrem bewaffneten Zweig der Karen National Liberation Army (KNLA) der Zentralregierung den Krieg erklärt. Die erste Phase des Bürgerkrieges war extrem blutig und verhinderte jedwede Entwicklung auf dem Lande. In dieser Periode hatte die Regierung U Nus nur das Gebiet um die Hauptstadt unter Kontrolle. Nach einigen Jahren konnte die Karen-Guerilla zwar zurückgedrängt werden, kontrollierte jedoch weiter große Teile des Karen-Staates und etablierte in der Praxis eine souveräne Nation in den Bergen zwischen Burma und Thailand.

Die meisten anderen ethnischen Gruppen verhielten sich anfangs loyal gegenüber der Regierung in Rangun, sorgten aber dennoch dafür, sich zu bewaffnen. Keine Gruppe vertraute gänzlich auf die Versicherungen der Burmanen, eine Souveränität im Rahmen einer föderalen Union zu garantieren. An Waffen war leicht heranzukommen. Japaner und Alliierte hatten große Arsenale hinterlassen, darüber hinaus hatten die meisten Gruppen in irgendeiner Form am Zweiten Weltkrieg teilgenommen.

Inmitten dieses Chaos wurde Burma außerdem zu einem Spielball des Kalten Krieges. Als Mao Zedongs Kommunisten die Macht in Peking 1949 übernahmen, floh Chiang Kaishek, der Anführer der Nationalisten, nach Taiwan. Seine Armee, die Kuomintang (KMT), errichtete eine Militärdiktatur auf der Insel und schwor, das chinesische Festland eines Tages wieder einzunehmen. Die westliche Welt stützte die

KMT lange, und bis in die 1970er Jahre wurde ganz China bei der UN durch Taiwan vertreten.

Dieser Teil der Geschichte ist relativ bekannt. Weniger bekannt ist, dass zwei Armeeeinheiten Chiang Kai-sheks planten, Maos Vorgehensweise zu kopieren. Wie er wollten sie zunächst in einem abgelegenen Teil des Landes bleiben, dieses Areal weiträumig kontrollieren und von dort aus die Eroberung des restlichen Gebietes einleiten. Sie beschlossen, Jinghong in der südlichen Provinz Yunnan als Operationsbasis zu erobern, doch bevor sie ihren Plan verwirklichen konnte, hatte Maos Volksarmee bereits die Kontrolle über die Stadt übernommen. 1700 Soldaten aus Chiang Kai-sheks 8. und 26. Armee zogen sich daraufhin über die Grenze nach Burma zurück. Damit sie von burmesischen Regierungstruppen nicht entdeckt und zurückgedrängt werden konnten, durchquerten sie den schwerpassierbaren Dschungel im Shan-Staat. Einer der Offiziere, Zang Weicheng, hatte zusammen mit den alliierten Truppen im Krieg gekämpft und kannte die Gegend. Schließlich ließen sie sich in der Stadt Möng Hsat nieder, die in einem grünen, fruchtbaren Tal im östlichen Shan-Staat liegt. Hier gab es genügend Nahrungsmittel, und die Lokalbevölkerung war ihnen freundlich gesinnt. Im Laufe der nächsten Jahre etablierte die KMT im Prinzip einen eigenen Staat im nordöstlichen Burma.

Die CIA baute sofort enge Kontakte zur KMT auf und leitete eine Operation ein, um China den Kommunisten zu entreißen. Das Weiße Haus unterstützte die Grundzüge der von der CIA erarbeiteten Strategie. Präsident Harry S. Truman musste zusehen, wie kommunistische Guerillabewegungen in ganz Südostasien an Einfluss gewannen, und ging fälschlicherweise davon aus, dass all diese Bewegungen mit Moskau und Peking zusammenhingen. Obwohl die führenden Politiker in den USA dieser Analyse im Prinzip zustimmten, herrschte dennoch große Uneinigkeit, inwiefern eine Guerilla in einem souveränen Land wie Burma offiziell unterstützt werden könnte. Ausmaß und Inhalte der Operation wurden daher von den zuständigen Beamten der CIA geheim gehalten – sogar gegenüber dem Weißen Haus und dem amerikanischen Kongress. Im Laufe einiger Jahre wurden enorme Mengen an Waffen und Vorräten in die Berge des Shan-Staates transportiert. Zwecks Durchführung der Transporte wurde sogar eine eigene Fluggesellschaft, die Civil Air Transports (CAT), gegründet. Über verschiedene Unternehmen mit Basis in Thailand wurde der Kontakt zur Außenwelt aufrechterhalten.

Die burmesische Armee wurde in den Shan-Staat geschickt. Es gelang ihr allerdings nicht, die KMT zu vertreiben, was U Nu veranlasste, die Situation vor der neugegründeten UN-Generalversammlung zu erörtern. Im April 1953 wurde eine Resolution verabschiedet, die besagte, dass die KMT ihre Waffen niederlegen und das Gebiet der burmesischen Regierung überlassen müsse. Doch KMT und CIA scherten sich wenig um diese Resolution. Sie rekrutierten weitere Soldaten aus den ethnischen Gruppen im Grenzgebiet, und Ende 1953 verfügte die KMT über insgesamt 12000 Soldaten.

Allerdings wollten oder konnten sich die chinesischen Truppen in den Shan-Bergen nicht vollständig auf die Unterstützung der USA verlassen. Sie benötigten eigene Ressourcen und bedienten sich daher der einzig reichhaltig vorhandenen Einkommensquelle: Opium. Mit Wissen der CIA explodierte die Opiumproduktion in den Shan-Bergen. Die Flugzeuge der CAT starteten in Thailand und transportierten auf dem Hinweg Waffen und Munition in den Norden. Auf dem Rückweg wurden Tonnen von Opium geladen, die dann zu Heroin verarbeitet und über Bangkok in die ganze Welt verschifft wurden.

Anfang der 1950er Jahre unternahm die KMT zwei Versuche zur Rückeroberung Chinas. Mit mehreren tausend gut ausgerüsteten Soldaten sowie Militärberatern aus den USA wurde die Grenze überschritten. Die Unterstützung der chinesischen Bevölkerung, mit der die KMT fest gerechnet hatte, blieb jedoch aus, so dass der Vorstoß von den Kommunisten leicht zurückgedrängt werden konnte. In der ersten Hälfte der 1950er Jahre stand schließlich irgendwann fest, dass die Kuomintang in Burma »steckenbleiben« würde.

Die Zentralregierung in Rangun verstärkte ihre Militäreinsätze in diesem Gebiet. Armeechef Ne Win schickte Tausende von Soldaten in die Bergregion, was zur Folge hatte, dass sich das historisch immer souveräne Shan-Volk von zwei Seiten unter Druck gesetzt fühlte, da beide Armeen als »ausländisch« betrachtet wurden.

Zur gleichen Zeit verstärkte China die Unterstützung der kommunistischen Partei Burmas, nicht zuletzt um die KMT zu bekämpfen, wodurch Peking die Gefahr eines Bürgerkriegs heraufbeschwor. U Nu war sich der Bedrohung sowohl durch die USA als auch durch China bewusst. Das große Nachbarland im Norden hatte schon immer Ambitionen gezeigt, sich nach Süden hin auszudehnen, um Handelswege zu öffnen und einen direkten Zugang zum Indischen Ozean zu erhalten. In dieser Hinsicht war Mao nicht anders als die früheren chinesischen Machthaber.

Aung San Suu Kyi ist keine Augenzeugin dieser Ereignisse gewesen. Anfang der 1950er Jahre wuchs sie in einem Rangun auf, das weitaus mehr als die problembeladenen Grenzgebiete von Optimismus und Glauben an die Zukunft geprägt war. Burma war auf dem Weg, sich als souveräner Staat zu etablieren. Das Land schloss sich den neugebildeten Vereinten Nationen an und empfing zahlreiche Delegationen, die ins Land kamen, um die politische Entwicklung zu studieren sowie Investitionsmöglichkeiten zu eruieren. Viele dieser ausländischen Gäste besuchten auch das Haus in der Tower Lane. Während des Krieges hatte Aung San ein beeindruckendes Kontaktnetz in Indien, Japan, Großbritannien und den unmittelbaren Nachbarländern aufgebaut. Khin Kyis Zuhause war darüber hinaus zu einem wichtigen Treffpunkt für Burmas politische und militärische Elite geworden. Nachdem Aung San gestorben war, hatte Khin Kyi zunächst beabsichtigt, ihren alten Beruf als Krankenschwester wiederaufzunehmen. U Nu und die anderen Landesführer waren allerdings der Ansicht, dass diese Aufgabe für die Witwe des burmesischen Nationalhelden viel zu gering war. Stattdessen wurde sie zur Chefin eines Komitees ernannt, das sich mit der Entwicklung der Gesundheitsfürsorge für Frauen und Kinder beschäftigte. Sie übernahm Aung Sans Parlamentssitz und leitete eine burmesische Delegation der Weltgesundheitsorganisation, WHO, die in Burma ein Projekt zur Bekämpfung der Malariakrankheit gestartet hatte. In der politischen Nachkriegslandschaft spielte Khin Kyi also eine wichtige Rolle.

In den Interviews mit Alan Clements berichtet Aung San Suu Kyi über ihre ersten Kindheitserinnerungen, als sie auf dem Schoß von Offizieren und Soldaten sowie Kollegen ihres Vaters aus der Befreiungsbewegung saß, die inzwischen zu wichtigen Männern im Land geworden waren.

U Nu kam regelmäßig vorbei, um Khin Kyis Rat zu politischen Fragen einzuholen, und sogar Ne Win und andere linientreue Generäle besuchten sie, um sich im Glanz des Vermächtnisses von Bogyoke Aung San zu sonnen.

Am Vormittag des 16. Januar 1953 wurde die Familie erneut von einer Tragödie heimgesucht. Aung San Suu Kyi spielte mit ihrem Bruder Aung San Lin draußen vor dem Haus. Die beiden Kinder, sieben und acht Jahre alt, standen einander sehr nahe. Nachts schliefen sie im selben Zimmer, besuchten dieselbe Schule und durchstreiften häufig gemeinsam den Garten. An diesem Morgen tobten sie eine Weile draußen herum. Als Aung San Suu Kyi müde wurde und hineinging, um sich auszuruhen, lief ihr Bruder zu einem Teich, der neben der Auffahrt zum Haus lag. Dort verlor er sein Spielzeuggewehr, und als er es wieder aus dem Teich herausfischte, blieb eine seiner Sandalen im Matsch stecken. Er lief ins Haus, gab Aung San Suu Kyi sein Spielzeug und rief, dass er seine Sandale holen wolle. Eine Stunde später wurde er mit dem Gesicht im Wasser tot aufgefunden.

Die Menschen in Burma haben gelernt, mit dem Tod als Teil ihres Alltags zu leben. Die Armut hat immer schon große Opfer gefordert. Das Land hat sich fast ununterbrochen im Kriegszustand befunden, wodurch gewaltsame Todesfälle oder das plötzliche Verschwinden von Menschen an der Tagesordnung waren. Infolgedessen hatte Burma während der gesamten Nachkriegszeit – und sogar bis hinein in unsere Tage – eine der höchsten Kindersterblichkeitsraten in ganz Asien zu verzeichnen. Das Problem wurde darüber hinaus in späteren Jahren noch verstärkt, weil die Junta so gut wie alle Ressourcen auf militärische Aufrüstung verwandte und das Gesundheitswesen vernachlässigte.

Viele sind auch der Ansicht, dass der Buddhismus die Menschen viel besser als andere Religionen in die Lage versetzt, Trauer und Tragödien zu bewältigen. Ein Grundfundament im buddhistischen Glauben ist die Vergänglichkeit des Lebens; Glück und Leid wechseln einander stets ab, und kein Leid währt ewig. Als Mensch muss man daher lernen, sich an diesen Wechsel zu gewöhnen, ebenso sehr aber auch an die Erkenntnis, dass das Leben nicht mit dem Tod endet. Es nimmt lediglich andere Formen an, und die Seele lebt weiter.

All das sind jedoch rein theoretische Erwägungen. Tatsächlich kann man sich als Reaktion auf den Tod eines Kindes kaum etwas anderes vorstellen als tiefe Trauer. Der Tod Aung San Lins muss insbesondere für die siebenjährige Aung San Suu Kyi einen enormen Verlust bedeutet haben.

»Ich stand ihm sehr nahe [...] wahrscheinlich wohl näher als jedem anderen. Wir wohnten im selben Zimmer und spielten zusammen. Sein Tod war ein großer Verlust für mich. Als er starb, verspürte ich sehr große Trauer, vermutlich war es eine Art Trauma, aber gleichwohl war das nichts, womit ich nicht umgehen konnte. Es versteht sich von selbst, dass mich die Aussicht, ihn nie wiederzusehen, stark beeinflusste.«

Rein äußerlich quittierte Khin Kyi den Tod ihres Sohnes mit derselben stoischen Gelassenheit, mit der sie die Nachricht von der Ermordung Aung Sans aufgenommen hatte. Einige Zeit vor dem Unglück war sie zur Chefin einer Planungskommission im Sozialministerium befördert worden. Als einer ihrer Mitarbeiter ihr Büro betrat und die schreckliche Nachricht überbrachte, fuhr sie nicht direkt nach Hause, sondern blieb im Ministerium und ging weiter ihrer Arbeit nach. Die Reaktion wirkt ungewöhnlich. Einige Biographen Aung San Suu Kyis sind der Ansicht, dass der Vorfall im Nachhinein von der Junta konstruiert wurde, um damit einen Schatten auf die Tochter Khin Kyis zu werfen. Doch die Angaben stammen direkt von Aung San Suu Kyi, so dass es eigentlich keinen Grund gibt, ihren Wahrheitsgehalt in Zweifel zu ziehen. Sie beschreibt die Reaktion ihrer Mutter als Beispiel für das enorme Verantwortungsgefühl ihrer Eltern im Hinblick auf soziale und gesellschaftliche Pflichten. Trifft dies zu, handelt es sich um eine geradezu unmenschlich rationale Haltung: Das Lebens des Sohnes ist nicht zu retten, also gibt es auch keinen Grund, nach Hause zu gehen und die Arbeit zu vernachlässigen, mit der sie gerade beschäftigt ist.

Selbst wenn die Episode der Wahrheit entspricht, muss Khin Kyi sich gleichwohl in einem Schockzustand befunden haben, denn nach dem Tod ihres Sohnes wollte sie nicht länger im Haus in der Tower Lane wohnen bleiben. Im Frühjahr 1953 packte die Familie ihre Sachen zusammen und zog in das weiße Steinhaus in der University Avenue 54 am schönen Inya See, einige Kilometer nördlich der Tower Lane. Die Gegend war früher von britischen Kolonialbeamten und angesehenen Geschäftsleuten bewohnt gewesen, doch nach der Souveränität hatten die neuen Machthaber Burmas einige der Villen rund um den See übernommen. Armeechef Ne Win wohnte beispielsweise in einer geräumigen Villa gleich auf der anderen Seeseite. Als Aung San Suu Kyi 40 Jahre später von Ne Wins Handlangern unter Hausarrest gestellt wurde, hätten sie einander im Prinzip über die spiegelglatte Wasseroberfläche hinweg zuwinken können.

Aung San Suu Kyi war eine materiell privilegierte Kindheit in einem Land vergönnt, in dem die meisten Menschen in Armut und Elend lebten. Nichtsdestotrotz war ihre Jugend nicht von Überfluss geprägt. Khin Kyi hatte dieselbe asketische Haltung, die schon Aung San eingenommen hatte, und achtete sehr darauf, das Kind nicht zu verwöhnen.

»Meine Spielsachen waren in Burma nach dem Zweiten Weltkrieg sicher ein Luxus, aber sie waren dennoch sehr bescheiden«, schrieb Aung San Suu Kyi in den 1990er Jahren für eine thailändische Zeitungskolumne. »Ich hatte ein paar haarlose, großäugige Puppen aus rosa Plastik, die ständig auseinanderfielen und Beulen bekamen. Arme und Beine waren beweglich und mit Gummiband am Körper befestigt. Aber die waren nicht ausreichend stabil für unruhige Kinderhände.«

Gingen irgendwelche Dinge kaputt, mussten sie geflickt

oder repariert werden. Neue Sachen kamen nicht in Frage. Suu Kyi fand diese Puppen eigentlich hässlich und unpraktisch, behandelte sie aber mit Respekt, nachdem sie einige Erwachsene hatte sagen hören, dass Japans Industrialisierung mit der Herstellung solcher Spielsachen begonnen hatte. In ihrer kindlichen Phantasie verwandelten sich die Puppen zu Schlüsseln, die die Tür zu einer besseren Welt öffnen konnten.

Ihr anderes Lieblingsspielzeug war ein Kaleidoskop. Als es zerbrach, fertigte ihr Bruder, Aung San Oo, einen Ersatz mit Hilfe von Spiegeln und farbigen Glassplittern für sie an. Doch in Aung San Suu Kyis Augen konnte die Kopie das Original niemals ersetzen.

Heutzutage sind die meisten Spuren der britischen Kolonialzeit in Burma ausgelöscht. Abgesehen von der Architektur, den verstaubten und heruntergekommenen Häusern in der Innenstadt von Rangun, die so aussehen, als hätte jemand ein paar Londoner Viertel nach Südostasien versetzt, ist nicht viel übrig geblieben. In einem Teil der Schulen wird Englisch unterrichtet, aber nach Ne Wins Machtübernahme war selbst dies für viele Jahre verboten. (Ne Win führte Englisch als Schulfach wieder ein, nachdem eine seiner Töchter aufgrund mangelnder Sprachkenntnisse von einer Schule in den USA abgewiesen worden war.)

In der ersten Hälfte der 1950er Jahre war die Situation eine völlig andere. Viele Briten hatten sich nach der Souveränität Burmas entschieden, im Land zu bleiben. Englische Unternehmen betrieben weiterhin Handel, und Premierminister U Nu war darauf bedacht, weitere ausländische Investoren ins Land zu holen. Auch die indische Bevölkerung lebte noch immer in intakten Verhältnissen. Während der Kolonialzeit hatten zeitweilig mehr Inder als Burmanen in der Hauptstadt gelebt.

Als Burma nun also erneut vor einer Grundsatzentscheidung stand, war Rangun eine multikulturelle Stadt, ein Umstand, von dem Aung San Suu Kyis Jugend stark geprägt wurde. Ihre Mutter verstand unter Nationalismus nicht, die Engländer »zu vertreiben« oder das Burmanische gegenüber einer der ethnischen Minderheiten hervorzuheben. Beim Nationalismus ging es ihr um das Recht, über das eigene Schicksal zu entscheiden und die eigene Kultur zu pflegen. Die Tatsache, dass auch andere Kulturen im Land vertreten waren, stellte keine Bedrohung dar, und es war weder wünschenswert noch möglich, diese Kulturen zu vertreiben.

Aufgrund von Khin Kyis weitverzweigtem und internationalem Netzwerk wurden viele der Gespräche in ihrem Haus auf Englisch geführt. Daher wünschte sie sich, dass ihre Kinder zweisprachig aufwuchsen. In dieser Hinsicht hatte sie dieselbe Einstellung wie Aung San. Schon als Junge hatte er gefordert, in der Schule Englisch zu lernen, da es kaum möglich war, eine Ausbildung abzuschließen und die gesellschaftliche Entwicklung zu beeinflussen, wenn man die Sprache der Kolonialmacht nicht beherrschte.

Als Aung San Suu Kyi das Schulalter erreichte, wurde sie zunächst in die Privatschule Saint Francis Convent geschickt, wo der Unterricht zweisprachig abgehalten wurde. Einige Jahre später wechselte sie zu der prestigeträchtigen Methodist English High School, MEHS, eine Schule für die gesellschaftliche Elite, die hohe Gebühren verlangte und im Zentrum von Rangun angesiedelt war. Die MEHS war eine der zahlreichen Schulen in Rangun, die von christlichen Religionsgemeinschaften geführt wurden. Saint Paul's war ausschließlich für Jungen vorgesehen, während Saint Mary's und Saint John's Mädchenschulen waren. Die MEHS hingegen nahm Schüler beiden Geschlechts auf. Viele britische Kinder besuchten diese Schule, aber auch die sechs Kinder von General Ne Win.

Burmanisch war ein obligatorisches Schulfach, aber ein Großteil des Unterrichts wurde auf Englisch durchgeführt.

»Alle wussten, wer Aung San Suu Kyi war. Als Tochter von Aung San konnte sie unmöglich anonym bleiben. Doch sie erhielt keinerlei Sonderbehandlung«, sagte Jenny Tun-Aung, die mit Suu Kyi dieselbe Klasse besuchte. »Trotzdem wurde zu dieser Zeit bereits deutlich, dass sie eigensinnig war und niemals nachgeben wollte. Wie in anderen Schulen wurden wir oft von den Jungen geärgert, doch jedes Mal, wenn sie sich mit Suu Kyi anlegten, wehrte sie sich und jagte ihnen nach bis hinein in die Herrentoilette.«

Ein ähnliches Bild zeichnet ihr Cousin Sein Win, der in den 1990er Jahren Premierminister in einer Exilregierung wurde. Diese war entstanden, nachdem die Junta die Übergabe der Macht an die vom Volk gewählten Politiker verweigert hatte. Sein Win ist ein Jahr älter als Aung San Suu Kyi; sein Vater, U Ba Win, wurde 1947 zusammen mit Aung San im Sekretariat ermordet.

»Die gemeinsame Erfahrung machte das Band zwischen unseren Familien ungewöhnlich stark«, sagte er, als ich im Frühjahr 2010 mit ihm sprach. »Wir wohnten nebeneinander und spielten als Kinder oft zusammen. Aung San Suu Kyi war ein ganz normales Mädchen, das gern mit seinen Freunden spielte, aber ein ungewöhnlich starkes Gespür für Fair Play hatte. Wenn irgendjemand versuchte, beim Baseball oder bei einem anderen Spiel zu schummeln, hat sie das immer sofort unterbunden.«

Clas Örjan Spång, der heute als Lehrer in Schweden arbeitet, ging in den 1950er Jahren ein Jahr lang mit Aung San Suu Kyi in dieselbe Klasse. Er lebte mit seiner Familie in Rangun; sein Vater war für das schwedische Untenehmen Ericsson tätig und in der burmesischen Hauptstadt stationiert. Clas Örjan erinnert sich noch gut an seine berühmte Klassenkameradin, nicht zuletzt aufgrund ihres Namens. Alle Kinder in der Klasse wurden von ihrer Lehrerin, Mrs. Brindley, mit englischen Namen angesprochen. Nicht aber Aung San Suu Kyi. In ihrem Fall wandte Mrs. Brindley den Namen ihres Vaters, Aung San, an. Nach ein paar Tagen war Aung San Suu Kyi es jedoch leid. »Ich heiße nicht Aung San«, sagte sie mit scharfer Stimme. »Aber du bist doch mit ihm verwandt?«, fragte die Lehrerin, entschied sich aber gleichwohl, sie für den Rest des Schuljahrs mit Suu Kyi anzureden.

»Deswegen erinnere ich mich so gut an sie«, sagte Clas Örjan. »Hätte sie einen englischen Namen gehabt, hätte ich sie wahrscheinlich vergessen.«

Er erzählte, dass ungefähr 40 Kinder in dieselbe Klasse gingen, die geschwätzigen Schüler saßen hinten in der letzten Reihe. Aung San Suu Kyi hingegen saß immer ganz vorn.

Der Unterricht fiel ihr leicht, und besonders mochte sie Sprachen. Sobald sie zu lesen gelernt hatte, verließ sie die Welt der Puppen und stürzte sich auf die Welt der Bücher. Sein Win erwähnte, dass sie immer ein Buch mit sich herumtrug. Kam seine Familie zu Besuch, fand sie Suu Kyi oft in einem Buch versunken vor.

Als sie neun Jahre alt war, bekam sie einen Tipp von einem ihrer Cousins; er riet ihr, ein Sherlock-Holmes-Buch zu lesen. Schon bald war sie ganz versessen auf Kriminalromane. »Bugs Bunny konnte sich nicht mit einer Person messen, die allein durch die Untersuchung eines alten, abgetragenen Hutes Rückschlüsse auf den körperlichen und geistigen Zustand des ehemaligen Besitzers, seine finanzielle Lage und seine Eheprobleme zu ziehen vermochte«, schreibt sie in einem ihrer Texte über Literatur. Auf ihre sympathisch unprätentiöse Weise stellt sie fest, dass nichts »entspannender ist, als schnell alle praktischen Angelegenheiten zu erledigen und danach den Rest des Wochenendes mit einem Krimi zu verbringen«.

Sie liebte die Krimiklassiker von Georges Simenon und Agatha Christie, beschäftigte sich aber auch mit härteren Stoffen wie z.B. den Romanen von Raymond Chandler oder Dashiell Hammet. Im späteren Leben begeisterte sie sich für P. D. James' Erzählungen um den ruhigen Kommissar Adam Dalgliesh. Gerade von Dalgliesh scheint Suu Kyi besonders viel zu halten. »Der Tropfen französischen Künstlerbluts in seinen Adern machte ihn weitaus interessanter als scheinbar so exotische Charaktere wie Hercule Poirot«, schreibt sie in einem Kommentar, der eher nach einer politischen Stellungnahme zu Mischehen als nach einem literaturkritischen Standpunkt klingt.

Sie las alles, und sie las überall. Sogar wenn sie mit ihrer Mutter zum Einkaufen fuhr, hatte sie ein Buch dabei. Aufgrund der chaotischen Verkehrssituation, die ihr immer Übelkeit bereitete, konnte sie zwar nicht während der Autofahrt lesen, doch sobald der Wagen anhielt, steckte sie ihre Nase wieder in irgendein Buch. »Ich las sogar, wenn wir vor einer roten Ampel stehenblieben. Dann musste ich das Buch wieder zumachen, konnte es aber meist kaum abwarten, bis der Wagen erneut irgendwo anhielt.«

Als sie zehn Jahre alt war, träumte sie davon Soldat und Offizier zu werden – am liebsten natürlich General, so wie ihr Vater. »Zu jener Zeit war die Armee eine respektierte und ehrenhafte Institution, die dem Volk diente, anstatt es zu bestehlen«, zitiert sie Alan Clements in seinem Buch. Der Traum von einem Soldatenleben verblasste allerdings schnell, wahrscheinlich aus dem einfachen Grund, dass Frauen der Zugang zur Armee nicht gestattet war. Beeinflusst von all den Büchern, die sie verschlang, wollte sie stattdessen Schriftstellerin werden. Sie wollte faszinierende und packende Geschichten schreiben, eben solche, die sie selbst gern las.

Im späteren Leben sollte sie einen Teil dieses Traumes verwirklichen. In den 1980er Jahren veröffentlichte sie eine Reihe von Schriften und Büchern. Ein Buch handelte von ihrem Heimatland, ein anderes von Bhutan – beide erschienen in Australien und waren für Kinder gedacht – darüber hinaus schrieb sie ein Essay über ihren Vater und mehrere Artikel zu aktuellen politischen Fragen. Nur schöngeistige Literatur hat sie nicht geschrieben – zumindest bis jetzt noch nicht.

Von Khin Kyi wird manchmal gesagt, sie habe nicht einen Mann, sondern ein Schicksal geheiratet. Und umgekehrt heißt es oft, dass Aung San eine Frau heiratete, die über genügend Moral und Rückgrat verfügte, um sein Ideal auch über den Tod hinaus zu bewahren.

Sein Ideal, nicht ihr eigenes.

Abgesehen davon, dass diese Aussage ein patriarchalisches Weltbild widerspiegelt, ist sie doch gleichzeitig wahr und falsch. Falsch insofern, als Khin Kyi selbst über ausgeprägte politische Ansichten sowie ein klares Verständnis von Richtig und Falsch verfügte und sich während ihrer erfolgreichen beruflichen Karriere davon leiten ließ. Gleichwohl trifft zu, dass sie sich nach Aung Sans Tod niemals mit einem neuen Mann einließ. Seine Bedeutung für das kollektive Bewusstsein Burmas war viel zu wichtig, als dass sie dies mit einem neuen Liebesverhältnis hätte »beflecken« wollen.

Während der gesamten 1950er Jahre kämpfte sie hart für einen gut funktionierenden Alltag. Ihre Arbeitstage waren lang, und es blieb nicht viel Zeit übrig, um sich um die Kinder zu kümmern. In dieser Hinsicht unterschied sie sich kaum von ihrem verstorbenen Mann. Genau wie er konnte sie sich auf ihre Aufgabe konzentrieren und völlig in der Arbeit aufgehen. Gleichzeitig achtete sie darauf, dass den Kindern eine strikte und auch recht konservative Erziehung zuteil wurde. Auch das äußere Erscheinungsbild ihrer Kinder war ihr sehr wichtig. Wenn Besuch ins Haus kam, mussten sie immer ihre besten Sachen tragen, frisch gebügelt und frei von Schmutzflecken. Gegenüber Alan Clements berichtete Suu Kyi:

»Meine Mutter war eine äußerst starke Persönlichkeit, und ich vermute, dass ich das ebenso bin, wenn auch auf eine andere Art. Ich habe ein viel lockeres Verhältnis zu meinen Kindern. Die Beziehung zu meiner Mutter war immer recht formell. Sie spielte nie mit mir, als ich ein Kind war. Ich hingegen habe immer mit meinen Kindern gespielt, und oft haben wir lange Unterhaltungen und leidenschaftliche Diskussionen geführt, das können meine Söhne und ich nämlich sehr gut. Meine Mutter hat so etwas nie getan.«

Im Grunde genommen spiegelte Khin Kyis Verhältnis zu ihren Kindern die traditionelle burmesische Sicht auf Erziehung wider. Man erwartete von Kindern, dass sie größtenteils allein zurechtkamen. Der ehemalige UN-Generalsekretär U Thant, der sich in den 1940er Jahren der burmesischen Befreiungsbewegung anschloss, beschrieb einmal seine Kindheit als einen nie enden wollenden Ablauf von Tagen, an denen die Erwachsenen schlichtweg keinen Anteil hatten. Die Kinder im Viertel taten, was sie wollten, und gingen nur nach Hause, um etwas zu essen. Fertig gekochter Reis war in jeder Küche vorhanden.

Gleichzeitig wurde von den Kindern jedoch erwartet, dass sie den Älteren Respekt zollten. Früh lernten sie, sich vor den Erwachsenen zu verbeugen, genauso, wie sie es lernten, sich vor dem buddhistischen Altar zu verneigen, bevor sie abends zu Bett gingen.

Die Tatsache, dass Khin Kyi oft von ihrer Arbeit vereinnahmt war, bedeutete jedoch nicht, dass die Kinder tagsüber allein waren. Die Definition von Familie im Burma der 1950er Jahre war vielleicht nicht so ausgeprägt wie z. B. in Indien, aber auch nicht so eingeschränkt wie bei den modernen Kernfamilien des Westens. Ein Haushalt bestand für gewöhnlich aus Kindern, Eltern und Großeltern, manchmal ergänzt um eine Tante oder einen Onkel.

In der University Avenue gab es einen oder mehrere Hausangestellte, über einen längeren Zeitraum wohnte aber auch eine Tante im Haus, und ebenso Khin Kyis Vater, Pho Hnyin, der seinerzeit während seiner Jagdausflüge mit Jägern aus dem Karen-Volk zum Christentum konvertiert war.

Liest man die Berichte über Aung San Suu Kyis Mutter, ist auffällig, wie sehr sie trotz der großen geographischen und kulturellen Distanz an Alva Myrdal erinnert. Beide wurden zu Beginn des 20. Jahrhunderts geboren und waren in einer Zeit aktiv, als Frauen langsam anfingen, das öffentliche Leben zu erobern. Sie hatten dieselben politischen Interessen und waren aktiv an der Gestaltung der Sozialpolitik ihres Heimatlandes beteiligt, insbesondere im Hinblick auf Frauen und Kinder. Beide waren darüber hinaus in der Lage, sich ganz und gar auf ihre Arbeit zu konzentrieren, und gleichzeitig fügten sich beide seltsamerweise in eine traditionelle Frauenrolle. Sie ließen ihren Männern den Vortritt und richteten den Großteil ihres Lebens auf den Mann in der Familie aus, ob er nun lebte oder bereits gestorben war.

Es ist auch durchaus denkbar, dass sich die beiden erfolgreichen Frauen in Indien begegneten, als sie für ihr jeweiliges Heimatland als Botschafterinnen tätig waren. Als Khin Kyi 1960 zur ersten Botschafterin Burmas ernannt wurde, hatte Alva Myrdal bereits vier Jahre in Neu-Delhi verbracht. Beide hatten Kontakt zu Premierminister Nehru und bewegten sich in den diplomatischen Kreisen der indischen Hauptstadt.

Aung San Suu Kyi war 15 Jahre alt, als sie in das westliche Nachbarland zog. Khin Kyi wollte ihre Tochter bei sich haben, und es kam nicht in Frage, dass sie allein in Rangun zurückblieb. Für ihren Bruder Aung San Oo war die Situation anders; er war 17 Jahre alt und befand sich bereits in einem Internat in England.

Aung San Suu Kyi und ihre Mutter verließen ein Land, das sich am Rande des totalen Chaos befand. Die Regierung hatte noch immer Probleme mit der kommunistischen Guerilla, ein paar kleinere ethnische Gruppen hatten zu den Waffen gegriffen, und die Kuomintang stellte in den abgelegenen Bergen des Shan-Staates weiterhin eine Quelle ständiger Unruhe dar. In einem Interview mit dem dänischen Autoren Aage Krarup Nielsen räumte Premierminister U Nu ein, dass es dunkle Wolken am sonst so lichten Himmel gab. Aufgrund der ewigen Streitereien war der Wiederaufbau des Landes vernachlässigt worden. Vor dem Krieg hatte das Land drei Millionen Tonnen Reis exportiert, nun lag die Zahl bei knapp zwei Millionen Tonnen. Aus Angst vor Plünderungen wagten die Bauern nicht, ihr Land zu bestellen. »Wir können nicht jede Stadt befestigen oder jeden Straßenabschnitt sichern!«, sagte U Nu. »Aber wir werden sie schon kriegen! Wir wissen, dass ihre Kampfmoral gesunken ist, und wir wissen auch, dass die wieder aufgeflammten Guerillaangriffe der letzten Zeit ein Zeichen von Schwäche sind, der letzte verzweifelte Kampf mit dem Rücken an der Wand.«

Obwohl der Bürgerkrieg bereits zehn Jahre andauerte, gab es in der restlichen Welt noch immer viel Verständnis dafür, dass die Regierungsarmee mit harter Hand gegen die Rebellen vorging. Die Burmanen verglichen manchmal sogar ihre Geschichte mit der Geschichte der USA. In den USA hatte es hundert Jahre gedauert und einen blutigen Bürgerkrieg gekostet, bevor ein föderaler Staat gegründet werden konnte. Burma seinerseits musste demnach ein historisch notwendiges Stahlbad durchlaufen.

Doch dieser Standpunkt erwies sich als grundsätzlich falsch. Wie in allen vom Krieg gezeichneten Gesellschaften erlang das Militär sukzessiv immer mehr Macht. Die 1950er Jahre waren von ständigen Meinungsverschiedenheiten zwischen der Zivilregierung und Armeechef Ne Win geprägt. Vor dem Hintergrund des blutigen Bürgerkrieges verschlang die Armee einen immer größer werdenden Teil des Staatshaushalts, und die Generäle vereinnahmten schrittweise große Teile des Wirtschaftslebens. Diese Entwicklung begann 1951, als das militäreigene Defense Service Institute ein Lebensmittelgeschäft in Rangun eröffnete. Der dahinterliegende Gedanke war, dass das Armeepersonal die Möglichkeit erhielt, Waren zu kaufen, die in Burma ansonsten nicht zu haben waren. Ähnlich den Geschäften für die Nomenklatur im ehemaligen Ostblock. Viele Offiziere und Soldaten begriffen schnell, dass sie mehr Waren kaufen konnten, als sie selbst benötigten, und verkauften sie weiter auf dem Schwarzmarkt. Innerhalb kurzer Zeit öffneten 18 ähnliche Geschäfte. Kurz danach eröffnete die Armee eine Buchhandlung, die zu Beginn nur den Bedarf der Soldaten decken sollte, aber schon bald Papier, Bücher und Schreibutensilien auch an Zivilisten verkaufte. Der nächste Schritt war die Herausgabe der Zeitung *Myawaddy*, die sich im Besitz der Armee befand und den Auftrag erhielt, die Berichterstattung der ansonsten regierungskritischen Presse »auszubalancieren«. Die Zeitung hatte großen Erfolg, konnte ihren Journalisten gute Löhne zahlen und bot neben vierfarbigen Annoncen ihren Lesern zudem einfache Unterhaltung. Ende der 1950er Jahre befanden sich Bauunternehmen, Reedereien, Ladenketten und eines der führenden Exportunternehmen im Besitz der Armee.

Parallel mit der wirtschaftlichen Expansion baute Ne Win eine ihm loyal ergebene Armee, eine effektiv arbeitende Sicherheitspolizei sowie ein Netzwerk aus Denunzianten auf. Dabei machte er sich das Wissen und die Erfahrung der britischen Sicherheitspolizei und der im Krieg gefürchteten japanischen Militärpolizei zunutze. Schon 1941 im Trainingslager der Dreißig Kameraden in Hainan hatte er großes Interesse am Nachrichtendienst sowie den Foltermethoden der japanischen Armee gezeigt und fand als Armeechef mit ständig wachsender Macht genügend Anlässe, seine Kenntnisse aus jener Zeit anzuwenden.

Gegen Ende der 1950er Jahre wurde deutlich, dass die Situation des Landes U Nu langsam, aber sicher aus den Händen glitt. Der Bürgerkrieg nahm kein Ende, und im Herbst 1958 gab der demokratisch gewählte Premierminister auf und überließ die Macht einer Militärregierung unter der Führung Ne Wins.

Die Machtübernahme vollzog sich undramatisch, und die Bevölkerung in Zentralburma unterstützte die Maßnahme im Allgemeinen. Noch immer verließen sich die Menschen auf die Armee, und viele waren der Ansicht, dass eine kurzfristige militärische Führung die einzige Möglichkeit war, den Problemen des Landes zu begegnen. Für die ethnischen Minderheiten allerdings hatte die Machtübernahme dramatischere Veränderungen zur Folge. Ne Win verschob das politische Gleichgewicht zwischen Rangun und den grenznahen Gebieten. Zum ersten Mal in der Geschichte sollten die Gebiete der ethnischen Gruppen denselben Gesetzen unterstellt sein wie die zentralen Gebiete Burmas. Die lokalen politischen Anführer aus den Völkern der Karen, Shan, Chin und Kachin verloren ihre Macht und hatten nicht mehr wie früher das Recht, über den Haushalt der Teilstaaten zu bestimmen.

Die Militärregierung sollte vorübergehend sein und auf sechs Monate beschränkt bleiben, doch erst im Februar 1960 wurde eine demokratische Wahl abgehalten. Die AFPFL gewann genauso einfach wie bei der letzten Wahl, und U

Nu konnte seinen Posten als Premierminister wieder einnehmen.

Doch U Nu unterliefen zwei entscheidende Fehler. Zum einen hatte er vor der Wahl versprochen, den Buddhismus zur Staatsreligion in Burma zu machen. Nach der Wahl nahm er seine Ankündigung zwar teilweise zurück, doch der Schaden war schon eingetreten. Die ethnischen Minderheiten, die im Rahmen des Panglong-Abkommens der Union beigetreten waren, trauten der Zentralregierung nicht länger und hegten nicht die Absicht, in einem föderalen Staat zu verbleiben, der ihnen die Religionsfreiheit verweigerte. Zum anderen wollte U Nu einen bereits seit Jahren andauernden Grenzkonflikt mit China beilegen. Die Vereinbarung beinhaltete allerdings, dass eine Reihe von Kachin-Dörfern auf der chinesischen Seite eingemeindet werden sollte. Sowohl die Kachin Independence Army als auch einige Gruppen von Shan-Rebellen erklärten daraufhin der Zentralregierung in Rangun den Krieg.

Um die Situation zu retten, rief U Nu Vertreter der ethnischen Gruppen zusammen, welche eine friedliche Lösung der politischen Probleme des Landes bevorzugten. Die Teilnehmer der Konferenz versammelten sich Anfang März in Rangun, um eine neue föderale Verfassung zu erarbeiten, die noch deutlicher als die erste das Selbstbestimmungsrecht der Grenzgebiete garantieren sollte. Diese Maßnahme jedoch verursachte eine Spaltung innerhalb U Nus eigener Partei, die hauptsächlich aus Burmanen bestand, und führte dazu, dass das Militär unter der Führung Ne Wins sich offen gegen ihn stellte. Noch vor Beendigung der Konferenz kam Ne Win mit einem Staatsstreich an die Macht.

8.
Suu aus Burma

Aung San Suu Kyi wuchs in einem völlig anderen politischen Klima und in weitaus privilegierteren Verhältnissen als ihre Eltern auf. Aung San und Khin Kyi schienen schon als Jugendliche gewusst zu haben, welchen Weg sie einschlagen würden; dass sie nämlich ihren Beitrag im Kampf für die Souveränität des Landes beitragen müssten. Für Aung San Suu Kyi zeichnete sich die Lebensaufgabe nicht so deutlich ab und es gab auch keine von außen kommenden Erwartungen, die sie veranlassten, sich frühzeitig zu entscheiden. In einem Kommentar umreißt sie den Unterschied zwischen sich und ihrem Vater:

»Er war ein besserer Mensch als ich es bin, und das sage ich nicht, um bescheiden zu wirken. Mein Vater gehörte wohl zu den Menschen, denen ein Verantwortungsgefühl angeboren ist, und dieses Gefühl war bei ihm viel stärker als bei mir. Seit seinem ersten Schultag hat er hart gearbeitet. In dieser Beziehung war ich anders. Ich habe mich nur dann angestrengt, wenn mir das Thema gefiel oder der Lehrer. Ich war gezwungen, mein Verantwortungsgefühl erst zu entwickeln und dann daran zu arbeiten.«

Dieses Selbstbild stimmt nur teilweise mit der Person überein, die ihre Freunde aus der Zeit in Indien beschreiben. Malavika Karlekar begegnete ihr, als sie 1960 dieselbe Schule in Indien besuchten. »Suu war ein fröhlicher und unbekümmerter Mensch, der nicht viel über Politik oder gesellschaftliche Fragen redete. Stattdessen hatte sie großes Interesse am Lesen. Das zeichnete sich ganz deutlich ab.«

Karlekar beschreibt Aung San Suu Kyi darüber hinaus als eine Person, die über große Disziplin verfügte und ihr Studium sowie ihren kulturellen Hintergrund sehr ernst nahm. »Sie sprach oft über das Vermächtnis und darüber, dass ihre Familie sie nicht vergessen ließ, wer ihr Vater gewesen war.«

Ganz offensichtlich war Aung San Suu Kyi, anders als ihre Eltern, keine politische Aktivistin. Die Junta behauptete zeitweilig, dass sie sich während ihrer Zeit in Oxford für »radikale Studentenpolitik« engagiert hätte, doch dafür gibt es keinerlei Beleg. Gleichwohl scheint sie sich schon früh für politische und gesellschaftliche Fragen interessiert zu haben und war von Gedanken und Ideen beeinflusst, auf die sie während ihrer Zeit im Ausland stieß.

»Zu Beginn waren wir alle unerfahrene Teenager«, sagte Malavika Karlekar in einem Interview. »Doch während der Zeit in Indien entwickelte sich Suu von einem schüchternen Mädchen zu einer selbstsicheren Frau, von einem eher zurückhaltenden Schulkind zu einer Person mit klaren und starken Überzeugungen.«

In Indien machte Aung San Suu Kyi zum ersten Mal auch nähere Bekanntschaft mit Ma Than É, einer älteren Frau, die in Suu Kyis Leben lange Jahre eine wichtige Rolle als Mentorin und Vorbild spielen sollte. Ma Than É wurde 1908 in Burma geboren. Vor dem Zweiten Weltkrieg war sie eine bekannte Sängerin in Rangun gewesen, und als Aung San und Khin Kyi im Sommer 1942 einander häufiger zu treffen begannen, hörten sie oft ihre Schallplattenaufnahmen an.

Ma Than É floh aus dem Land, als die japanische Okkupation einsetzte. Sie arbeitete für das US Office of War Information, dem späteren Sender Voice of America. Nach dem Krieg kam sie nach London, wo sie Aung San begegnete, der dort mit Clement Attlee über Burmas Souveränität verhandelte. In einem ihrer Texte, der in *Freedom from fear* veröffentlicht wurde, hat sie eine anschauliche Beschreibung dieser kalten Januartage des Jahres 1947 abgegeben. Aung San und die anderen Delegationsmitglieder trafen tagsüber mit britischen Regierungsvertretern zusammen und am Abend versuchten sie, mit möglichst vielen der in London lebenden Burmesen zusammenzukommen. Sie versammelten sich »vor einem wärmenden Feuer« im Dorchester Hotel, nahmen burmesische Speisen zu sich und stimmten traditionelle Lieder an. Einige der Delegationsmitglieder gaben Lieder zum Besten, die sie während ihrer Zusammenarbeit mit den Japanern im Krieg gelernt hatten. Sie sprachen über die 1930er Jahre und den antikolonialen Kampf, und einige der alten Kämpfer berichteten von dem japanischen Trainingslager in Hainan. Der Krieg selbst wurde nie erwähnt, denn da die meisten in London lebenden Exil-Burmesen, einschließlich Ma Than É, während der japanischen Okkupation die Briten unterstützt hatten, handelte es sich hierbei um einen heiklen Punkt.

Liest man ihre Aufzeichnungen, könnte man fast den Eindruck gewinnen, dass sich Aung San in Ma Than É verliebt hatte. Auf alle Fälle scheinen sie Sympathien füreinander entwickelt zu haben, und kurz vor der Abreise nach Rangun fragte Aung San, ob Ma Than É ihn nicht nach Burma begleiten wolle. Sie lehnte ab und erhielt kurz danach eine Anstellung bei den Vereinten Nationen. Während der 1950er Jahre, nach Aung Sans Ermordung, besuchte sie des Öfteren seine Familie in Rangun.

Als Khin Kyi mit ihrer Tochter nach Neu-Delhi zog, arbeitete Ma Than É in der UN-Pressestelle, und so hatten die Frauen regelmäßigen Kontakt miteinander. »Das Jahr in Indien war für Suu Kyi eine phantastische Gelegenheit, das Heimatland von Mahatma Gandhi und Jawaharlal Nehru kennenzulernen. Ihr Vater war früher schon einmal dort gewesen und hatte Nehru näher kennengelernt«, schreibt Ma Than É in einem Essay über ihre Freundschaft mit Suu Kyi und ihrer Familie.

Khin Kyi achtete darauf, dass ihre Tochter während des Aufenthalts in Indien ständig beschäftigt war. Neben der Schule belegte Aung San Suu Kyi Kurse in japanischer Blumenkunst und nahm Klavierunterricht und Reitstunden. Ansonsten schien Aung San Suu Kyi noch immer hauptsächlich daran interessiert, sich in einen Sessel sinken zu lassen und zu lesen.

Khin Kyi war es außerdem wichtig, ihrer Tochter die Traditionen des Heimatlandes zu vermitteln und diese aufrechtzuerhalten. Als neue Botschafterin engagierte sie sich unter anderem für die Renovierung eines buddhistischen Zentrums am Rande Neu-Delhis. Später kam Aung San Suu Kyi häufig mit ihrer Mutter an diesen Ort zurück, um zu meditieren und die buddhistischen Feiertage zu begehen. Anlässlich einer dieser Festtage kam sogar ihr Bruder Aung San Oo zu Besuch, der sich auf einem Internat in London befand. Er und Suu Kyi fungierten als Gastgeber bei Empfängen in der Botschafterresidenz. Doch schon zu diesem Zeitpunkt zeigte sich, dass sich die beiden nicht sonderlich gut verstanden. Aung San Suu Kyi wollte den Erwartungen ihrer Mutter, vielleicht auch denen ihres Vaters, gerecht werden. Sie benahm sich stets korrekt, hatte eine vorzügliche Aussprache und eignete sich nach und nach die richtige Ausbildung an, um die Arbeit fortzusetzen, die ihre Eltern begonnen hatten. Aung San Oo hingegen war weniger interessiert an seinem sozialen Erbe. Er war bereits dabei, sich eine eher westliche Lebensweise anzueignen und hatte keine Pläne, nach Burma zurückzukehren.

Nach einer gewissen Zeit besuchte Aung San Suu Kyi das Lady Shri Ram College. Die Schule war 1956 von Sir Shri Ram, einem indischen Industriellen, zum Gedenken an seine verstorbene Frau gegründet worden. Er wollte eine Institution für die höhere Ausbildung von Frauen schaffen und der Schule außerdem eine internationale Prägung verleihen. Auf der Homepage des Lady Shri Ram Colleges steht im Jahr 2010, dass die Schule »Frauen erziehen und ausbilden will, die bereit sind, Weltbürgerinnen zu werden. Frauen, die stolz auf ihre Kultur und ihr Erbe sind, aber auch ein kosmopolitisches Verständnis für die heutige Welt und eine Empfänglichkeit für deren Vielfalt besitzen.«

Eine vielleicht etwas hochtrabende Formulierung, die jedoch auch als Personenbeschreibung für Aung San Suu Kyi gelten könnte.

Zu jener Zeit lag die Schule im Daryanganj-Viertel im Zentrum Neu-Delhis. Das Hauptgebäude bestand aus grauweißem Stein und war im Kolonialstil erbaut, mit hohen Kreuzgängen und grünen Büschen neben der Eingangstür. Suu Kyi studierte Politikwissenschaft. Auf der Literaturliste standen Bücher über politische Philosophie, darunter auch Gandhis Gedankengut – eben jenes Rezept für politischen Widerstand, das sie seit der Führungsübernahme der burmesischen Demokratiebewegung so konsequent angewendet hat. »Ich glaube, dass sie ihre Kenntnisse über Gandhi erst später vertiefte, als sie in Rangun unter Hausarrest stand«, sagt Malavika Karlekar, »aber es ist durchaus denkbar, dass sie den ersten Kontakt mit den Theorien über zivilen Ungehorsam während ihrer Zeit am College hatte. Doch was sie von ihrer Zeit in Indien mitnahm, war vor allem ein weitverzweigtes Netzwerk aus Freunden, mit denen sie bis Ende der 1980er Jahre Kontakt hielt.« Nach Aussage Malavika Karlekars hatte Suu Kyi während ihrer Zeit auf dem Lady Shri Ram College niemals irgendwelche deutlich ausgeprägten politischen Ansichten geäußert. Doch es war offenkundig, dass ihre Gedanken und Reflexionen die ganze Zeit um Politik kreisten. »Als Tochter ihres Vaters gewann sie natürlich im Laufe der Zeit bestimmte Ansichten. Über ihre Standpunkte sprach sie nie, aber es war deutlich, dass sie welche hatte.«

Politisch aktiv war sie hingegen nicht. »Ich erinnere mich nur daran, dass wir eine Kampagne starteten, um zu erreichen, dass die Schultüren am Abend länger geöffnet blieben«, sagt Karlekar, die später zu einer geachteten Soziologin und zur Leiterin des Centre for Women's Development Studies wurde. »Wir gewannen diesen Kampf, aber ich entsinne mich nicht, dass wir irgendetwas anderes Politisches unternommen hätten.«

Khin Kyi war zur Botschafterin ernannt worden, noch während Ne Win als Premierminister regierte. Obwohl sie der Entwicklung in ihrem Heimatland äußerst kritisch gegenüberstand, entschied sie sich, auch nach dem Militärputsch im Jahr 1962 ihren Posten zu behalten.

Der Übergang Burmas zu einer Militärdiktatur war in der Region kein einzigartiger Vorgang. In Südkorea hatte General Park Chung-Hee gerade eine Diktatur errichtet, die 26 Jahre überleben sollte. Im Nachbarland Thailand herrschte Feldmarschall Sarit Thanarat, und in Pakistan kontrollierte Ayub Khan eine ähnliche Militärdiktatur.

Was Ne Win allerdings von allen anderen unterschied, war seine extreme Vorgehensweise nach dem Staatsstreich. Zunächst ließ er die demokratisch gewählten Politiker einsperren. U Nu wurde auf einer Militärbasis interniert und erst vier Jahre später wieder freigelassen. Direkt nach dem Staatsstreich unternahm Ne Win eine Reise nach China. Schon nach wenigen Tagen kehrte er zurück und zeigte sich tief beeindruckt von dem, was Mao und die Kommunistische Partei Chinas seit der Revolution von 1949 erreicht hatten. Im April 1962 präsentierte er zwei absonderliche Dokumente. Eines davon zeichnete die Richtlinien für »Burmas Weg zum Sozialismus« auf, das andere hatte den Titel »Ein System zur Läuterung des Menschen und seines Umfelds«. Alles in allem war dieses Programm weder ausgeprägt burmesisch noch sozialistisch, sondern in erster Linie ein Ausdruck für Ne Wins Vorurteile und seine totalitären Machtambitionen. Alle Betriebe wurden verstaatlicht, von der Fertigungsindustrie bis hin zum kleinsten Teehaus. Das vom Volk gewählte Parlament wurde abgeschafft, und Ne Win verkündete, dass das Land niemals zu einem System zurückkehren würde, das so stark von westlichen Idealen beeinflusst war. Stattdessen gründete er die Sozialistische Programmpartei Burmas (BSPP). Diese wurde von einem zentralen Revolutionsrat geführt, dem wiederum regionale und lokale Räte unterstanden. Auf allen Ebenen wurden die Posten mit Offizieren besetzt, und nach einigen Jahren war es unmöglich, noch sinnvoll zwischen der BSPP und der Tatmadaw, der Armee, zu unterscheiden. Die Partei wurde zu einer parallelen Struktur im Staatsapparat, und das höchste Leitungskomitee war deutlich mächtiger als die Minister der formellen Regierung.

Zu Beginn betrachteten viele Burmesen Ne Wins Machtübernahme als eine Übergangslösung bis zur nächsten demokratischen Wahl, so wie es schon unter der militärischen Landesführung während der 1950er Jahre gewesen war. Damals jedoch hatten die zivilen Staatsbediensteten und Politiker ihre Stellung behalten können. Nun wurde der gesamte gesellschaftliche Apparat militarisiert, was insbesondere die Studenten an der Universität von Rangun zu Protesten veranlasste. Sie dachten nicht daran, stillschweigend mitanzusehen, wie sich ihr Land in einen Militärstaat verwandelte, und entschlossen sich zu einer friedlichen Demonstration auf dem Universitätscampus. Am 7. Juli 1962 versammelten sich ein paar tausend Studenten auf dem Universitätsgelände, das zu einem »demokratischen Fort« ernannt wurde. Die Proteste hatten beinahe die Form eines Volksfestes angenommen, mit Gesang und Tanz und langen Reden in den Gebäuden der Studentenschaft. Ne Win reagierte mit blutiger Niederschlagung der Proteste, einer Praxis, die von nun an jedes Mal angewandt wurde, wenn es in Burma zu größeren Demonstrationen kam. Das Militär eröffnete das Feuer auf die wehrlosen Studenten und tötete einige Dutzend, wenn nicht Hunderte von ihnen. Um zu verdeutlichen, dass es der Junta ernst war, wurde das Gebäude der Studentenschaft an der Universität von Rangun in die Luft gesprengt. Schon Aung San war hier einst ein- und ausgegangen. Ne Win löschte somit rein physisch eines der wichtigsten Symbole für jenen Kampf aus, den Aung San gegen die britische Kolonialmacht geführt hatte.

Schon bald wurde auch die puritanische Seite der Junta sichtbar. Sie verbot Pferderennen, Schönheitswettbewerbe und alle westlichen Tänze, und die wenigen Nachtclubs in der burmesischen Hauptstadt wurden geschlossen. Ausländer sollten nicht zu Reisen in das Land ermuntert werden, und ein Visum war nur für einen Aufenthalt von 24 Stunden erhältlich.

Am deutlichsten spiegelte sich die Ideologie der Junta vielleicht in dem Programm wider, das die Grenzgebiete wieder burmanischer werden lassen und den Einfluss der ethnischen Minderheiten zurückdrängen sollte. Den Minderheiten wurde untersagt, Zeitungen und Bücher in der eigenen Sprache zu drucken, der Schulunterricht sollte auf Burmanisch durchgeführt werden, und die politischen Strukturen wurden zerbrochen. Einige der Prinzen aus dem Shan-Staat wurden entführt und ermordet. Einige Jahre nach dem Militärputsch hatten die meisten ethnischen Gruppen wieder zu den Waffen gegriffen, und Burma versank immer mehr in einem totalen Chaos. Obwohl die Junta mittlerweile einen Waffenstillstand mit den meisten Guerillatruppen geschlossen hat, gibt es allein im Shan-Staat noch heute über 20 bewaffnete Gruppen.

Auch alle westlichen Organisationen, die sich in Burma aufhielten, wurden des Landes verwiesen, nicht zuletzt die christlichen Missionare, die bei den ethnischen Minderheiten aktiv waren. Der letzte von ihnen, der aus Schweden stammenden, US-Amerikaner Herman Tegenfeldt, der sich bei den Kachin aufhielt, verließ Burma 1966. Viele der Inder und Briten, die seit Generationen in Burma gelebt hatten, waren schon vor dem Militärputsch aus dem Land geflohen. »Wir sahen, woher der Wind wehte. Wir konnten uns retten, aber diejenigen, die bis 1962 blieben, hatten nicht so viel Glück«, berichtet Peter Carey, der 1956 im Alter von acht Jahren mit seinen Eltern Rangun verließ. »Noch bevor sie sich in ein Flugzeug setzen und aus dem Land fliehen konnten, wurden all ihre Besitztümer geplündert. Die Soldaten nahmen ihnen Trauringe, Schmuck und Bargeld ab.«

Vielleicht war es diese Zeit, an die eine Freundin von Aung San Suu Kyi einige Jahre später dachte, als sie ihr riet, den frühen Tod des Vaters nicht zu betrauern. »In gewisser Weise war es ein Segen, dass er nicht alt wurde«, sagte sie. »Er musste die destruktiven Jahre nicht miterleben.«

Nach dem Militärputsch war Khin Kyi fünf weitere Jahre als Botschafterin tätig, danach war es ihr moralisch nicht länger möglich, eine Regierung zu repräsentieren, an die sie nicht glaubte und die sie noch weniger respektierte. 1967 zog sie zurück in das Haus in der University Avenue in Rangun. Sie verzichtete auf alle öffentlichen Auftritte, und die letzten 20 Jahre ihres Lebens verbrachte sie mit Gartenpflege, Lesen und der Erörterung religiöser Fragen. Ne Win hatte das Signal verstanden. Aung San und er waren nie übereingekommen, es gibt sogar Aufzeichnungen, die besagen, dass Aung San seine Parteikollegen in der AFPFL davor gewarnt hatte, Ne Win eine zu große Kontrolle über die bewaffneten Streitkräfte zu geben.

Als sich ihre Mutter aus dem öffentlichen Leben zurückzog, hatte Aung San Suu Kyi bereits zwei Jahre in England gelebt. 1964 war sie dort hingezogen, um am St. Hugh's College in Oxford zu studieren. Zu jener Zeit kamen in dieser traditionsreichen Universitätsstadt zehn männliche Studenten auf eine Studentin, und St. Hugh's war eines von fünf Colleges, die speziell für Frauen vorgesehen waren. »Sie fiel mir sofort auf«, sagt Ann Pasternak Slater, die sich am selben Tag wie Suu Kyi einschrieb. »Ich entdeckte sie am anderen Ende des Raumes, als ich auf irgendeinem Empfang für neue Studenten war, und ich dachte: Du meine Güte, was für eine schöne Frau! Die muss ich kennenlernen!«

Spricht man mit anderen Menschen über Aung San Suu Kyis Zeit in Burma nach 1988, hört man oft, sie verlange so viel von ihrer Umgebung, weil sie auch von sich selbst viel verlange. »Sowohl im Privatleben als auch in der Politik ist sie davon überzeugt, dass diejenigen, die Privilegien haben, auch Verantwortung tragen müssen, und dass man dieser Verantwortung gerecht werden muss«, sagte ein burmesischer Aktivist, der mit ihr in den 1990er Jahren gearbeitet hat.

Als Studentin in Oxford beklagte sie sich zwar nicht über ihre Freunde, war aber der Ansicht, dass viele von ihnen das Studium nicht ernst genug nahmen und die Jahre an der Universität verplemperten.

»Suus figurbetonter und hübscher Longyi, ihre aufrechte Haltung, ihre starken moralischen Überzeugungen und ihre ererbte soziale Anmut standen in scharfem Kontrast zu der nachlässigen Kleidung, der entspannten Haltung, dem latenten Liberalismus und der unausgegorenen Sexualmoral meiner gleichaltrigen Kommilitonen«, heißt es in dem Aufsatz »Suu Burmese« von Ann Pasternak Slater. Der Titel spielt übrigens auf den Spitznamen an, den sie Suu Kyi gegeben hatte. Als sie einander kennenlernten, hatte Ann Pasternak Slater bereits mehrere englische Freundinnen, die Sue hießen, und so bekam die neue burmesische Bekanntschaft den Namen Suu Burmese verpasst. Der Text ist eine der persönlichsten Beschreibungen, die über Aung San Suu Kyi verfasst wurden.

Die Regeln am St. Hugh's College waren genauso streng wie auf Suu Kyis ehemaligen Schulen, doch der Unterschied bestand darin, dass die weiblichen Studenten in Oxford alles taten, um mit diesen Regeln zu brechen. Die Studentinnen mussten abends vor zehn Uhr zu Hause sein, und daher saßen viele bis spät in die Nacht auf den Betten, unterhielten sich und tranken heiße Schokolade. Die meisten trafen sich auch mit ihren Freunden oder Liebhabern und kletterten nach Mitternacht über die Steinmauer.

Aung San Suu Kyi tat nichts davon. Sie lebte gemäß ihrer traditionellen Erziehung, war aber dennoch viel zu neugierig, um nicht einiges von dem auszuprobieren, worüber ihre westlichen Freundinnen so häufig sprachen. Nach zwei Jahren an der Universität wollte sie beispielsweise wissen, wie es war, über die Mauer zu klettern und sich unbemerkt wieder in die Schule hineinzuschleichen. Daher bat sie einen indischen Bekannten, dem sie hundertprozentig vertraute, sie in ein Restaurant mitzunehmen und ihr danach, als es Zeit war zurückzugehen, über die Mauer zu helfen. »Kein anderer Verstoß gegen die Regeln der Universität hätte mit größerer Rechtschaffenheit vonstattengehen können«, schreibt Pasternak Slater.

Bei einer anderen Gelegenheit beschloss Suu Kyi, dass es an der Zeit war, einmal auszuprobieren, was es eigentlich mit dem Alkohol auf sich hatte. Aus sozialen und religiösen Gründen hatte sie es bis dahin abgelehnt, Bier, Wein oder Schnaps zu trinken. Doch sie fand, dass sie nicht nein zu etwas sagen könne, bevor sie nicht wüsste, worum es sich handelte. Gegen Ende des ersten Semesters kaufte sie also eines Abends eine Miniaturflasche mit Sherry oder möglicherweise auch Wein und versteckte sich mit zwei indischen Kommilitoninnen in der heruntergekommenen Damentoilette. »Dort, zwischen Waschbecken und Toilettenschüssel, einem Platz, der die Geschmacklosigkeit der ganzen Sache nur umso deutlicher hervorhob, probierte sie es und entsagte dem Alkohol daraufhin für alle Zeiten.«

Sex hingegen war eine ganz andere Sache. Hier hatte sie bereits eine klare Überzeugung: Sie würde mit keinem anderen Mann Sex haben als mit dem, den sie heiratete.

»Wir anderen waren alle auf der Jagd nach einem Freund, viele wollten gern eine Affäre haben. Noch immer war Sex zur Hälfte verboten und zur Hälfte ein bereits erkundetes Terrain … für die meisten unserer gleichaltrigen englischen Kommilitonen wirkte Suu Kyis ablehnende Haltung gegenüber diesem Lebensstil beinahe ein wenig komisch.«

Als eines der Mädchen Suu einmal fragte, ob sie wirklich mit niemanden schlafen wolle, erwiderte sie: »Nein, ich werde niemals mit jemand anderem als meinem Ehemann ins Bett gehen. Und jetzt? Jetzt lege ich mich einfach ins Bett und umarme mein Kissen.«

Dies alles hieß jedoch nicht, dass Suu Kyi keine Gefühle hatte. Während ihrer Zeit am St. Hugh's College verbrachte sie viel Zeit mit den indischen Studenten, und zu Beginn ihres Studiums verliebte sie sich in einen von ihnen. Doch das Interesse war einseitig und die Beziehung entwickelte sich niemals zu einem Liebesverhältnis. »Schon damals bekam man einen Eindruck von ihrer Hartnäckigkeit«, sagt Ann Pasternak Slater. »Von Anfang an war klar, dass er nicht dasselbe Interesse wie sie hatte, aber sie weigerte sich, aufzugeben. Sie pflegte diese Verliebtheit länger, als jeder andere es getan hätte.«

Als sie sich für St. Hugh's bewarb, hatte sie sich bereits für Philosophie, Politik und Wirtschaftswissenschaft entschieden, eine Fächerkombination, die bei den indischen Studenten an der Universität häufig vorkam. Eigentlich wollte Suu Kyi jedoch etwas völlig anderes, und nach dem ersten Semester beantragte sie, das Fach zu wechseln und stattdessen Forstwirtschaft zu studieren. Sie war der Ansicht, dass es sich hierbei um einen praktischen Beruf handelte, der es ihr erleichtern würde, nach Burma zurückzukehren und etwas Sinnvolles für das Land zu tun. Doch in Oxford war es nicht üblich, dass die Studenten ihre Fachrichtung wechselten, und der Antrag wurde abschlägig beschieden. Nachdem sie ihr Examen abgelegt hatte, machte sie einen erneuten Versuch und bewarb sich für ein Anglistikstudium, aber auch hier wurde sie abgelehnt.

Viele von Suu Kyis Kommilitonen waren politisch engagiert. Zu jener Zeit schlug ein radikaler Internationalismus gerade seine Wurzeln in Europa und den USA. Die Welt hatte sich geöffnet, das koloniale System stand vor der Abwicklung und das Fernsehen hatte die Welt in die Wohnstuben gebracht. Studenten, die es sich leisten konnten und Zeit hatten, reisten umher, um mehr über solche Orte in Erfahrung zu bringen, wo die »Wirklichkeit« fassbarer war als in den kühlen Seminarräumen der Oxforder Universität. Man war schlichtweg nicht auf der Höhe der Zeit, solange man nicht an der Obsternte in einem israelischen Kibbuz teilgenommen oder die Armen in Indien besucht hatte. Und erst recht war man nicht richtig radikal, solange man sich nicht gegen die Aufrüstung mit Atomwaffen engagierte oder gegen das Apartheid-Regime in Südafrika protestierte.

Durch ihren Hintergrund und die Kontakte ihrer Familie war Suu Kyi natürlich weltgewandter und bereister als die meisten Gleichaltrigen, doch sie hielt sich fern von allen politischen Aktivitäten. »Als Studentin war ich an der Apartheid-Frage interessiert und trug mein Weniges dazu bei, indem ich keine Waren aus Südafrika kaufte«, schrieb Suu Kyi über die betreffende Zeit. Als Anführerin der Demokratiebewegung hat sie Südafrika oft als Beispiel erwähnt, um darauf hinzuweisen, wie Wirtschaft und Politik zusammenhängen und dass Sanktionen unter gewissen Umständen ein Rezept für politische Veränderungen sein können.

Die Tatsache, dass sich Suu Kyi nicht offen politisch äußerte, lässt sich sicher durch die Position ihrer Mutter erklären, sowohl zur Zeit ihrer Botschaftertätigkeit als auch nach ihrer Rückkehr nach Burma. Khin Kyi hätte große Probleme bekommen können, wenn sich herausgestellt hätte, dass sich ihre Tochter zusammen mit jungen britischen Radikalen für Menschenrechtsfragen einsetzte. »Ich glaube nicht, dass sie sich jemals irgendwelche Diskussionen anhörte oder an irgendeiner Form von politischer Aktivität beteiligt war«, sagt Pasternak Slater. »Allerdings wusste sie immer genau, was in der Gesellschaft vor sich ging, und wir sprachen oft über ihren Hintergrund in Burma und die dortigen Kulturen und Traditionen. Häufig ärgerte sie sich über ihren älteren Bruder. Ihrer Ansicht nach hielt er sich nicht an die Familientraditionen.«

In den Sommerferien reiste Aung San Suu Kyi meist zu ihrer Mutter nach Indien, doch in einem Sommer flog sie nach Algerien, um Ma Than É zu besuchen. Die Freundin aus New Yorker Zeiten hatte gerade ihren Posten in Neu-Delhi aufgegeben, um die UN-Pressestelle in der algerischen Hauptstadt Algier aufzubauen.

Diese Reise verschaffte Suu Kyi die Möglichkeit, ein wenig von dem »Abenteuer« nachzuempfinden, über das ihre Mittelklassefreunde aus Oxford nach den Sommerferien so oft berichteten.

Algerien hatte sich gerade von der französischen Kolonialherrschaft losgerissen und erholte sich langsam von acht Jahren Bürgerkrieg – eine Situation, die der Burmas nach dem Zweiten Weltkrieg ähnelte. Die Städte waren heruntergekommen und zerstört, und es gab nur wenige Hotels, die Gäste aufnehmen konnten. Einige Wochen bevor Suu Kyi nach Algerien kam, war Algeriens Äquivalent zu Aung San, Ahmed Ben Bella, von seinem ehemaligen Kollegen, dem eher moderaten Houari Boumedienne gestürzt worden.

Suu Kyi wurde zu zahlreichen sozialen Zusammenkünften und Partys eingeladen, ging aber meistens in den Straßen spazieren, wo sie ganz gewöhnlichen Algeriern begegnen konnte. Nach einigen Tagen lernte sie einen Mann kennen, der eine Hilfsorganisation für Frauen betrieb, deren Männer im Befreiungskrieg gefallen waren. Er erklärte, dass er ein Wohnprojekt für diese Frauen aufbauen wolle und Freiwillige brauche, die ihn unterstützen könnten. Danach arbeitete und wohnte Suu Kyi einige Wochen auf dieser Baustelle und lernte Jugendliche aus ganz Europa und Nordafrika kennen. Es gab Russen, Briten, Libanesen, Niederländer, Deutsche und Algerier, die alle als Freiwillige arbeiteten. Aung San Suu Kyi machte die Bekanntschaft zahlreicher Algerier und wurde sogar zu einer Hochzeit in die kabylischen Berge eingeladen. Sie besuchte die Sahara und machte einen kurzen Abstecher nach Marokko und an den Golf von Gibraltar. Danach kehrte sie nach Oxford zurück.

Kurz vor ihrem Examen wurde Suu Kyi eingeladen, Ne Win zu besuchen. Der burmesische Diktator hatte Millionen von Burmesen die Pässe entzogen und alles getan, um die Grenzen zu schließen, reiste jedoch selbst jedes Jahr nach Europa. Gern flog er nach Österreich, wo er sich in einem Hotel einquartierte und Ärzte aufsuchte, oder nach Wimbledon, wo er für sich und seine aus Frauen und Offizieren bestehende Reisegesellschaft eine große Villa mietete. Als Suu Kyi zu ihm eingeladen wurde, hatte ihre Mutter gerade ihren Posten als Botschafterin aufgegeben und alle öffentlichen Aufgaben abgelehnt. Suu Kyi hatte demnach also keine Probleme, sich von dem Regime in ihrem Heimatland zu distanzieren. Sie lehnte die Einladung ab und gab mangelnde Zeit als Entschuldigung an; sie sei gerade dabei, sich auf die Abschlussprüfung vorzubereiten.

Während der Semester war Suu Kyi im St. Hugh's College untergebracht, doch an den Wochenenden fuhr sie die kurze Strecke mit dem Zug nach London und wohnte bei Sir Paul Gore-Booth und seiner Frau Patricia in deren Haus im Stadtteil Chelsea. Die Gore-Booths hatten Suu Kyis Familie kennengelernt, als Paul zwischen 1953 und 1956 als britischer Botschafter in Rangun stationiert war. Nach seiner Tätigkeit in Burma wurde er als Hochkommissar an die britische Botschaft in Indien versetzt, wodurch sich die Freundschaft zwischen den Familien vertiefte. Als Suu Kyi sich in Oxford bewarb, suchte Khin Kyi jemanden, der ihre Tochter in die neue Umgebung einführen könnte, und ihre natürliche Wahl fiel auf das Ehepaar Gore-Booth, das zu diesem Zeitpunkt bereits nach England zurückgekehrt war. Einige Jahre lang war Suu Kyi so etwas wie ein Familienmitglied. »Eine zusätzliche Tochter«, sagte Patricia Gore-Booth. Wenn Pauls Kollegen zum Abendessen kamen, saß Suu Kyi mit am Tisch und erhielt so Einblicke in die Diskussionsweise der britischen Diplomaten.

Bei der Familie Gore-Booth begegnete Suu Kyi zum ersten Mal den Zwillingsbrüdern Michael und Anthony Aris. In vielerlei Hinsicht hatten die beiden denselben bunten kosmopolitischen Hintergrund wie Suu Kyi. Die Brüder wurden am 27. März 1946 in Havanna geboren, wo ihr Vater für den British Council arbeitete, eine Einrichtung, die sich für die Verbreitung der englischen Kultur und Sprache in der Welt einsetzt. Die Mutter der beiden war Tochter eines frankokanadischen Diplomaten. Die Familie zog zuerst von Kuba nach Peru und landete danach in England.

Mitte der 1960er Jahre studierten Michael und Anthony Aris Orientalismus an der Universität im nordenglischen Durham. Schon als ihr Vater eine Zeitlang in Indien gearbeitet hatte, interessierten sich die beiden für Tibet, und Michael hatte bereits im Alter von 14 Jahren die tibetische Sprache erlernt. In Durham hatten die Brüder Christopher Gore-Booth, den Sohn von Paul und Patricia, kennengelernt, und da das Haus in Chelsea als eine Art Sammelpunkt für den ganzen Freundeskreis der Familie fungierte, kamen die Brüder Aris schließlich auch nach London. Zunächst war es Anthony, dem Suu Kyi auffiel. »Du musst mitkommen und diese einzigartige burmesische Frau kennenlernen!«, sagte er zu seinem Bruder.

Michael verliebte sich sofort bis über beide Ohren, doch Suu Kyi wollte erst einmal abwarten. Sie hatte nicht die Absicht, ein Verhältnis einzugehen, geschweige denn einen Mann aus der westlichen Welt zu heiraten. Viele ihrer Freunde und Verwandte zu Hause hätten starke Vorbehalte gegen eine solche Ehe gehabt. Vielleicht hat sie auch schon zu diesem Zeitpunkt geahnt, dass es problematisch werden könnte, falls sie irgendwann einmal eine öffentliche Rolle in ihrem Heimatland einnehmen müsste. Gleichwohl jedoch begann sie, den Kontakt mit Michael Aris zu vertiefen, dem schlaksigen, etwas unkonventionellen, aber dennoch konservativ erzogenen Studenten aus Durham.

Nach dem Examen wohnte Suu Kyi eine längere Zeit bei den Gore-Booths in London. Um etwas Geld zu verdienen, nahm sie einen Nebenjob als Privatlehrerin einiger Kinder der britischen Oberklasse in Chelsea an und arbeitete eine Zeitlang als Assistentin des Südostasienforschers Hugh Tinker an der School of Oriental and African Studies (SOAS) in London. Tinker hatte das Buch *Burma – the Struggle for Independence 1944–48* herausgegeben und hatte großen Nutzen von einer Assistentin, die ganz persönlich ein Teil der Geschichte war, die er als sein Forschungsfeld gewählt hatte.

Als Suu Kyi nach dem Studium ihre ersten Schritte in das Berufsleben unternahm, hatte Michael Aris England bereits verlassen. Durch einen Bekannten, der ebenfalls Experte in Sachen Himalaya war, hatte er Kontakt zum Hof des kleinen Bergkönigreichs Bhutan bekommen und ein Angebot erhalten, das kein Student seiner Fachrichtung ablehnen konnte: Er wurde Lehrer der königlichen Familie in Bhutan. Mit 20 Jahren bekam er also die einzigartige Gelegenheit, vor Ort mehr über den Himalaya zu erfahren. In den grünen Bergen Bhutans fand Michael Aris Ende der 1960er Jahre seine Lebensaufgabe und sein Selbstverständnis als Wissenschaftler; er wurde zu einem Experten für die Kultur und Religion dieses Gebirgsreiches im Himalaya. Schnell lernte er die lokale Dzongkha-Sprache und konnte parallel zu seiner Arbeit Material für seine Doktorarbeit sammeln. Unter anderem bekam er die Möglichkeit, Dokumente aus dem uralten Klosterarchiv Bhutans auf Mikrofilm aufzunehmen, und baute auf diese Weise eine einzigartige Sammlung buddhistischer Schriften auf, die heute in Oxford archiviert sind.

Zur selben Zeit beschloss Suu Kyi, in die USA umzusiedeln. Sie wollte ihr Studium fortsetzen und ein Magisterexamen ablegen, darüber hinaus konnte sie sich das weitverzweigte internationale Netzwerk der Familie zunutze machen. 1969 kam sie zur University of New York und wurde von Frank Trager betreut. Trager war Professor für Internationale Beziehungen und hatte mehrere Jahre bei einem amerikanischen Hilfsprojekt in Burma mitgearbeitet.

Für Michael Aris und Suu Kyi war es nun, da sie sich nicht einmal treffen konnten, wesentlich schwieriger, die Beziehung aufrechtzuerhalten. Doch andererseits kam ihr die räumliche Trennung ganz recht. Sie wollte zeitlichen und räumlichen Abstand zwischen sich und Michael schaffen, um sich über ihre eigenen Gefühle klarzuwerden und sich gleichzeitig zu versichern, dass er es ernst meinte. Sollten die Gefühle füreinander nach dieser Zeit noch immer vorhanden sein, würde sie auf die Konventionen pfeifen.

In New York wohnte Suu Kyi bei Ma Than É, die nach ihrem Aufenthalt in Algerien in die USA gezogen war. Sie teilten sich eine kleine Zweizimmerwohnung mit Küche an der 49. Straße Ecke 1. Avenue, nur wenige Blocks vom UN-Wolkenkratzer entfernt. Wie alle, die zum ersten Mal nach New York kommen, war Suu Kyi überwältigt von den Ausmaßen der Stadt, dem Licht, den Wolkenkratzern, den Menschenmassen und der Vielfalt der Kulturen und individuellen Ausprägungen. Weniger hingegen gefielen ihr die Busfahrten zwischen ihrer Wohnung und dem Universitätsgelände nahe dem Washington Square. Noch war die Zeit für Bürgermeister Giulianis »Null-Toleranz-Politik« nicht gekommen, und oft war Suu Kyi nervös, wenn sie früh morgens oder spät abends allein zwischen Wohnung, Bushaltestelle und Universität unterwegs war. Daher zögerte sie auch nicht, als sie die Möglichkeit bekam, sich für einen Job im UN-Hauptgebäude zu bewerben, das nur sechs Gehminuten von ihrer Unterkunft entfernt lag. »Nach Bewerbung, Empfehlungsschreiben, Einstellungsgespräch und den üblichen Verzögerungen und Schwierigkeiten wurde Suu Kyi angenommen«, schreibt Ma Than É.

Zu jener Zeit hieß der UN-Generalsekretär U Thant. Er war in vielerlei Hinsicht ein Symbol dessen, was ohne Bürgerkrieg, Militärputsch und die fremdenfeindliche Isolierung von der Welt aus Burma hätte werden können. U Thant wuchs in einem kleinen Dorf im Irrawaddy-Delta auf. Sein Vater beschäftigte sich mit Bildungsfragen und war an der Gründung der Zeitung *The Sun* beteiligt, die in den 1920er und 1930er Jahren eine größere Souveränität des Landes forderte, aber dennoch für einen Verbleib im britischen Imperium eintrat. Der Vater starb, als U Thant 14 Jahre alt war, und die Familie musste mit großen ökonomischen Problemen kämpfen. Nichtsdestotrotz konnte sich U Thant zum Lehrer ausbilden lassen und wurde schon mit 25 Jahren Rektor einer Schule in seiner Heimatstadt. Parallel zu seiner Arbeit schrieb er Essays und Artikel, in denen er, gleich seinem Vater, für größere Souveränität warb. Während seines Studiums an der Universität hatte er Aung San, U Nu und die anderen Mitglieder der jungen nationalistischen Bewegung kennengelernt. U Nu hatte eine Zeitlang als Lehrer der Schule in Pantanaw gearbeitet, und als er 1948 Premierminister wurde, bat er U Thant, nach Rangun zu kommen. Im Laufe der 1950er Jahre war U Thant für einige Jahre als Redenschreiber, persönlicher Sekretär und politischer Allroundberater des Premierministers tätig.

1957 wurde er zu Burmas Vertreter bei den Vereinten Nationen ernannt und erwies sich alsbald als effizient und pragmatisch arbeitender Diplomat. Seine zurückhaltende, ruhige und in vielerlei Hinsicht typisch »burmesische« Art gefiel den meisten Lagern in der ansonsten gespaltenen UN. Allerdings nicht allen. Unter anderem machte er sich Feinde, als er Anfang der 1960er Jahre über Algeriens Souveränität verhandelte. »Diese Aufgabe hat mir am besten gefallen«, verriet er später der Autorin June Bingham. »Aber es dauerte lange Zeit, bis ich bei den Franzosen wieder populär war.«

Als UN-Generalsekretär Dag Hammarskjöld im September 1961 bei einem Flugzeugabsturz ums Leben kam, fiel die Wahl seines Nachfolgers auf U Thant. Er genoss großen Rückhalt bei den afrikanischen und asiatischen Ländern, und die Großmächte sahen in ihm keine Gefahr für ihre Dominanz im Sicherheitsrat. Der Burmese war perfekt für die Rolle, die Präsident Roosevelt einst für den Generalsekretär der Weltorganisation umrissen hatte: Er sollte ein Moderator sein, aber kein Mitspieler aus eigenem Antrieb.

Doch wie die meisten Generalsekretäre, die oft aufgrund ihrer administrativen Begabungen ausgewählt wurden, begnügte sich U Thant nicht mit dieser Zuschreibung. Er vertrat die Ansicht, dass die UN unparteiisch sein müsse, nicht jedoch moralisch neutral. Käme es zu groben Verletzungen der Statuten und grundlegenden Prinzipien der UN, müsse man reagieren. U Thant übte beispielsweise heftige Kritik am Krieg der USA in Vietnam und erbot sich mehrmals, in diesem Krieg zu vermitteln, aber US-Präsident Lyndon B. Johnson lehnte jedes Mal ab. Möglicherweise war U Thant ein Wegbereiter der Debatte um Menschenrechte und humanitäre Interventionen, von der die UN Jahrzehnte später, als die Berliner Mauer fiel und ein weniger angespanntes internationales Klima in Reichweite schien, geprägt sein sollte.

Als Ne Win 1962 die Macht an sich riss, war U Thant bereits zum Generalsekretär gewählt worden. So gern U Thant es auch gesehen hätte, war es dem neuen burmesischen Diktator doch nicht möglich, auf ihn zuzugehen. Ne Win missbilligte U Thant, weil er erstens so eng mit U Nu befreundet und zweitens zum hellsten burmesischen Stern der internationalen Politik aufgestiegen war. Und diese Rolle hätte Ne Win nur zu gern für sich selbst beansprucht.

Es gibt keinerlei Hinweise darauf, dass U Thant die Einstellung von Aung San Suu Kyi bei den Vereinten Nationen direkt beeinflusst hat, doch es ist durchaus denkbar, dass er etwas damit zu tun hatte. Die Bande zwischen den burmesischen Familien in New York war eng geknüpft, und Aung San Suu Kyi hatte Kontakt zur Familie des Generalsekretärs.

Die in New York lebenden Burmesen waren klar in zwei Fraktionen aufgeteilt: die Regimekritiker und die Regimetreuen. Letztere hatten ihre Basis in der burmesischen Botschaft und der von Ne Win ausgewählten UN-Delegation. U Thant lud oft beide Gruppen zum Sonntagslunch in sein Haus in Riverdale/Bronx ein, das über einen großen Garten und eine hübsche Aussicht über den Hudson verfügte. »Viele andere Burmesen waren anwesend, und zu unserer größten Freude wurden stets burmesische Speisen serviert. Zu besonderen Anlässen, wenn beispielsweise eines seiner Enkelkinder Geburtstag hatte, wurde die Terrassentür geöffnet, um alle zu empfangen, und dann kamen sogar die Leiter verschiedener UN-Delegationen dorthin«, erinnert sich Ma Than É.

Aung San Suu Kyi erhielt eine Anstellung beim Advisory Committee on Administrative and Budgetary Questions, dessen Arbeitsaufgaben offenbar so unterhaltsam waren wie die Bezeichnung vermuten lässt. Das Komitee überprüfte die Budgets und Ausgaben verschiedener wichtiger UN-Einrichtungen wie z. B. der WHO oder der UNDP und war unabhängig sowohl vom Generalsekretär als auch der Generalversammlung. Obwohl es sich um eine eher eintönige Arbeit handelte, verschaffte sie Aung San Suu Kyi doch einen einzigartigen Einblick in die Funktionsweise der Weltorganisation.

Abends leistete Suu Kyi ehrenamtliche Arbeit, was von dem jüngeren Personal der UN zu jener Zeit mehr oder weniger erwartet wurde. Suu Kyis »Dienst an der Gesellschaft« vollzog sich im Bellevue Hospital auf der First Avenue. Das Krankenhaus wurde bereits 1736 gegründet und ist heute das älteste, in öffentlichem Besitz befindliche Krankenhaus der USA. Über 80 Prozent der Patienten kommen aus sozial benachteiligten Verhältnissen und haben keine umfassende Krankenversicherung. Ende der 1960er bzw. Anfang der 1970er Jahre, als Suu Kyi hier arbeitete, war die Situation nicht anders. Sie verbrachte viele Abende und oft auch einen Tag des Wochenendes im Krankenhaus. Sie las den kleinen Patienten auf der Kinderstation vor und wachte am Bett vieler älterer Menschen. Das Krankenhaus nimmt auch Patienten mit psychischen Problemen auf, und Suu Kyi kümmerte sich um die Betreffenden im Wartezimmer, bis sie mit einem Arzt sprechen konnten.

In Burma war Ne Win nun bereits seit über acht Jahren an der Macht. Die Wirtschaft war zusammengebrochen und der Bürgerkrieg hatte sich aufgrund der Weigerung des Regimes, mit den ethnischen Minderheiten zu verhandeln bzw. ihr Recht auf eine eigene Kultur überhaupt anzuerkennen, weiter fortgesetzt. Der Konflikt mit der Kuomintang war Anfang der 1960er Jahre gelöst worden, indem chinesische und burmesische Truppen einen gemeinsamen Angriff auf die Kuomintang-Festung im nordöstlichen Shan-Staat unternahmen. Die Soldaten wurden über die Grenze nach Laos getrieben, wo sich viele dem eskalierenden indochinesischen Krieg der USA anschlossen. Andere Teile der Kuomintang landeten in Nordthailand, wo noch heute eine Reihe von Dörfern von ehemaligen Kuomintang-Soldaten und deren Nachkommen bevölkert werden.

Doch zu einem Frieden kam es nicht. Die Kuomintang war nur ein Teil des Problems gewesen, und in dem machtpolitischen Vakuum, das nach deren Flucht nach Thailand und Laos entstanden war, witterten andere lokale Kriegsfürsten und ethnisch gefärbte Guerillagruppen eine Chance, ihren Einfluss zu erhöhen. Zur Bekämpfung eines Guerillaaufstands verließ sich Ne Win auf lokale Milizen, die sogenannte Ka Kwe Ye (KKY). Die Übereinkunft beruhte darauf, dass die Kriegsherren in den Shan-Bergen frei mit Opium und Heroin handeln konnten – oftmals sogar unterstützt durch die burmesische Armee, die Transporte und Schutzmaßnahmen bereitstellte. Im Gegenzug sagten die Kriegsherren eine Bekämpfung solcher Guerillatruppen zu, die mit Rangun auf dem Kriegsfuß standen.

Der Burma-Experte Bertil Lintner sieht drei Gründe für Ne Wins Strategie. Erstens gab es nicht genügend Geld in der Staatskasse, um einen umfassenden, langwierigen Krieg gegen die ethnischen Guerillatruppen zu führen. Der Opiumhandel wurde zum entscheidenden Faktor, was die Versorgung der Soldaten mit Waffen, Munition, Uniformen und Waren betraf. Zweitens wurden die Möglichkeiten der Shan-Rebellen, Einkünfte aus den Opiumfeldern zu beziehen, stark unterminiert, wenn die KKY-Miliz das Handelsmonopol innehatte. Und drittens stand bereits fest, dass Ne Wins Wirtschaftspolitik missglückt war. Überall auf den burmesischen Märkten herrschte Mangel an allen möglichen Waren, so dass der grenzüberschreitende Drogenhandel zu einer Möglichkeit wurde, das Land mit Kapital und Lebensmitteln zu versorgen.

Die KKY transportierte das Opium in die Handelsstadt Tachilek an der Grenze zu Thailand und Laos und wurde dort mit purem Gold bezahlt.

Daher wurde dieses Gebiet als »das Goldene Dreieck« bekannt.

Trotz der immer chaotischer werdenden Lage war Ne Win davon überzeugt, dass sein burmesischer »Sozialismus« der einzig denkbare Weg war. Gleichzeitig wurde das Verhältnis zu Khin Kyi und ihrer Familie immer frostiger, was auch Aung San Suu Kyi während ihrer Zeit in New York zu spüren bekam. In einem Artikel über Aung San Suu Kyi berichtet Ma Than É von einer Begebenheit, die sich im Haus von U Soe Tin, dem burmesischen UN-Botschafter, zugetragen hat. U Soe Tin war ein liberaler Politiker, der der Junta auf diplomatisch korrekte Weise diente, aber auch Wert darauf legte, mit den regimekritischen Teilen der burmesischen Diaspora in Kontakt zu bleiben. Als die Generalversammlung im Herbst zur Jahressitzung zusammenkam, wurden alle Teilnehmer zu einem offiziellen Lunch eingeladen. Das Zuhause des UN-Botschafters lag ebenfalls in Riverdale, war jedoch nicht so beeindruckend wie das Haus U Thants. Als Suu Kyi das große, rechteckige Wohnzimmer betrat, entdeckte sie, dass die Sofas entlang der Wände aufgestellt waren, mit kleinen Tischen davor. U Soe Tins Frau ging schweigend zwischen den Tischen umher und servierte Fruchtsaft und Snacks, bevor sie sich wieder in die Küche zurückzog, um das Essen vorzubereiten. Suu Kyi wurde zu einem Sofa geleitet, auf dem bereits zwei Delegierte der Generalkonferenz saßen. Ma Than É merkte an der Stimmung im Raum, dass nicht alles so war, wie es sein sollte. Nach ein paar einleitenden Höflichkeitsphrasen begann der Delegationsleiter, Suu Kyi Fragen zu stellen. Wie käme sie dazu, für die UN zu arbeiten, obwohl ihr niemand in der Heimat einen solchen Auftrag gegeben hatte? Welchen Pass hätte sie bei der Einreise in die USA benutzt? Wüsste sie etwa nicht, dass ihr Diplomatenpass ungültig geworden war, nachdem ihre Mutter nicht mehr als Botschafterin in Indien arbeitete? Sie beginge eine ungesetzliche Handlung, indem sie den Pass weiter benutzte, und müsste ihn unmittelbar zurückgeben. Während all seiner Äußerungen blickten die anderen im Raum mit bekümmerter Miene ununterbrochen zu Suu Kyi und gaben murmelnd ihre Zustimmung, sobald ein neuer Vorwurf an sie gerichtet wurde. Offenbar hatte ihnen irgendjemand in Rangun, wahrscheinlich Ne Win persönlich, den Auftrag gegeben, Suu Kyi zu demütigen, doch sie zeigte keinerlei Anzeichen, die Kritik anzunehmen. Ruhig und freundlich erklärte sie, dass sie natürlich einen neuen Pass in London beantragt und die Unterlagen einige Monate zuvor eingereicht habe, der Antrag jedoch aus irgendeinem Grund in den bürokratischen Prozessen steckengeblieben sei. Sie könne nicht verstehen, wieso es zu dieser Verzögerung gekommen sei, erklärte sie, aber alle im Raum würden ja wohl verstehen, dass man nicht ohne irgendeinen Pass in ein anderes Land reisen könne, nicht wahr?

Schließlich kam ihr der burmesische Botschafter in London zur Hilfe. Er bestätigte, dass der Antrag eingegangen und zur Absegnung nach Rangun geschickt worden sei, dort allerdings im System feststecke. Alle im Raum wussten, dass die Bürokratie in Burma unter der Herrschaft Ne Wins extrem korrupt und ineffektiv geworden war. Einige der Anwesenden, die vorher zustimmend gemurmelt hatten, als Suu Kyi angegriffen wurde, wirkten jetzt peinlich berührt. Durch ihre ruhige und schlichte Erklärung war die knapp 25-jährige Aung San Suu Kyi nicht nur der Frage nach ihrem Pass ausgewichen, sondern hatte die ganze Unterhaltung in eine Kritik an der Entwicklung Burmas umgewandelt.

Suu Kyis unstetes Leben beinhaltete, dass sie in ihren prägenden Jahren mit radikalen Ideen über Menschenrechte und Demokratie konfrontiert wurde. In Indien war sie von Gandhis Theorien über Gewaltfreiheit und zivilen Widerstand inspiriert worden. In England war sie in Kontakt mit der Anti-Apartheid-Bewegung gekommen und hatte Menschen kennengelernt, die gegen Atomwaffen kämpften. Gleichwohl engagierte sie sich nicht aus eigenem Antrieb in einer dieser Bewegungen – weil es erstens die Arbeit der Mutter nicht zuließ, und sie zweitens, wie sie 1988 konstatierte, nicht zu »der Sorte Menschen« gehörte, die sich großen Demonstrationszügen anschloss. In New York schließlich lernte sie das UN-System von innen kennen. In ihrem späteren Leben hat sie häufig die Bedeutung der UN und der multilateralen Arbeit betont. Sie hat die UN um Unterstützung gebeten, und obwohl diese nicht immer gewährt wurde, betrachtet sie die Arbeit der Weltorganisation noch immer als einen Schlüssel für den friedlichen Übergang zur Demokratie in Burma.

Während ihrer Zeit in den USA kam sie auch in Berührung mit der amerikanischen Bürgerrechtsbewegung. »Die jungen Leute waren für die Liebe und gegen den Krieg«, sagte sie in einem Interview in den 1990er Jahren. »Alles war von enormer Energie geprägt. Ich war tief berührt von Martin Luther Kings ›I have a dream‹-Rede und davon, wie er versuchte, die Lebensbedingungen der schwarzen Bevölkerung zu verbessern, ohne dass dies zu neuem Hass führte. Der Hass ist das Problem, nicht die Gewalt. Gewalt ist nur ein Symptom des Hasses.«

In einem Interview mit einem Vertreter von Amnesty International sagte sie 1989, dass die Demokratiebewegung eine gewaltfreie Bewegung sei, dies jedoch nicht bedeute, dass sie von politischen Maßnahmen absehe. »Ziviler Ungehorsam hat als politische Methode eine lange Geschichte«, sagte sie und verwies insbesondere auf Gandhi und King als Vorbilder.

9.

Familienleben aus dem Koffer

Der Kontrast zwischen dem kosmopolitischen Leben, das Aung San Suu Kyi in jungen Jahren führte, und dem Alltag, an den sie sich später im Hausarrest gewöhnen musste, hätte nicht schärfer sein können. Dennoch scheint sie es mit Gleichmut aufgenommen zu haben, als sie 1989 im Haus in der University Avenue festgesetzt wurde. Die meisten in ihrem Umkreis waren in den Monaten zuvor verhaftet worden. Sie hatte gelernt, mit dem Risiko zu leben.

»Meine einzige Sorge war, wie ich die Kinder nach England bringen könnte, insbesondere dann, wenn Michael keine Einreisegenehmigung erhalten würde, um sie abzuholen«, erzählte sie später.

Die Junta indes hatte nicht die Absicht, Michael aufzuhalten. Vielmehr hofften sie, dass er sowohl die Kinder als auch Suu Kyi mit nach Oxford nehmen würde. Wenn Aung San Suu Kyi das Land verließe, würden sie sie an einer Rückkehr hindern können. Ein einfaches Ticket nach England, und das Problem wäre erledigt.

Michaels Reise Ende Juli erregte fast mehr internationale Aufmerksamkeit als Suu Kyis Verhaftung einige Tage zuvor. In *Freedom from fear* hat er darüber geschrieben. Suu Kyi war noch immer eine relativ unbekannte Oppositionspolitikerin in einem Land, für das sich im Westen jahrzehntelang niemand interessiert hatte. Auch Michael Aris war kein Prominenter, doch immerhin ein westlicher Akademiker, der für 14

Tage spurlos in einer der weltweit härtesten Diktaturen verschwand. Das Szenarium war ein gefundenes Fressen für die westlichen Medien.

Als Michael auf dem heruntergekommenen und schäbigen Flughafen Mingaladon in Rangun landete, war die komplette Landebahn von Soldaten, Militärfahrzeugen und Offizieren gesäumt, die darauf warteten, dass der großgewachsene Engländer aus dem Flugzeug stieg. Er wurde unmittelbar in die VIP-Lounge im Hauptgebäude geführt, wo ihm ein Offizier erklärte, dass er, unter der Voraussetzung, sich an bestimmte Bedingungen zu halten, seine Frau und seine Söhne besuchen dürfe. Er dürfe das Haus in der University Avenue nicht verlassen und während seines Aufenthalts in Burma unter keinen Umständen mit der Presse oder Vertretern der britischen Botschaft sprechen. Michael akzeptierte die Bedingungen. Der einzige Zweck seiner Reise war, die Familie wiederzusehen und die Söhne zurück nach Oxford zu bringen. Im Gegensatz zu den Generälen glaubte er nicht eine Minute daran, dass Suu Kyi ihnen folgen würde. »Sie hatte entschieden, dass dies ihre Aufgabe war, und ich hatte keinerlei Ambitionen, sie zu irgendetwas anderem zu überreden«, äußerte er sich später.

Nach dem kurzen Verhör am Flughafen wurde er in ein Militärfahrzeug gesetzt und weggefahren. Kein Außenstehender wusste, wohin man ihn gebracht hatte. Er schien sich in Luft aufgelöst zu haben. Die internationale Presse berichtete von der Entführung des englischen Akademikers durch eine Junta, die sich weigerte, die Frage zu beantworten, ob er »gefangen« gehalten wurde.

Das Militär fuhr ihn direkt zum Haus am Inya See. Sobald er die Türschwelle überschritten hatte, wurde er mit der Neuigkeit konfrontiert, dass Aung San Suu Kyi in den Hungerstreik getreten war. Drei Tage zuvor war sie aus Protest gegen die Folter, der ihre Freunde und Parteikollegen im Gefängnis ausgesetzt waren, in einen Hungerstreik getreten. Sie lehnte jede Sonderbehandlung ab und forderte darüber hinaus, zu den anderen ins Insein-Gefängnis gebracht zu werden.

Der Familie standen zwölf schwierige Tage bevor. Kim und Alexander spielten, lasen und konnten nichts anderes tun, als zuzusehen, wie sich der Zustand ihrer Mutter zunehmend verschlechterte. Um das Haus herum und auf der Straße waren Wachposten verteilt, die sich gegenüber der Familie jedoch korrekt und diszipliniert verhielten. Trotz allem hatten die Soldaten noch immer Respekt vor Aung Sans Tochter und ihren Kindern. Ein paar von ihnen kümmerten sich sogar um die Jungen und brachten ihnen im Garten Judo und Karate bei.

»Nach außen zeigten die Jungen keine Gefühlsregung. Genau wie Suu Kyi von ihrer Mutter erzogen worden war, hatte auch sie den Jungen beigebracht, eine typisch englische ›stiff upper lip‹ zu bewahren«, berichtete eine von Suu Kyis Assistentinnen später, nachdem sie von der Junta gezwungen worden war, ihren Job aufzugeben und sich von Aung San Suu Kyi zu distanzieren.

Laut Michael Aris verlor Suu Kyi im Laufe des zwölftägigen Hungerstreiks sechs Kilo Gewicht; recht viel für eine ohnehin schon zart gebaute Person. Als sie immer schwächer wurde, lenkte die Junta zumindest teilweise ein und versprach, dass ihre Mitstreiter der Folter entgehen und einen ordentlichen Prozess bekommen sollten. Aung San Suu Kyi zögerte. Eigentlich wollte sie den Hungerstreik fortsetzen, bis auch ihre letzte Forderung erfüllt und sie ins Gefängnis gebracht werden würde. Michael zweifelte nicht daran, dass sie so lange wie nötig weitermachen würde, konnte sie schließlich aber doch überzeugen, die gegebene Situation zu akzeptieren und sich von einem Arzt helfen zu lassen, der sofort eine intravenöse Behandlung veranlasste.

Nachdem Michael Aris 21 Tage vom Radarschirm verschwunden war, erhielt er am 12. August 1989 die Erlaubnis, mit der britischen Botschaft zu sprechen. Er berichtete von Suu Kyis Gesundheitszustand und ihren Forderungen an die Junta. Die ausländischen Medien schrieben, dass »die Jagd nach Dr. Aris vorüber ist und er sich, unter massiver militärischer Beobachtung, an der Seite seiner Frau befindet«.

In der Praxis kam es natürlich anders, als die Generäle versprochen hatten. Viele der im Laufe des Wahlkampfs verhafteten Aktivisten wurden brutaler Folter unterworfen und saßen ohne ordentlichen Prozess jahrelang im Gefängnis. Min Ko Naing, der die Studentenproteste im Jahr zuvor angeführt hatte, kam 1989 ins Gefängnis und wurde erst 2004 wieder auf freien Fuß gesetzt. Viele seiner Freunde erhielten ähnlich hohe Strafen und berichteten später von systematischer Folter und erbärmlichen Zuständen im Gefängnis. Aber Aung San Suu Kyi hatte ein Zeichen gesetzt. Sie war nicht bereit gewesen, ausnahmslos alles zu tolerieren, und hatte alles getan, um sich gegen die Junta zur Wehr zu setzen, sogar aus dem Hausarrest heraus. Ebenso hatte sie verkündet, sich auf keinen Fall den Wünschen der Junta zu beugen und das Land zu verlassen. »Wollt ihr das, dann müsst ihr mich in Ketten zum Flughafen Mingaladon schleifen.« Sie hatte die Rolle der Anführerin für die Demokratiebewegung übernommen und war bereit, die Situation »auszusitzen«. Im Laufe der folgenden Jahre gestattete die Junta Michael und den Kindern nur einige wenige Besuche. Die Familie war zerrissen.

Michael Aris und Aung San Suu Kyi heirateten im Januar 1972 gemäß der burmesischen Tradition im Hause von Paul und Patricia Gore-Booth in Chelsea. Es gibt ein wunderbares, wenngleich auch vergilbtes und von den Jahren gezeichnetes Hochzeitsfoto. Michael trägt einen dunklen Anzug mit weißem Hemd und Krawatte, im Knopfloch steckt eine Blume. Sein Haar ist so wild frisiert, wie es nur in den 1970er Jahren möglich war. Suu Kyi, ein ganzes Stück kleiner als ihr Mann, trägt ein weißes, schulterfreies Kleid. Ihr Haar ist zu einem komplizierten, mit Blumen geschmückten Knoten arrangiert, eine weiße Perlenkette ziert ihren Hals.

Im Spätherbst 1971 hatte Suu Kyi beschlossen, New York zu verlassen. Doch keineswegs, weil sie die Stadt, den Job oder das Leben dort müde geworden war. Sie fühlte sich wohl bei der UN und glaubte auch, einen Nutzen aus ihrer ehrenamtlichen Tätigkeit im Bellevue Hospital zu ziehen. In der Tat hatte sie durch die Zeit in den USA mehr gelernt als an der Universität. Doch zu guter Letzt wollte sie mit Michael Aris zusammenleben. Im Frühjahr 1971 besuchte sie ihn in Bhutan, wo die beiden Gelegenheit hatten, sich richtig kennenzulernen. Sie unternahmen lange Ausflüge in die Berge, und Michael zeigte ihr das Land, in dem er im Laufe des letzten Jahres gelebt und gearbeitet hatte. Sie sprachen über die Zukunft. Danach flog sie zurück nach New York. Während der folgenden acht Monate schrieb sie Michael 187 Briefe. Sie führte die Vor- und Nachteile einer Ehe auf und machte deutlich, dass ihre Loyalität gegenüber ihrer Heimat die Ehe möglicherweise beeinflussen könne. Aber trotz allem sagte sie schließlich ja.

Michael Aris' Familie und viele der gemeinsamen Freunde nahmen an der Hochzeit in London teil. Michaels Geschwister scherzten darüber, dass Suu Kyis Brautjungfern allesamt Männer waren. »Viele ihrer Verehrer aus der Zeit in Oxford waren anwesend«, erzählt einer von Michaels Geschwistern 40 Jahre später mit einem Lachen. »Sie bewunderten sie und hatten sich mit beiden Eheleuten gut angefreundet. Michael hatte großes Glück, dass sie ihn gewählt hat.«

Khin Kyi war bei der Hochzeit nicht dabei. Es gefiel ihr nicht, dass ihre Tochter einen Engländer heiratete. Erst im folgenden Jahr, als Michael und Suu Kyi sie in Rangun besuchten, gab sie ihren Segen. Auch Suu Kyis Bruder Aung San Oo nahm nicht an der Hochzeit teil. Zu jener Zeit hatten die Geschwister schon seit Jahren kaum noch Kontakt zueinander, auch dann nicht, als beide in den USA lebten.

Im Laufe der folgenden Jahre wurde immer deutlicher, welche Ausmaße der Konflikt zwischen Aung San Suu Kyi und ihrem Bruder angenommen hatte. Als Suu Kyi zu Beginn der 2000er Jahre zum zweiten Mal unter Hausarrest stand, machte Aung San Oo plötzlich Ansprüche auf das halbe Haus in der University Avenue geltend. Allgemein wird angenommen, dass er auf Geheiß der Junta agierte und seinen Anteil an den Staat zu verkaufen beabsichtigte, so dass Aung San Suu Kyi viel einfacher hätte überwacht werden können. Die Auseinandersetzung wurde vor einem Gericht ausgetragen. Dort wurde entschieden, dass Aung San Oo als amerikanischer Staatsbürger kein Recht auf Besitz in Burma habe. Die Junta hat im Nachhinein die Gesetzeslage in Frage gestellt, so dass die Situation noch heute ungeklärt ist. Als Aung San Suu Kyi das Haus nach dem Orkan Nagris reparieren wollte, tat Aung San Oo alles, um das Projekt zu verhindern. Erst Ende April 2010 wurden die Renovierungspläne von einem Gericht in Rangun genehmigt.

Ein naher Verwandter hat die Vermutung geäußert, dass Suu Kyis Heirat mit Michael Aris den definitiven Bruch der Geschwister verursacht habe.

Die Anwesenheit eines offiziellen Repräsentanten aus Burma bei der Hochzeit war ausgeschlossen. »Die Menschen in Burma hätten es nicht gut geheißen, dass Aung Sans Tochter einen Ausländer heiratet«, sagte U Chit Myaung, Burmas Botschafter in London, als er viele Jahre später vom Magazin *Vogue* interviewt wurde. »Hätte ich an der Hochzeit teilgenommen, wäre ich noch am selben Tag abberufen worden.«

Nach der Hochzeit zogen Michael und Suu Kyi nach Bhutan. Zum ersten Mal sollten sie jetzt zusammenleben. Michael wollte weiter als Lehrer der königlichen Familie arbeiten und sich gleichzeitig auf eine akademische Karriere mit dem Fachgebiet Kulturen des Himalaya vorbereiten. Suu Kyi hatte eine Anstellung als Beraterin im Außenministerium des Landes angenommen. Bhutan wollte Mitglied der UN werden, und das kleine, bisher von der Welt isoliert liegende Land musste sich mit dem System der Weltorganisation vertraut machen. Suu Kyis Erfahrungen aus New York kamen da gerade recht.

Viele betrachten es möglicherweise als politisch unkorrekt, für das Regime in Bhutan zu arbeiten. Bhutan war und ist eines der kleinsten und ärmsten Länder der Welt. Die höchsten Berge sind über 7000 Meter hoch, in den Tälern lebt die Bevölkerung von Landwirtschaft und Handel. Die Hauptstadt Thimphu liegt 2300 Meter über dem Meeresspiegel und erstreckt sich über das westliche Tal des Wang Chu. Viele Jahre lang leitete der König auch persönlich die Regierungsgeschäfte und betrachtete es als seine vornehmste Aufgabe, alle »Ausländer« zu vertreiben, was in der Praxis hieß, alle Inder und Nepalesen auszuweisen, von denen einige über viele Generationen im Land gelebt hatten. In den 1990er Jahren erntete der schwedische König scharfe Kritik von Menschenrechtsorganisationen, weil er und Königin Silvia eine Urlaubsreise in das Land unternommen hatten. Gleichzeitig jedoch hat Bhutan fast unbemerkt eine Modernisierung und Demokratisierung durchlaufen, die tatsächlich zu dem Zeitpunkt einsetzte, als Michael Aris und Aung San Suu Kyi dort arbeiteten.

Michael war unter anderem als Lehrer für Kronprinz Jigme Singye Wangchuck tätig, der 1974 zum König gekrönt wurde. Unter seiner Regentschaft hat sich das Land langsam verändert und geöffnet. Noch immer gilt Bhutan als Diktatur – viele Menschenrechtsorganisationen üben beständig Kritik am Regime –, doch es ist nicht unwahrscheinlich, dass Michael Aris einen Anteil an diesem noch immer währenden Veränderungsprozess hatte.

Das Paar blieb ein gutes Jahr in Bhutan und kehrte dann nach England zurück. Michael hatte von der University of London eine Doktorandenstelle erhalten. Außerdem war Suu Kyi schwanger, und der älteste Sohn des Paares, Alexander Myint San Aung Aris, wurde im April 1973 in London geboren.

Hier lebte die Familie nur wenige Monate. Kurz nach Alexanders Geburt wurde Michael von der University of California angeboten, eine Forschungsexpedition nach Nepal zu leiten. Er nahm das Angebot an, und Suu Kyi entschied sich, ihn zu begleiten, da sie mit dem neugeborenen Sohn nicht allein zurückbleiben wollte. Das Paar war sowohl mit den Bergen als auch mit der Kultur des Himalaya so vertraut, dass es falsch gewesen wäre zu behaupten, sie hätten sich auf unbekanntes Terrain begeben. Gleichwohl stellt sich die Frage, welches andere Elternpaar ihrer Generation über ebenso viel Mut und Entdeckerfreude verfügt hätte, um sich mit einem Neugeborenen auf eine monatelange Reise in den Himalaya zu begeben.

Als sie Ende 1973 nach England zurückkamen, zogen sie für eine kurze Zeit zu Michaels Eltern nach Schottland. Kurz darauf lockte die Universität Oxford Michael mit einer Stelle am St. John's College zu sich zurück. Hier konnte er weiter an seiner Abhandlung über Bhutans historische Wurzeln arbeiten. Ende der 1970er Jahre wurde die Studie unter dem Titel *Bhutan: The early history of a Himalayan kingdom* veröffentlicht.

In dieser Zeit, Ende der 1970er Jahre, lebte das Paar ein traditionelles Familienleben. Aris arbeitete an seiner akademischen Karriere, und Suu Kyi blieb zu Hause und kümmerte sich um die Kinder. Ihr zweiter Sohn, Kim Thein Lin, wurde 1977 geboren. Suu Kyi war überwiegend mit Windelwechseln, Essenszubereitung und weiteren Haushaltspflichten beschäftigt, so dass für andere Dinge kaum Zeit übrig blieb. Ihre eigenen beruflichen Ambitionen stellte sie hinten an, und obwohl sie häufig ihre Mutter in Rangun besuchte, hatte sie keine konkreten Pläne, sich in der Heimat politisch zu engagieren.

Zur selben Zeit verschärften sich die Probleme in Burma. Der Krieg im Shan-Staat und den anderen Grenzgebieten setzte sich nahezu ununterbrochen fort. Im Jahr 1968 war jedes Tal und jeder Berggipfel von irgendeinem lokalen Kriegsfürsten, einem Drogenkartell oder einer ethnischen Guerillagruppe eingenommen. Politisch motivierte Gruppen wie die Shan State Army, die Lahu National United Party oder die Kachin Independence Army im Norden kämpften im Namen ihres jeweiliges Volkes für eine Unabhängigkeit von der Zentralregierung in Rangun. Weiter im Süden agierten die Karenni-Guerilla, die Karen National Liberation Army und weitere ethnische Gruppen.

Im Laufe der 1970er Jahre waren es allerdings nicht diese Gruppen, die die Macht über die Grenzgebiete gewonnen hatten, sondern die Drogenkartelle, d. h. die Anführer der von Ne Win gelenkten lokalen Miliz KKY. Die wichtigsten dieser Kriegsherren, wie z. B. Khun Sa oder Lo Hsing Han, bauten ganze Armeen auf, verdienten ein Vermögen mit dem Drogenhandel und wurden in den 1970er Jahren international bekannt, als die USA, Australien und Europa mit weißem Heroin aus den Shan-Bergen überschwemmt wurden.

1968 wurde die Situation indes noch komplizierter, als Rebellen in der kommunistischen Partei Burmas den Shan-Staat im Norden von China aus überfielen. Mehrere Jahre hatte ein offener und harter Kampf zwischen der kommunistischen Partei und den Milizen der Militärjunta geherrscht, bis die kommunistische Partei schließlich ihre Macht in diesem Gebiet an der Grenze zu China konsolidieren konnte und einen Staat im Staate etabliert hatte. Interessanterweise herrschten die Kommunisten hier über ungefähr dasselbe Gebiet, das früher, mit Hilfe der CIA, von der Kuomintang kontrolliert worden war. Und wie die Kuomintang wurde auch die kommunistische Guerilla immer tiefer in den Drogenhandel hereingezogen.

In Zentralburma verstärkte sich darüber hinaus die Unzufriedenheit mit der militärischen Führung des Landes. Die Arbeitslosigkeit erreichte Rekordhöhen, und es mangelte an allen Waren des täglichen Bedarfs. Im Mai 1974 brach ein Streik unter den Arbeitern der Ölindustrie aus. Der Protest verbreitete sich bis nach Rangun. Eisenbahnarbeiter und Angestellte einer Weberei schlossen sich den Streikenden an. Wie schon 1962 schlug Ne Win die Proteste mit Gewalt nieder. Und wie schon 1962 wurde die tatsächliche Zahl der Toten geheim gehalten, doch es ist davon auszugehen, dass ungefähr einhundert Menschen ums Leben kamen, als die Soldaten das Feuer eröffneten. Kurze Zeit später gingen die Studenten auf die Straße. Im November 1974 war U Thant einem Lungenkrebsleiden erlegen. Bis 1971 hatte er als UN-Generalsekretär gedient und danach mit seiner Familie in New York gelebt. Er sollte in seinem Heimatland begraben werden, aber obwohl er zehn Jahre lang der bekannteste burmesische Politiker gewesen war, weigerte sich Ne Win, ihm ein Staatsbegräbnis zuteil werden zu lassen. Das Verhältnis zwischen den beiden Männern war nie das beste gewesen und hatte sich noch weiter abgekühlt, als der letzte demokratisch gewählte Premierminister U Nu 1969 vor der UN auftrat und scharfe Kritik am Regime übte. U Thant hatte zwar nichts mit der Sache zu tun, aber Ne Win war der Auffassung, dass sich der Generalsekretär letztlich gegen ihn gestellt hätte.

U Thant sollte daher auf einem unbedeutenden kleinen Friedhof beigesetzt werden. Als sein Sarg mit einem Flugzeug aus den USA nach Burma gebracht wurde, war lediglich der stellvertretende Bildungsminister U Aung Tun zur Stelle. Er wurde später entlassen, weil er sich Ne Wins Befehl widersetzt hatte. Hinzu kam, dass der Sarg, wie es der Zufall wollte, über Nacht in einem Gebäude der stillgelegten Pferderennbahn verwahrt wurde. Als er am folgenden Morgen zum Friedhof gebracht werden sollte, wurde der Sarg von einer Studentengruppe entführt. Sie brachten ihn zum Universitätsgelände, wo der ehemalige UN-Generalsekretär eine Grabstätte fand, die ihm sicherlich gefallen hätte. Der Sarg wurde an jener Stelle in die Erde gesenkt, wo sich das ehemalige Gebäude der Studentenschaft befunden hatte – eben jenes Gebäude, das Ne Win 1962 hatte in die Luft sprengen lassen. Die Studenten nahmen das Begräbnis zum Anlass, um ihrem Unmut Ausdruck zu verleihen, und demonstrierten mehrere Tage gegen die Militärjunta. Doch auch in dieser Situation griff das Militär ein. Es beschlagnahmte den Sarg und brachte ihn an eine neue Stelle am Shwedagonplatz. Doch der Korken war aus der Flasche gezogen worden: Große Menschenmassen strömten auf die Straße; das Militär antwortete mit Gewehrfeuer, und mehrere Hundert Menschen wurden getötet.

Die Proteste hatten sich in dieser Situation wahrscheinlich nur deshalb nicht ausgeweitet, weil sie unorganisiert und spontan gewesen waren. Es fehlte eine einigende Kraft; jemand, der den Zorn der Menschen kanalisieren und in eine konstruktive politische Bewegung verwandeln konnte. Ne Win überlebte die Krise. Erneut hatte er sich ein paar Jahre an der Macht gesichert.

Zu dieser Zeit führte Aung San Suu Kyi ein ruhiges Leben in Oxford. Die Familie lebte in einer vom St. John's College gemieteten Wohnung; eine offene und helle Wohnung mit zwei Schlafzimmern, hohen Decken und großen Fenstern zum Hof. An den Wänden hingen farbenfrohe Wandteppiche aus Bhutan und Gemälde aus Tibet. Die Schlafzimmer waren klein. Eines davon, kaum größer als eine Garderobe, diente als Wickelraum für die Kinder und als Gästezimmer, wenn Besuch aus Burma oder Bhutan, Michaels Forscherkollegen oder jemand von der Familie aus Schottland kam. In dieser Hinsicht war Suu Kyi eine waschechte Burmesin. Reiste man in ihr Heimatland, stieß man unmittelbar auf eine enorme Gastfreundschaft; hätten die Gesetze der Junta nicht das Übernachten von »Fremden« im eigenen Heim verboten, wäre es ein Leichtes gewesen, sich einen Monat im Land aufzuhalten, ohne ein Hotel aufzusuchen.

Einer der Besucher war Thant Myint U, Enkel des ehemaligen UN-Generalsekretärs U Thant. In seinem Buch *River of lost footsteps* berichtet er von einem alltäglichen Sommernachmittag im Garten der Familie in Oxford. Die Kinder spielten auf dem Rasen. Man nahm Tee zu sich, während Michael Aris Pfeife rauchte. Aung San Suu Kyi ermunterte ihren jungen Landsmann, in England zu studieren. Das knapp umrissene Bild, das er in seinem Buch zeichnet, zeigt eine durchschnittliche Akademikerfamilie, deren Haus voller Bücher war und deren Gedanken sich meist um Forschungs- und Buchprojekte drehte.

Durch Suu Kyis Aufenthalt in New York hatte Ann Pasternak Slater den Kontakt zu ihr verloren. Doch jetzt fanden sich beide in Oxford wieder, mit Kindern im selben Alter, und knüpften an die alte Freundschaft an. Pasternak Slater wunderte sich oft, wie Suu Kyi es mit all den Besuchern aushalten konnte, die wochenlang in dem kleinen Gästezimmer wohnten. Nicht einen Moment ließ sie durchblicken, dass ihr die Gäste eine Last waren. Häufig begegneten sich die beiden Freundinnen, wenn Suu Kyi auf dem Fahrrad von einem schnellen Einkauf im Zentrum zurückkam. Das Fahrrad war dann mit zahlreichen Plastiktüten voller Milch, Brot oder Früchten vom Markt beladen. »Wenn ich dann später am Nachmittag bei ihr vorbeischaute, stand sie oft in der Küche und bereitete einfache japanische Fischgerichte zu oder saß an der Nähmaschine und besserte irgendwelche Kleidungsstücke aus«, schreibt sie in *Suu Burmese*. Viele Besucher erinnern sich, dass Suu Kyi den Haushalt besorgte, während sie Kim mit sich herumtrug und Alexander zu ihren Füßen spielte.

In einem Interview aus den 1990er Jahren beschrieb die Nachbarin Nalini Jain Suu Kyi als eine Mutter, die zu Hause eine harte Disziplin an den Tag legte, sowohl was sie selbst als auch die anderen Familienmitglieder anbelangte. Von den Kindern wurde erwartet, dass sie aßen, was auf den Tisch kam, und sich nicht über die Mahlzeiten beschwerten. Auch Michael Aris hat sich einmal ähnlich geäußert; Alexander und Kim waren so darauf gedrillt, die servierte Mahlzeit zu essen, dass sie ohne zu zögern auch eine Schlange gegessen hätten, wenn Suu Kyi sie aufgetischt hätte.

Dank der Universität konnte die Familie zwar in einem Haus im Zentrum von Oxford wohnen, doch sie lebte in diesen Jahren keinesfalls im Überfluss. Als Einkommensquelle stand nur Michaels bescheidener Forscherlohn zu Verfügung, von dem zwei Kinder versorgt werden mussten. Das Paar besaß weder Auto noch Fernseher.

Nach einer Weile begann Suu Kyi, sich nach einer sinnvollen Arbeit außerhalb des Zuhauses umzusehen. »Sie achtete darauf, dass zu Hause alles hübsch und ordentlich war«, schreibt Pasternak Slater, »aber hinter den Töpfen und Pfannen in der Küche verbarg sie ihre Angst und Anspannung und das Gefühl, gefangen zu sein.« Peter Carey, der sie Ende der 1970er Jahre kennenlernte, hat ein ähnliches Bild von Suu Kyi. »Sie war sehr sorgfältig und diszipliniert und von überaus freundlichem Wesen. Sie liebte das Leben als Hausfrau und Mutter, schien aber auch nach einer Aufgabe zu suchen. Etwas, wofür sie ihr Talent und ihre Begabung einsetzen konnte. Sie hatte früh ihren Vater verloren, ja vielleicht sogar ihr Land, und hatte ihre neue Rolle im Leben noch nicht gefunden.«

Anfang der 1980er Jahre war die arbeitsintensivste Zeit mit den kleinen Kindern überstanden, und langsam erwog Suu Kyi die Möglichkeiten, ihre berufliche Karriere fortzusetzen. Schon als Kim noch ein Säugling gewesen war, hatte sie ein paar Stunden in der Woche beim Aufbau der burmesischen Abteilung der Bodleian-Bibliothek an der Universität zugebracht und sogar Burmesisch-Unterricht für die Angestellten organisiert. Einige Jahre später war sie zusammen mit Michael Aris als Lektorin für die Anthologie *Tibetan studies in honour of Hugh Richardson* zuständig. Danach fing sie selbst an zu schreiben und machte so die ersten Schritte in Richtung des alten Traumes, nämlich Schriftstellerin zu werden. In kurzen Abständen publizierte sie die Jugendbücher *Let's visit Bhutan*, *Let's visit Burma* und *Let's visit Nepal*, drei Länder, die sie selbst sehr gut kannte, die jedoch für die meisten Europäer völlig unbekannt waren. Die Bücher waren einfache, leicht zu verstehende Einführungen, die die politischen Systeme der Länder oder Verstöße gegen Demokratie und Menschenrechte völlig außer Acht ließen. Es ging ausschließlich um Geschichte, Kultur und Religion.

In dieser Zeit Ende der 1970er bzw. Anfang der 1980er Jahre wollte Suu Kyi auch die Geschichte ihres Vaters besser kennenlernen. Aung San hatte niemals aufgehört, sie zu faszinieren und ihre Entscheidungen im Leben zu beeinflussen. »Als junge Mutter in Oxford lernte sie manchmal ältere britische Kolonialbeamte kennen, die sich bei Kriegsende in Burma aufgehalten hatten«, berichtet Peter Carey. »Sie fragte immer, ob sie General Aung San gekannt hatten oder ihm begegnet waren. Wie war er? Wie hatte er ausgesehen? Einer der Beamten erzählte, ihr Vater habe dem Schauspieler Yul Brunner geähnelt. Diese Vorstellung gefiel ihr sehr.«

1984 kam *Aung San of Burma* heraus. Diese kurze Biographie ihres Vaters wurde im Rahmen einer Reihe über asiatische Politiker bei der University of Queensland Press herausgegeben. Im Gegensatz zu den Kinder- und Jugendbüchern ist der Text über Aung San politisch gefärbt. Schon zu diesem Zeitpunkt, also vier Jahre vor ihrem Eintritt in die Demokratiebewegung, ist ihre Bemühung erkennbar, die Interpretation der Bedeutung Aung Sans und somit auch der postkolonialen Geschichte Burmas nicht allein der Militärjunta zu überlassen. Zwar erwähnt sie die revolutionäre Seite ihres Vaters sowie seine Erfahrungen aus der Zusammenarbeit mit den Japanern, betont jedoch in erster Linie seinen Pragmatismus und die Tatsache, dass er die Armee verlassen hatte, um seine Rolle als ziviler Politiker in einem demokratischen System zu übernehmen.

Durch das Erscheinen des Buches war Aung San Suu Kyi auf den Geschmack gekommen und wollte nun erneut eine akademische Laufbahn einschlagen. Michael hatte seine Forschung an die School of Oriental and African Studies in London verlegt, und hier bewarb sich auch Suu Kyi.

Die unterschiedlichen akademischen Projekte führten in der Folge zu einer erneuten räumlichen Trennung. Michael ging im Rahmen eines Austauschprojekts in die alte indische Kolonialstadt Simla, und Suu Kyi erhielt die Möglichkeit, für 18 Monate an der Universität von Kyoto zu arbeiten. Hier wollte sie mehr über die Kontakte zwischen Burma und Japan während des Zweiten Weltkriegs herausfinden und beabsichtigte sogar, japanische Kriegsveteranen zu interviewen, die ihren Vater gekannt hatten.

Fremdsprachen waren Aung San Suu Kyi schon immer leicht gefallen, und vor ihrer Abreise tat sie nun alles, um Japanisch zu lernen. Der Schriftsteller Justin Wintle beschreibt, wie sie das Badezimmer der Wohnung in Oxford in ein Sprachlabor verwandelte. Über die Badezimmerwände verteilt hingen unzählige Zettel mit japanischen Wörtern und Ausdrücken, so dass sie zu jeder Tageszeit dort hingehen und sie immer wieder ansehen und wiederholen konnte. Dennoch war es eine zeitraubende und mühsame Arbeit; Japanisch fiel ihr schwerer als jede andere Sprache, die sie gelernt hatte.

Als sie Jahre später in Rangun unter Hausarrest stand, nahm sie ihre Sprachstudien wieder auf. Mit Hilfe von Büchern, die Michael ihr schickte, frischte sie ihre Französisch- und Japanischkenntnisse wieder auf.

Kim folgte seiner Mutter nach Japan, während Michael Alexander mit nach Simla nahm. Kim war zu jener Zeit gerade mal sieben Jahre alt, und weder er noch Suu Kyi fühlten sich in Kyoto besonders wohl. Aus nicht ganz geklärten Gründen wurde Kim in einer Schule untergebracht, wo ausschließlich Japanisch gesprochen wurde. Es fiel ihm schwer, dem Unterricht zu folgen und neue Freunde kennenzulernen. Da es auch eine englischsprachige Schule gab, mutet die Entscheidung etwas seltsam an, aber der Hintergedanke war wohl, dass Kim Japanisch »auf die harte Tour« lernen sollte.

An der Universität von Kyoto arbeitete auch der Burmese Michael Aung-Thwin, einer der wenigen Menschen, der Suu Kyi gegenüber eher negativ eingestellt ist. Die beiden hatten nebeneinanderliegende Arbeitsräume und begegneten sich ein Jahr lang fast täglich. In mehreren Interviews äußerte Michael Aung-Thwin, dass er Aung San Suu Kyi als einen wandelnden Konfliktherd erlebt habe und dass sie darüber hinaus von ihrem Vater besessen (!) gewesen sei. »Wir argumentierten und diskutierten täglich und waren oft verschiedener Meinung«, sagte er 2009 in der Onlinezeitung *New Mandala*. »Alle wussten, dass sie ein zerrissener Mensch war, nicht zuletzt ihre japanischen Gastgeber (...) und die ganze Zeit redete sie über ihren Vater. Das hätte ich wohl auch getan, wenn mein Vater so berühmt gewesen wäre wie ihrer. Sie versuchte sogar, meine Tochter von der Berühmtheit ihres Vaters zu überzeugen, indem sie ihr eine Münze mit seinem Bild darauf zeigte. Meine Tochter war sieben Jahre alt und scherte sich keinen Deut darum.«

Die politischen Konflikte zwischen den beiden drehten sich um ihre unterschiedliche Einstellung im Hinblick auf die Militärjunta und die möglichen Wege, die für Burma in der Zukunft denkbar waren. Michael Aung-Thwin war der Ansicht, dass Ne Wins Diktatur eine gewisse Berechtigung hätte und das politische System Burmas an die spezifische Kultur und Geschichte des Landes gekoppelt sein müsse. »Demokratie hat Dezentralisierung zur Folge«, schrieb er einige Jahre später in einem Essay, »und so wie in vielen anderen Ländern führt auch in Burma Dezentralisierung zu Anarchie. Viele würden eine Militärführung vorziehen, wenn die Alternative Anarchie heißt.«

Sein Essay bezog sich auf Burma, war teilweise aber auch als Kritik an der US-amerikanischen Außenpolitik zu verstehen, die sich häufig so ausnahm, dass sie anderen Ländern das eigene politische und wirtschaftliche System aufzwang, ohne die lokalen Verhältnisse zu berücksichtigen. Grundsätzlich erforderten die ethnischen Konflikte und die hierarchischen Traditionen in Burma, dass das System auf eine andere Art als in der westlichen Welt gestaltet werden müsse. Prinzipiell ist an dieser Haltung nichts auszusetzen, das Problem dabei ist jedoch, dass Aung-Thwins Kritik in erster Linie dazu diente, die Militärjunta moralisch zu unterstützen.

Auch Michael Aung-Thwins Frau Maria äußerte sich skeptisch über Suu Kyi. »Es wirkte so, als hätte sie gar keinen Ehemann«, sagte sie. »Nicht ein einziges Mal schien sie ihn zu vermissen, und es entstand der Eindruck, als fühle sie sich umso wohler, je weiter er von ihr entfernt war. Zumindest im Hinblick auf ihre Lebensplanung schien ihr dies die bequemere Lösung.«

Diese Äußerung wurde in der Propaganda der Junta gegen Suu Kyi häufig zitiert und findet sich oft in Artikeln und Kurzbiographien wieder. Damit wird angedeutet, dass sie einige Jahre später noch andere Gründe hatte, nach Burma zurückzukehren, als nur die Pflege ihrer Mutter. Die Äußerung lässt sie als kalte und berechnende Person erscheinen, deren politische Ambitionen ihr wichtiger waren als die eigene Familie.

Kim und Suu Kyi blieben ein Jahr in Kyoto und begaben sich dann zu Michael und Alexander nach Simla. Hier blieben sie ein knappes Jahr und kehrten danach nach England zurück, wo Suu Kyi mit ihrer Doktorarbeit beginnen wollte. Gemäß den Universitätsstatuten konnte sie ihren Doktorgrad frühestens im Oktober 1989 erhalten, aber sie hatte sich vorgenommen, schnell zu arbeiten, und war tatsächlich bereits im Herbst 1988 fertig. »Ich würde diese Zeit wohl als einen von Arbeitseifer und großer Entschlossenheit geprägten Abschnitt bezeichnen«, schreibt Ma Than É, die während des Aufenthalts in Kyoto drei Monate mit Suu Kyi zusammenwohnte.

Im Frühherbst 1987 kam Khin Kyi nach Oxford, um sich einer komplizierten Augenoperation zu unterziehen. Ein paar Monate wohnte sie bei Suu Kyi und der Familie. Zur gleichen Zeit bewarb sich Suu Kyi für eine Assistenzprofessur an der

University of Michigan. Peter Carey half ihr mit der Bewerbung, worauf sie sich mit einem Brief bei ihm bedankte. Sie schrieb:

»Es ist phantastisch mit meinem neuen Amstrad 9512 zu experimentieren – momentan fällt es mir schwer, das Schreiben ernst zu nehmen, da es sich wie ein Spiel anfühlt, wenn man mit einem Computer schreibt. Aber Spaß beiseite: Eben habe ich die Bewerbung für Michigan fertiggestellt. Ich füge eine Kopie des Schreibens sowie meines Lebenslaufs und meiner Forschungsthese bei. Vielen Dank dafür, dass Du eine Empfehlung geschrieben hast. Ich weiß nicht, ob sie meine Bewerbung überhaupt ernst genug nehmen, um nach Referenzen zu fragen, aber es ist schön, wenn man Unterstützung von Leuten wie Dir und John (Suu Kyis Betreuer an der Universität; Anm. des Autors) hat. Ich habe meine Zeit als Mutter sehr genossen, es hat mir viel gegeben, aber der Abstand von meinen professionellen und akademischen Meriten (auch wenn ich in dieser Zeit Japanisch und Tibetisch gelernt habe) wirkt sich vermutlich nachteilig aus im Vergleich zu denen, die das Berufsleben nie verlassen haben.«

Aung San Suu Kyi scheint sich keine allzu großen Hoffnungen auf die Professur gemacht zu haben, doch die Bewerbung zeugt davon, dass sie ihre akademische Laufbahn ernsthaft verfolgte. Sie wollte sich als Forscherin im Bereich burmesischer Geschichte und Literatur etablieren. Vielleicht wäre auch etwas daraus geworden, wenn es nicht am letzten Märzabend des Jahres 1988 den bereits erwähnten Anruf gegeben hätte.

10.
Hausarrest

Als Aung San Suu Kyi 1989 zum ersten Mal unter Hausarrest gestellt wurde, konnte sie die Zukunft natürlich nicht vorausahnen. Was hätte sie wohl gedacht, wenn sie gewusst hätte, dass sie insgesamt 15 Jahre im Hausarrest würde zubringen müssen?

Wie bewältigt man solch ein Opfer? Was muss man tun, um nicht körperlich und seelisch zusammenzubrechen?

Für Aung San Suu Kyi lautete die Antwort: Integrität und Disziplin. Nach dem ersten Hausarrest berichtete sie in mehreren Interviews von der strikten Tagesroutine, die sie sich angewöhnt hatte. Jeden Morgen stand sie um halb sechs auf, meditierte im aufkeimenden Licht der Dämmerung und las danach etwas. Anschließend hörte sie Radio, vornehmlich BBC, die burmesischen Programme von Voice of America und Programme des in Oslo beheimateten Radio- und TV-Senders Democratic Voice of Burma. Wenn Michael Aris zu Besuch kam, amüsierte er sich geradezu darüber, dass sie mehr über die Geschehnisse in der Welt wusste als er.

Dann absolvierte sie ihr tägliches Training, später sogar auf einem einfachen Laufband, welches sie im Haus hatte installieren können. Im Anschluss daran nahm sie ihr Frühstück zu sich, hörte weiter Radio, las danach etwas oder spielte Klavier. Sie bevorzugte Bach, doch nach einer gewissen Zeit war das Klavier so verstimmt, dass sie ihm keinen wohlklingenden Ton mehr entlocken konnte.

Nachdem der erste Hausarrest verhängt worden war, kam ein Soldat in das Haus, kappte die Telefonleitungen und nahm den Apparat mit sich, damit Suu Kyi nicht mehr mit Freunden oder Familienmitgliedern sprechen konnte. Michael Aris hatte jedoch das Recht erstritten, ihr Pakete schicken zu dürfen, und versorgte sie ständig mit neuen Büchern. Am Vormittag las Suu Kyi politische Bücher, am Nachmittag Belletristik. Nach ein paar Jahren erhielt sie eine Ausgabe von Nelson Mandelas Autobiographie *Der lange Weg zur Freiheit*. Mandelas Bericht über das Leben unter dem Apartheid-Regime und die Gefangenschaft auf Robben Island inspirierte sie und half ihr, den Mut nicht zu verlieren. Ihre im Großbritannien der 1960er Jahre gewonnen Kenntnisse über den Widerstand gegen die Apartheid in Südafrika wurden nunmehr durch die höchst konkrete Erfahrung von Gefangenschaft und Unterdrückung ergänzt.

In der ersten Zeit ihrer Isolierung arbeitete sie häufig im Garten, besonders am Vormittag, bevor die Hitze zu drückend wurde. Sie kümmerte sich um den Rasen, die Bepflanzung am Seeufer und die Lilien, die am Haus hochwuchsen. Doch nach einer gewissen Zeit schaffte sie es nicht mehr. Das Grundstück ist sehr groß und verfügt neben dem Haupthaus noch über ein kleines Wäldchen sowie zwei Nebengebäude. Im burmesischen Klima gewinnt die Natur für einige Monate stets die Oberhand, und schon bald kursierte ein Scherz in den Straßen Ranguns: Die Junta versuche Suu Kyi zum Schweigen zu bringen, indem sie den Dschungel so dicht an ihr Haus heranwachsen ließe, dass niemand mehr hinein- oder herauskäme. Eine Variante des Märchens von Dornröschen, allerdings ohne einen Prinz, der den Zauber hätte durchbrechen können.

Michael und die Söhne waren Ende August nach Oxford zurückgekehrt, rechtzeitig zum Semesterbeginn. Einige Tage später erreichte sie die Nachricht, dass die burmesischen Pässe der Jungen eingezogen worden waren. Im Gegensatz zu Aung San Suu Kyi verfügten Kim und Alexander über eine doppelte Staatsbürgerschaft, die ihnen ermöglichte, ohne Visum nach Burma zu reisen. Jetzt sollte ihnen das Recht verwehrt werden, ihre Mutter in Rangun zu besuchen. Da Suu Kyi ihrer Familie nicht nach Oxford folgen wollte und nun auch keinen Besuch mehr von ihr bekommen durfte, spekulierte die Junta darauf, dass die Sehnsucht nach den Kindern Suu Kyis Haltung im Hinblick auf eine Ausreise ändern würde.

Das Einreiseverbot galt indes vorläufig nur für Kim und Alexander. Michael konnte im Spätherbst wieder nach Rangun reisen. »Ich habe diese Wochen als die glücklichsten unserer langen Ehe in Erinnerung«, schrieb er später. Sie führten lange Gespräche und feierten zusammen Weihnachten. »Es war wunderbar friedvoll. Suu hatte sich einer streng disziplinierten Tagesordnung mit Studien und Klavierstunden verschrieben. Aber es gelang mir, diese Ordnung zu durchbrechen.«

Zur selben Zeit lehnte die Junta Suu Kyis Kandidatur für die Wahl 1990 ab. Die Verfassung des Landes war um einen Zusatz ergänzt worden, der allen Personen, die mit einem Ausländer verheiratet waren, die Teilnahme an allgemeinen Wahlen untersagte. Die NLD musste also ohne ihr prominentestes Mitglied antreten, was die Junta zu der Annahme verleitete, die Demokratiebewegung enorm geschwächt zu haben. Doch wieder einmal hatte sie das Ausmaß der Unzufriedenheit im Volk unterschätzt.

Die Wahl sollte am 27. Mai 1990 durchgeführt werden. In den Tagen vor dem Urnengang zeigte die SLORC eine erstaunliche Offenheit. Monatelang hatte man alles getan, um die Opposition zu unterdrücken. Vielen Menschen war die Teilnahme an politischen Zusammenkünften untersagt worden, Aktivisten wurden bedroht und verhaftet, und die staatlichen Massenmedien betrieben knallharte Propaganda. Universitäten und Gymnasien waren geschlossen worden, damit die Studenten sich nicht zusammenraufen und oppositionelle Veranstaltungen organisieren konnten. Gleichwohl durften die NLD und beinahe 90 andere Parteien, darunter viele Vertreter der ethnischen Minderheiten, in den Tagen vor der Wahl am 27. Mai mehr oder weniger frei agieren. Internationale Medien und Wahlbeobachter wurden ins Land gelassen, und der Berichterstattung nach zu urteilen, deutete nicht viel darauf hin, dass die SLORC das Wahlergebnis zu manipulieren beabsichtigte. Bereits im Januar desselben Jahres war ein Hoffnungsschimmer aufgezogen, nachdem General Saw Maung geäußert hatte, dass die Junta von einer Ernennung der kommenden Regierung absehen wolle – diese solle allein durch das vom Volk gewählte neue Parlament eingesetzt werden. Trotz der offensichtlichen Unterdrückung der Meinungsfreiheit und der Übergriffe während des Wahlkampfs hatten seine Äußerungen bei den Wählern den Eindruck hervorgerufen, dass ihre Stimme entscheidend sein könnte. Ganze 73 Prozent der Bevölkerung gaben am Wahltag ihre Stimme ab; eine bemerkenswert hohe Wahlbeteiligung in einem Land, das seit 1960 keine Wahl mehr abgehalten hatte. Obwohl Aung San Suu Kyis Kandidatur verhindert worden war, konnte die NLD einen überwältigenden Wahlsieg für sich verbuchen. Sie gewann insgesamt 80 Prozent der Parlamentssitze. Davon entfielen 14 Prozent auf die Parteien der ethnischen Minderheiten, die mit der NLD ein Bündnis eingegangen waren. Die Partei der Junta, die National Unity Party (NUP), erhielt fast 20 Prozent der Stimmen, doch da das britische Wahlsystem mit Mehrheitswahlrecht in den Wahlkreisen zur

Anwendung kam, wurden ihr nur wenige Parlamentssitze zugesprochen.

Das Volk hatte sich in aller Deutlichkeit gegen die Militärjunta ausgesprochen. Aung San Suu Kyi hatte sich – in der Zeit, in der sie frei gewesen war und politisch arbeiten konnte – nicht nur mit ihrer Wahlkampagne durchgesetzt, sondern auch ihrer gewaltfreien Linie Gehör verschaffen können. Am Wahltag wurde nur von wenigen Gewaltausbrüchen in den Wahllokalen des Landes berichtet. Die Analyse des Wahlergebnisses zeigte darüber hinaus, dass die NLD sogar in Gebieten gewonnen hatte, in denen Militärangehörige und deren Familien in der Überzahl waren. Nur sehr wenige aus diesen Kreisen hatten Aung San Suu Kyi öffentlich unterstützt, doch unter dem Schutz des Wahlgeheimnisses hatten ihr viele die Stimme gegeben. Sogar die Soldaten und ihre Offiziere wollten eine Neuordnung Burmas.

Am Tag nach der Wahl feierten die Menschen im ganzen Land. Alle rechneten damit, dass Aung San Suu Kyi nun freigelassen würde. Paradoxerweise hatte die Gefangenschaft Aung San Suu Kyis genau den Personenkult ausgelöst, den die Junta hatte vermeiden wollen. Sie war zu einer Märtyrerin und einem Symbol des Widerstands geworden.

»Mein Kandidat hatte ebenfalls einen militärischen Hintergrund«, erzählte Zin Linn, als ich ihn 20 Jahre, nachdem er den Wahlkampf in einem der Wahlkreise in Rangun organisiert hatte, in Bangkok traf. »Das machte die Menschen skeptisch, aber da er Aung San Suu Kyis Kandidat war, stimmten sie schließlich doch für ihn. Jemand erzählte mir, dass er sogar für einen Hund gestimmt hätte, wenn der von Aung San Suu Kyi unterstützt worden wäre.«

Nach der Wahl folgten zwei Monate der Verwirrung. Die Generäle erschienen angesichts der völlig falsch eingeschätzten Situation wie gelähmt, und draußen auf den Straßen war der erste Siegesrausch von Unsicherheit abgelöst worden. Wieso passierte nichts? Würde die Junta das Wahlergebnis anerkennen oder suchten die Generäle nach einem Vorwand, um den ganzen Prozess für ungültig erklären zu können?

Eigentlich hätte die NLD in dieser Zeitperiode eine große Chance nutzen können. Sie hätte ein Parlament einberufen und eine eigene Regierung bestimmen können, die von anderen Ländern anerkannt worden wäre. Somit hätte sich auch der Druck auf die Junta verstärkt. Aber die NLD verharrte in Untätigkeit. Aung San Suu Kyi saß isoliert in ihrem Haus, während die anderen in der Parteiführung das Geschehen lieber abwarten wollten. Die meisten von ihnen waren früher selbst Generäle und Offiziere gewesen und rechneten offenbar damit, dass die SLORC das Gespräch über den zukünftigen Weg suchen würde. Doch dazu kam es nicht. Am 27. Juli hielt Khin Nyunt, der Chef des Sicherheitsdienstes, eine Rede und erklärte, dass es sich bei der Wahl keineswegs um die Zusammensetzung eines neuen Parlaments gehandelt habe. Vielmehr sei die Wahl zur Bestimmung einer Versammlung durchgeführt worden, die eine neue Verfassung ausarbeiten sollte. Das Wahlergebnis war demnach auf dem besten Weg, für ungültig erklärt zu werden.

Am folgenden Tag versammelte sich die NLD in der Gandhi Hall im Zentrum Ranguns, aber auch diesmal entschieden sich die Delegierten gegen die Ausrufung einer neuen Regierung.

Stattdessen räumten sie der Junta zwei weitere Monate ein, um das Wahlergebnis anzuerkennen, und verlangten einen offenen und bedingungslosen Dialog zur Lösung der Krise, in der sich das Land befand. Diese Formulierung trug den Stempel Aung San Suu Kyis. Ihre Kritiker innerhalb und außerhalb der Militärjunta werfen ihr oft vor, sie sei kompromisslos und stur bis an die Grenze zur Dummheit. Doch während des gesamten Wahlkampfes unterstrich sie immer wieder, dass sie nicht nach einer Revolution in Burma trachte. Der Wechsel eines politischen System brauche Zeit und bedürfe der Mitwirkung aller Teile der Gesellschaft. Auch der des Militärs.

Zu dieser Zeit befanden sich Michael, Alexander und Kim in Oxford. Michael hatte Hoffnungen gehegt, im Sommer nach Burma reisen zu können, aber ihm wurde das Einreisevisum verweigert. Nun hofften sie, dass Suu Kyi freikommen und die Familie wieder vereint werden würde. Doch in einem Brief vom 17. Juli 1990 nannte Suu Kyi kein Datum für ihre Freilassung. Stattdessen bat sie Michael, ihr die nur schwer zu entschlüsselnden indischen Epen *Ramayana* und *Mahabharata* zu schicken. Der Rest des Briefes drehte sich um ihre Sehnsucht nach den Kindern sowie um praktische Familienangelegenheiten. Zwischen den Zeilen hatte Michael herausgelesen, dass Suu Kyi mit einer langen Zeit im Hausarrest rechnete.

Als der Bevölkerung klarwurde, dass die Wahl für ungültig erklärt werden sollte, keimte der Zorn von Neuem auf. Am 8. August 1990, dem Jahrestag der vor zwei Jahren begangenen Massaker, wurde in Mandalay eine große Protestaktion durchgeführt. Dieses Mal führten Mönche aus dem Kloster den Demonstrationszug an. Die Aktion am 8. August war vorab nicht angekündigt worden. Im Prinzip waren die Mönche auf ihrer morgendlichen Runde unterwegs, um Gaben für das Kloster einzusammeln. Doch die Anzahl der Mönche und die symbolische Bedeutung des Datums ließen keinen Zweifel darüber aufkommen, worum es sich eigentlich handelte. Zehntausende von Zivilisten schlossen sich der Aktion an, und Studenten flankierten die Mönche, um sie vor Angriffen zu schützen. Soldaten wurden zusammengezogen, und als einer der Studenten eine Fahne mit dem Pfauensymbol hervorholte, wurden sie nervös und eröffneten das Feuer. Neun Mönche wurden erschossen, 14 weitere schwer misshandelt. Viele der Verletzten verschwanden spurlos, nachdem das Militär in den Straßen aufgeräumt hatte.

Die Ereignisse wurden von den staatlichen Massenmedien heruntergespielt. Sie behaupteten, dass nur ein Mönch gestorben und die Gewalt von einigen Studenten, welche bewaffnete Wachleute attackiert hätten, ausgelöst worden wäre.

Die Gewalt sowie der Versuch, die tatsächlichen Geschehnisse zu leugnen, löste eine neue Protestwelle aus. Überall im Land versammelten sich Mönche, um ihre Solidarität mit den Toten und Verletzten zu bekunden. Als sie an Offizieren und deren Familien vorbeischritten, wandten sie ihre Bettelschalen um und weigerten sich, Almosen von ihnen entgegenzunehmen. Den Mönchen bzw. dem Kloster nichts spenden zu dürfen, hat gemäß der buddhistischen Lehre schlechtes Karma zur Folge und gilt als eines der schlimmsten Dinge, die einem Buddhisten widerfahren können. Nachdem die Mönche den Boykott eine Zeitlang weitergeführt hatten, wurden die Offiziere schließlich so nervös, dass sie Mönche aus Thailand einfliegen ließen, die ihre Almosen annahmen.

Die Herausforderung der Mönche war eine der größten Bedrohungen, denen die Junta je ausgesetzt war. Die Generäle mussten schnell reagieren. Saw Maung gab den Befehl, dass alle Klosterorden, die an den Protesten teilnahmen, aufgelöst werden sollten. Vor dem Hintergrund, dass die weltliche Macht in Burma zu keiner Zeit über das Recht verfügt hatte, sich in die Angelegenheiten der Klöster zu mischen, war dies eine sehr außergewöhnliche Entscheidung. »Wer sich dem Beschluss widersetzt, hat nicht länger das Recht, Mönch zu sein«, erklärte er. Lokale Befehlshaber erhielten die Befugnis, den Mönchen, die sich einer Zusammenarbeit widersetzten, die rote Mönchskleidung vom Leib zu reißen. Im Oktober führte die Armee Blitzaktionen gegen die Klöster durch. Tausende von Mönchen wurden drangsaliert und ins Gefängnis geworfen. Später wurde auch die traditionelle religiöse Führungsspitze des Klosterwesens abgesetzt und von der Junta durch eine handverlesene neue Gruppe ersetzt, die leichter zu kontrollieren war.

Die Hoffnung der Demokratiebewegung auf schnelle politische Veränderungen erhielt schon im September einen empfindlichen Dämpfer. Eine kleine Gruppe von Parlamentariern der NLD war in Mandalay zusammengekommen, um ein Schattenkabinett zu bilden – eine Maßnahme, die die Partei bereits im Sommer hätte ergreifen müssen. Als die SLORC von der Durchführung dieses Treffens Kenntnis erhielt, eröffnete sie die Jagd auf alle gewählten Parlamentarier. Die gesamte Führungsspitze der NLD wurde verhaftet, darunter auch der pensionierte General U Kyi Maung, der während Aung San Suu Kyis Abwesenheit den Vorsitz führte. Alle verbliebene Hoffnung erstarb, als sich zeigte, dass die Junta nicht einmal davor zurückschreckte, gegen das Mönchtum vorzugehen und sich über die religiösen Traditionen hinwegzusetzen. Die Signale hätten nicht deutlicher ausfallen können; die Junta, so zeigte sich, wollte um jeden Preis an der Macht bleiben.

Ebenso wenig hatte die Führung die Absicht, Aung San Suu Kyi freizulassen. Ganz im Gegenteil. Ein weiteres Mal wurde die Gesetzeslage angepasst, so dass es für eine absehbare Zeit möglich war, sie von der Öffentlichkeit fernzuhalten. Bislang konnte die Polizei ohne gerichtliche Überprüfung bis zu ein Jahr Hausarrest verhängen. Nun wurde diese Frist auf fünf Jahre verlängert.

Aung San Suu Kyi quittierte auch diese Neuigkeit mit der ihr eigenen Gelassenheit. Um ihre Bewacher zu reizen, die mitunter ins Haus kamen, befestigte sie überall an den Wänden Zitate von Gandhi, Nehru sowie ihrem Vater, Aung San.

Im Empfangszimmer im Erdgeschoss hing ein großes Porträt von ihm. Wenn sie manchmal nachts nicht schlafen konnte, lief sie hinunter und betrachtete das Bild. Hier konnte sie – vielleicht zum ersten Mal – spüren, dass sie einander nahestanden, dass er anwesend war. Sie blickte in seine Augen und sagte zu sich selbst: »Okay, jetzt heißt es du und ich gegen sie. Wir werden das hier schon schaffen.«

Sie las Bücher über die Vipassana-Meditation und beschäftigte sich ganz bewusst mit dem Erlernen dieser Übungen. Als sie einige Jahre später freigelassen und gefragt wurde, was sie im Falle einer erneuten Verhaftung tun würde, antwortete sie mit einem Lachen, dass sie sich in diesem Fall darauf freue, eine noch höhere Ebene der Meditation zu erreichen.

Die Meditation nimmt eine zentrale Stellung ein, wenn man verstehen will, wie sie und die anderen politischen Gefangenen in Burma die Zeit in der Isolation überstehen konnten. »Für einen Buddhisten ist es nicht unbedingt etwas Negatives, die Welt auszuschließen. Schon als Kinder lernen wir, uns in uns selbst zurückzuziehen, die Welt auszuschließen und das Bewusstsein zu klären«, sagte der Studentenführer Min Ko Naing in einem Interview 2005, nachdem er 16 Jahre in Isolationshaft gesessen und jeden Tag meditiert hatte.

Jedes Mal, wenn sie zu ihrer Zeit im Hausarrest befragt wurde, betonte Aung San Suu Kyi, dass sie im Vergleich zu vielen anderen politischen Gefangenen noch recht glimpflich davongekommen war. In einem Interview mit der schwedischen Journalistin Malou von Sivers sagte sie 2002:

»Ich habe mich nie als Gefangene gefühlt, da ich nicht im Gefängnis gesessen habe. Viele meiner Parteikollegen hatten ein viel schlimmeres Schicksal. Sie wurden gefoltert und auf eine ganz andere Art als ich von der Welt isoliert. Außerdem wussten sie nicht, was mit ihren Familien geschehen war. Auch wenn ich meine Familie nicht sehen konnte, wusste ich doch, dass es ihr gut ging und sie nicht bedroht wurde.«

Die buddhistischen Prinzipien im Hinblick auf Selbstkontrolle und inneren Frieden waren entscheidend für die Bewältigung ihrer Zeit im Hausarrest. Sie »akzeptierte« die Umstände, unter denen sie lebte, und versuchte, nur die Bereiche des Lebens zu beeinflussen, die innerhalb ihrer eigenen Kontrollmöglichkeiten lagen. »Ich hörte ganz einfach auf, die Abwesenheit meiner Familie zu betrauern«, sagte sie 1996. »Ich konnte die Situation nicht ändern, also lernte ich, meine Gedanken zu kontrollieren.«

Beherrschung. Selbstkontrolle. Oft beschreibt Suu Kyi diese Eigenschaften als Ziele der persönlichen Entwicklung. Es ist nicht möglich, alles um sich herum zu beeinflussen. Das Einzige, was man kontrollieren kann, sind die eigenen Gedanken und Handlungen. In gewisser Weise kann man sich in sich selbst immer frei fühlen, und sogar in Gefangenschaft gibt es einen Handlungsspielraum. Letztlich geht es darum, seine Integrität zu bewahren. Wie so oft würzt Suu Kyi solch philosophische Überlegungen mit Humor und einem fröhlichen Lachen. »Ich glaube, dass das Gefühl, nicht gefangen zu sein, auch von Menschen geteilt werden kann, die tatsächlich in einem richtigen Gefängnis sitzen«, äußerte sie gegenüber Alan Clements und zitierte im Anschluss ihren Parteikollegen U Kyi Maung: »Wenn meine Frau gewusst hätte, wie frei ich mich während der Zeit im Insein-Gefängnis gefühlt habe, wäre sie stinksauer geworden.«

Auch wenn Aung San Suu Kyi den Mut nicht verlor und die Freiheit der Gedanken bewahrte, müssen diese sechs Jahre im Hausarrest dennoch körperlich und psychisch sehr belastend gewesen sein. Geld war beispielsweise ein großes Problem. Einerseits durfte sie keine Gelder von außen annehmen, weigerte sich aber andererseits, das kostenlose Essen zu akzeptieren, dass die Wachleute draußen vor ihrem Haus abstellten. Auf keinen Fall wollte sie der Junta etwas schuldig bleiben. Doch schon nach kurzer Zeit war kein Geld mehr vorhanden, und sie musste sich damit begnügen, zwei kleine Portionen Reis pro Tag zu essen. Schließlich vereinbarte sie einen Handel mit der Junta. Sie sollten ihr Lebensmittel liefern, die sie mit Möbeln und anderen Gegenständen aus dem Haus bezahlen würde. Langsam aber sicher verschwanden alle Möbel, die ihre Mutter im Laufe der Jahre zusammengetragen hatte. Die für die Bewachung zuständigen Offiziere konnten allerdings den Gedanken nicht ertragen, dass Aung Sans Tochter derart verarmte, und verwahrten die Möbel heimlich in einem Magazin in der Nähe der University Avenue 54. Als Suu Kyi 1995 freigelassen wurde, wollten die Offiziere ihr die Möbel zurückgeben, doch sie weigerte sich und verlangte stattdessen, die Sachen zurückkaufen zu können. Sie wollte auf keinen Fall bevorzugt behandelt werden.

Allerdings musste Suu Kyi auch nach Einrichtung des Möbel-gegen-Lebensmittel-Systems bescheiden leben. Ihr Frühstück bestand für gewöhnlich aus einer Tasse Tee und etwas Obst. Kein Brot, das war viel zu teuer. Am Wochenende leistete sie sich etwas Luxus und aß ein hartgekochtes Ei. Die Folge war, dass sie von 50 auf knapp 40 Kilo abmagerte und sich fast an der Grenze zur Unterernährung bewegte.

Die ökonomischen Probleme verbesserten sich schließlich, als Michael Aris das Buch *Freedom from fear* herausbrachte, mit Texten von Aung San Suu Kyi und anderen, die sie im Laufe der Jahre kennengelernt hatte. Die durch das Buch gewonnenen Erträge wurden auf einem Konto in Rangun deponiert und standen Suu Kyi zur Verfügung.

Die Junta indes verleumdete sie weiterhin konsequent und

schämte sich in keinster Weise für ihren unverhohlenen Rassismus und ihre Engstirnigkeit. In einer der staatlichen Zeitungen wurde einmal eine Zeichnung veröffentlicht, die einen einsamen Jungen neben einer Gruppe von Kindern darstellte. Der Junge war hässlich und verkrüppelt, und unter ihm standen die Worte »Ich bin ein Mischling«; eine direkte Anspielung auf Alexander und Kim. Die anderen Kinder auf dem Bild sahen athletisch und wohlhabend aus, hier lautete der Text: »Wir sind echte Mitbürger.«

Die Junta nutzte auch die Tatsache, dass Michael Pakete nach Rangun schicken konnte, zu ihrem Vorteil aus, und eines Tages erschienen Bilder des vermeintlichen Inhalts eines solchen Päckchens – ein Lippenstift und amerikanische Modezeitschriften. Im Bildtext wurde Aung San Suu Kyi als »westliche Modepuppe« bezeichnet. In den Augen der Junta offenbar etwas äußerst Verwerfliches.

Während der ersten Phase von Suu Kyis Hausarrestes gab es außerdem Veränderungen in der Führungsetage der Junta. Im Laufe des Jahres 1991 zeigte General Saw Maung, der die Machtübernahme der SLORC im Jahr 1988 eingeleitet hatte, Anzeichen von Geisteskrankheit. Verschiedene Gerüchte besagten, er wäre Alkoholiker und herzkrank. Auf einem Golfplatz zog er eine Pistole, bedrohte andere Besucher und schrie gleichzeitig, er sei eine Reinkarnation von König Kyanzittha, einem burmesischen Herrscher, der um das Jahr 1000 regiert hatte. Im April 1992 wurde Saw Maung als Anführer der SLORC abgesetzt.

Sein Nachfolger wurde General Than Shwe, der die Junta bis zur Wahl im Jahr 2010 anführte. Than Shwe war 1933 in der Nähe von Mandalay geboren worden und unter der Herrschaft Ne Wins schrittweise immer höher aufgestiegen, bis er 1985 zum Brigadegeneral und stellvertretenden Verteidigungsminister ernannt wurde. Seit Machtübernahme der SLORC im Jahr 1988 stand er in der Junta an zweiter Stelle.

Zusammen mit General Maung Aye und Khin Nyunt bildete er eine Führungstroika. Letzterer war formell gesehen der Dritte in der Machthierarchie, aber als Chef des mächtigen militärischen Sicherheitsdienstes und mit Ne Wins Unterstützung aus den Kulissen heraus wurde er von vielen als Burmas starker Mann angesehen. Khin Nyunt hatte chinesische Wurzeln und war nach seiner militärischen Karriere 1984 nach Rangun gerufen worden, um einen blutigen Terroranschlag gegen eine Gruppe südkoreanischer Politiker auszuführen, die zu Besuch in Burma weilten. Khin Nyunt übernahm sogleich die Kontrolle über den militärischen Sicherheitsdienst, der sich unter seiner Führung zu einem Staat im Staate entwickelte. Unter den jüngeren Offizieren galt Khin Nyunt als Günstling Ne Wins.

Bald darauf zeigte sich, dass die SLORC einen Plan verfolgte. Die Junta hoffte, dass die wirtschaftliche Entwicklung nach der Liberalisierung den Zorn der Menschen besänftigen würde. Nun galt es nur noch, Aung San Suu Kyi so lange eingesperrt zu lassen, bis sie ein politisches Rahmenwerk konstruiert hatten, um dadurch die Macht zu behalten und das Wahlergebnis von 1990 nicht anerkennen zu müssen.

Der erste Schritt dieses Planes bestand darin, einen nationalen Konvent einzurichten, der die Aufgabe hatte, eine neue Verfassung auszuarbeiten. Über tausend Delegierte wurden sorgsam von der Junta ausgewählt – darunter gab es nur sehr wenige Politiker, die 1990 in das Parlament gewählt worden waren. Der Konvent trat zum ersten Mal 1993 zusammen, und obwohl Aung San Suu Kyi noch immer unter Hausarrest stand, entschied sich die NLD, daran teilzunehmen.

Kurz darauf gelang es Khin Nyunt, eine Waffenruhe mit den meisten ethnischen Guerillatruppen zu vereinbaren, die durch den jahrzehntelangen Krieg geschwächt worden waren. Zwar war keine dieser Gruppen bereit, die Waffen abzugeben, aber alle hatten eingesehen, dass sie das Regime in Rangun mit militärischen Mitteln niemals würden besiegen können.

Khin Nyunts geschicktester Schachzug war am Ende die Vereinbarung, die er mit den Überresten der alten kommunistischen Partei CPB im nordöstlichen Shan-Staat treffen konnte. Die CPB hatte das Gebiet seit 1968 unter Kontrolle, doch Ende der 1980er Jahre hatte China seine bisher gewährte Unterstützung entzogen, und die Unzufriedenheit unter den Soldaten war stark angestiegen. Die alte Führungsriege der CPB weigerte sich jedoch aufzugeben und lehnte auch das Angebot Pekings ab, sich in China niederzulassen. Im Frühjahr 1989 kam es zu einer Meuterei, und die Führungsoffiziere wurden von den Mannschaften ins Exil getrieben. Lediglich ein paar lose zusammenhängende Truppen blieben übrig. Die größte von ihnen hatte ihre Basis im Gebiet des Wa-Volkes und bezeichnete sich als United Wa State Army (UWSA).

Khin Nyunt rief den berüchtigten Drogenschmuggler Lo Hsing Han zu sich, um zwischen der Junta und dieser Gruppierung zu vermitteln. Das Ergebnis bestand in einer Vereinbarung über eine Waffenruhe mit dem Regime, welches stark an die Übereinkunft erinnerte, die Ne Win in den 1960er Jahren mit den KKY-Verbänden getroffen hatte. Die UWSA erhielt grünes Licht zur Produktion von Heroin und Metamphetamin und sagte im Gegenzug ihre Unterstützung im Krieg gegen andere Guerillagruppen zu.

Einige der größten Widerstandstruppen wie die Karen National Liberation Army (KNLA) und die Shan State Army verweigerten nach wie vor eine Zusammenarbeit mit dem Regime. Doch durch die Waffenruhe mit der UWSA konnte die Junta nun größere militärische Ressourcen gegen ihre

Gegner einsetzen, die sich noch immer im Krieg befanden. Schritt für Schritt und oft mit äußerst brutalen Methoden, brachte die SLORC die Gebiete unter Kontrolle, die zuvor von den ethnischen Gruppen beherrscht worden waren.

Parallel dazu führte Khin Nyunt auch Gespräche mit Aung San Suu Kyi. Einige ihrer ehemaligen Mitarbeiter betonen ausdrücklich, dass sie diese Gespräche für sinnvoll erachtete. Bei einem dieser Treffen mit Khin Nyunt schlug sie vor, die bis dato geschlossenen Büros der NLD wieder zu öffnen und die demokratische Opposition ihre eigenen Delegierten für den Konvent auswählen zu lassen. Es scheint durchaus möglich, dass Khin Nyunt diese Möglichkeit tatsächlich erwog, aber von anderen Kräften in der Junta an der Umsetzung gehindert wurde.

Am 10. Juli 1995 wurde Aung San Suu Kyi aus dem Hausarrest entlassen. Die wenigen Bilder, die in jenen ersten Tagen nach der Freilassung entstanden, zeigen eine geradezu unglaublich energiegeladene Frau. Niemand, dem sie in diesen Tagen begegnete, konnte sehen, dass sie gerade sechs Jahre im Hausarrest verbracht hatte. Es schien, als wären diese sechs Jahre in der Isolation nur ein kurzes Zwischenspiel gewesen, eine unwillkommene, aber zu bewältigende Unterbrechung der Arbeit, die sie zu ihrer Lebensaufgabe gemacht hatte.

11.
Die Welt erwacht

Michael Aris war ein Mensch, der sich mit seinem Dasein als Wissenschaftler und Lehrer im Prinzip begnügte. Während der ersten Zeit von Aung San Suu Kyis Hausarrest trat er allerdings in internationalen Zusammenhängen auch als ihr Sprecher auf. Obwohl ihm diese öffentliche Rolle nicht gefiel und er sich auch nicht für besonders geeignet dafür hielt, absolvierte er seine Auftritte gleichwohl mit Bravour. Er vertrat die Sache Aung San Suu Kyis und der burmesischen Demokratiebewegung vor der UN, unzähligen Menschenrechtsorganisationen sowie ausländischen Regierungen, die sich ein Bild über den Stand der Dinge in der University Avenue machen wollten.

»Michael war ein beeindruckender Mensch«, sagt Peter Carey. »Er hatte keinerlei Ambitionen, sich selbst in den Mittelpunkt zu stellen. Eigentlich hielt er sich am liebsten im Hintergrund, hatte sich aber dann entschieden, sie zu unterstützen, und das tat er überaus geschickt. Er erläuterte ihre Situation, achtete aber sehr darauf, ihr nicht seine Worte in den Mund zu legen. Beinahe spielte er die Rolle eines Märtyrers, und leider endete er auch genauso.«

Michael Aris wurde von dem Willen angetrieben, seine Frau zu beschützen. »Ich bin weder Politiker noch Burmese«, sagte er. »Ich bin im wahrsten Sinne des Wortes nur ihr Mann, und als solcher tue ich alles, was möglich ist, um sie frei zu bekommen.«

Nach Aussage seiner Freunde in Oxford war er davon überzeugt, dass Öffentlichkeit diesem Ziel am ehesten dienen konnte. Durch die Konzentration des internationalen Scheinwerferlichtes auf Burma erhielt Aung San Suu Kyi eine Art Lebensversicherung. Die Generäle sollten ihr kein Leid antun dürfen, ohne dafür zur Rechenschaft gezogen zu werden.

Seine unermüdliche Arbeit trug unter anderem dazu bei, dass Aung San Suu Kyi im Herbst 1991 der Friedensnobelpreis zuerkannt wurde; eine Auszeichnung, die sie plötzlich in dieselbe Kategorie wie Desmond Tutu, Lech Wałęsa und Mutter Teresa stellte. Die SLORC erkannte sofort, welche Bedeutung diese Auszeichnung hatte, und protestierte umgehend, konnte aber Alexander und Kim nicht daran hindern, den Preis in Oslo entgegenzunehmen. Der damals 19-jährige Alexander hielt im Namen seiner Mutter die Dankesrede:

»Ich weiß, wäre sie heute frei und stünde hier, um sich bei Ihnen zu bedanken, hätte meine Mutter Sie alle aufgefordert, dafür zu beten, dass Unterdrücker und Unterdrückte die Waffen niederlegen, um gemeinsam eine auf Humanität und dem Geiste des Friedens basierende Nation aufzubauen. Auch wenn meine Mutter oft als politische Dissidentin beschrieben wird, die nach einer friedlichen demokratischen Entwicklung strebt, müssen wir uns daran erinnern, dass ihre Suche in erster Linie geistiger Natur ist. Wie sie es selbst einmal ausgedrückt hat, ist ›die grundlegendste Revolution geistiger Art‹, und sie hat über die ›geistigen Zielsetzungen‹ des Kampfes geschrieben. Ob man diese erreichen kann oder nicht, hängt in erster Linie von unserer Verantwortung als Menschen ab. Der Grund für diese Verantwortung ist, und ich zitiere: ›Die Idee der Perfektion, der Wille, sie zu erlangen, das Vermögen, einen Weg zu finden, der zu ihr führt, und einen Willen, ihm zu folgen, wenn vielleicht auch nicht bis zum äußersten Ende, aber doch immerhin so weit wie es nötig ist, um sich über die Begrenzungen des Individuums zu erheben [...]. Um das Leben vollends auszuleben‹, sagt sie, ›muss man den Mut haben, die Verantwortung für die Bedürftigkeiten anderer zu übernehmen [...], man muss diese Verantwortung *haben wollen*.‹«

Für Michael Aris war dieser Augenblick von ambivalenten Gefühlen begleitet. Der Stolz über Alexanders Dankesrede, die nun die ganze Welt erreichte, vermischte sich mit der Sehnsucht nach seiner Frau. »Es herrscht eine dunkle Zeit«, sagte er während der Pressekonferenz nach der Verleihung. Seine Stimme klang matt, er hatte Tränen in den Augen. »Aber ich bin sicher, dass sich das ändern wird. Ich blicke optimistisch in die Zukunft. Burma wird sich öffnen. Es ist nur eine Frage der Zeit.«

Die Junta nutzte Michaels öffentliche Rolle für ihre eigene Propaganda aus. Dass Aung San Suu Kyi mit einem »Ausländer« verheiratet war, der noch dazu aus dem Volk der ehemaligen Kolonialmacht stammte, war von Anbeginn einer der bevorzugten Angriffspunkte. Nun agierte er sogar als ihr Verteidiger, ein klarer Beweis dafür, dass eine neokoloniale Konspiration gegen Burma im Gange war. Die Junta tat alles, um die Ehe zwischen Suu Kyi und Michael in den Schmutz zu ziehen. Die Autorin Barbara Victor traf auf einer Burma-Reise Mitte der 1990er Jahre mit einigen der Generäle zusammen.

»Warum hat sie ihren Mann und ihre Kinder verlassen?«, fragte ein Junta-Anhänger, der als Professor am Yangon Institute of Technology arbeitete. »Ich habe einmal mit ihr gesprochen, nachdem sie gerade Herrn Aris geheiratet und ein Kind bekommen hatte. Sie war kurz nach Burma gekommen, um das Grab ihres Vaters zu besuchen. Dabei erzählte sie mir, dass sie keinerlei Ambitionen hege, nach Rangun zurück zu ziehen. Als sie unter Hausarrest gestellt wurde, hatten die beiden schon Probleme in ihrer Ehe, sonst hätte sie sich doch niemals dafür entschieden, Mann und Kind so plötzlich sitzen zu lassen.«

Einer der Minister in der Regierung zog denselben absurden Schluss: »Es ist doch geradezu pervers, an einer gescheiterten Beziehung festzuhalten, wenn die Alternative zur Scheidung Hausarrest bedeutet. Wieso wird dieses Land in ihre Eheprobleme hineingezogen?«

Die Welt allerdings ließ sich von solchen Argumenten nicht überzeugen. Im Gegenteil, die Gefangene in der University Avenue erhielt zahlreiche internationale Preise und Auszeichnungen. Sie erhielt den Thorolf-Rafto-Gedenkpreis für Menschenrechte, den Sacharow-Preis des Europaparlaments, den Simón-Bolívar-Preis der UNESCO, die Víctor-Jara-Auszeichnung, den Jawaharlal-Nehru-Preis, den W.-Averell-Harriman-Demokratiepreis und einige Jahre später den Freedom of the City of Dublin Award sowie den schwedischen Olof-Palme-Preis. Um nur einige der vielen Auszeichnungen zu nennen.

Eine Erklärung für die große Aufmerksamkeit liegt sicherlich in Suu Kyis persönlichen Eigenschaften begründet. Sie wagte, sich gegen eine der weltweit brutalsten Diktaturen zu erheben. Ein klassisches David-gegen-Goliath-Szenarium.

Vielleicht beruhten die starken Reaktionen der westlichen Welt aber auch auf einem schlechten Gewissen. Viele Länder haben angesichts von Ne Wins Militärdiktatur mehr oder weniger bewusst weggeschaut. In seinem Buch *Burma in revolt* schreibt Bertil Lintner, dass führende Akademiker und Politiker im Westen die Übergriffe des burmesischen Regimes lange Zeit ignorierten. Die britische Kolonialzeit und die kurze demokratische Periode in den 1950er Jahren hatten viele als ein historisches Intermezzo betrachtet und es daher nur für natürlich gehalten, dass das Land danach zu seiner traditionellen Regierungsform zurückkehren würde. Die ethnischen Minderheiten hatte man als fanatische Separatisten angesehen – ähnlich wie die Südstaaten während des amerikanischen Bürgerkriegs im 19. Jahrhundert. Im Sinne der Modernisierung des Landes hatte man es für erforderlich gehalten, dass sich diese »Stammesgesellschaften« der Bildung eines größeren Staates unterordneten. Dass bestimmten Volksgruppen das Recht hatten, eine größere Unabhängigkeit von Rangun zu fordern, schien keine Rolle zu spielen. Eine ähnliche Sichtweise war nicht zuletzt auch unter der politischen Linken der 1960er und 1970er Jahre verbreitet, die der ehemaligen britischen Kolonialmacht alle Schuld für den Bürgerkrieg zuschrieb.

Die Burmesen selbst hatten ausländischen Besuchern in Rangun immer wieder versichert, dass das Regime beim Volk verhasst sei, aber nur wenige hatten zugehört. Und wenn Ne Win ein seltenes Mal den Fragen nicht ausweichen konnte, behauptete er stets, der Bürgerkrieg und die instabile Lage in den Grenzgebieten mache die Rückkehr zur Demokratie unmöglich. Aber schon bald wäre es so weit. Innerhalb kürzester Zeit sollte der Demokratisierungsprozess seinen Anfang nehmen.

Aber dazu ist es natürlich nie gekommen.

Lintner schreibt, dass ausländische Diplomaten, die in Rangun stationiert waren, über die tatsächliche politische Entwicklung im Land nicht informiert wurden. Das Regime steuerte keine eigenen Informationen bei, und die Diplomaten begnügten sich damit, die Hotelbars zu bevölkern und ein paar Runden auf den Golfplätzen der Hauptstadt zu drehen, in der Hoffnung, schon bald in ein interessanteres Land versetzt zu werden.

Darüber hinaus arbeiteten viele Länder mit der Junta zusammen, um den Drogenhandel im Goldenen Dreieck zu bekämpfen. Der Einfluss der Kuomintang in den Bergregionen hatte einen enormen Anstieg des Drogenhandels nach sich gezogen, und durch Ne Wins Abkommen mit den lokalen Kriegsherren war Burma zum weltgrößten Heroinexporteur aufgestiegen. Ne Win hatte für seine KKY-Strategie Anfang der 1970er Jahre weltweit heftige Kritik einstecken müssen und aus diesem Grund, zumindest formell betrachtet, die Verbindung zu Kriegsherren wie Khun Sa und Lo Hsing Han gekappt. Allerdings war diese Veränderung lediglich kosmetischer Natur. In der Praxis standen einige der größten Drogenkartelle noch immer unter dem Schutz der Junta. Viele Offiziere der Tatmadaw ermöglichten den Transport des Opiums über die Grenze nach Thailand und wurden dafür reich entlohnt.

Dennoch gelang es Ne Win, die internationale Öffentlichkeit von seinen angeblich ehrlichen Absichten zu überzeugen. Die Drogenbekämpfungsorganisation der UN (UNDCP) arbeitete mit burmesischen Behörden zusammen, ebenso wie die Drug Enforcement Agency (DEA) in den USA. Mitte der 1980er Jahre versorgten die Amerikaner Burma mit Bell-205-Helikoptern und dem Wachstumsbekämpfungsmittel Agent 2,4-D. Das Mittel war eng mit dem sogenannten Agent Orange verwandt, das während des Vietnamkrieges für die Entlaubung großer Dschungelgebiete verwendet worden war. In den Vereinigten Staaten war es verboten, da es gemäß einiger Untersuchungen das Krebsrisiko erhöhte. Nun jedoch flogen Helikopter und Flugzeuge über die Gebiete der ethnischen Minderheiten und besprühten ihre Anbauflächen mit giftigen Chemikalien. Die Wälder starben, und manchmal auch die Menschen. Wer vergiftetes Wasser trank oder Lebensmittel aß, die nahe der Felder gelagert wurden, erkrankte und bekam furchtbare Magenschmerzen.

Allerdings hatten diese Lieferungen keinen Einfluss auf die

Opiumproduktion. Denn erstens wandte die Junta die amerikanische Ausrüstung hauptsächlich im Krieg gegen die ethnischen Gruppen an. Die Opiumhändler, die mit der Junta unter einer Decke steckten, mussten sich keine Sorgen um die Vernichtung ihrer Pflanzen machen. Nur die Gebiete derjenigen, die Ne Win herausforderten, wurden schonungslos mit Agent 2,4-D überzogen. Dasselbe galt für Guerillatruppen (beispielsweise aus dem Kachin- oder Karen-Volk), welche für ihr Recht auf Selbstbestimmung kämpften, ohne ihre Aktivitäten mit dem Handel von Opium zu finanzieren.

Zweitens waren viele Bauern aufgrund der Besprühung ihrer Felder gezwungen, die Opiumproduktion zu erhöhen. Die Bauern im Shan-Staat betrieben zu jener Zeit hauptsächlich den Anbau von Kaffee, Tee und Opium. Doch nur Opium konnte innerhalb einer Saison die erforderlichen Erträge abwerfen. Wer seine Kaffee- und Teepflanzungen behielt, riskierte den Verlust eines ganzen Jahreseinkommens, wenn plötzlich ein Regierungshelikopter am Horizont auftauchte. Nur wer zum Anbau von Opium überging, verminderte dieses Risiko und erhöhte seine Chancen auf schnelle Gewinne.

Die USA waren allerdings nicht das einzige Land, das Burma in jener Zeit unterstützte. Beispielsweise wollte Ne Win Ende 1982 Granatgewehre der schwedischen Firma Bofors kaufen. Die politische Abteilung des schwedischen Außenministeriums hatte aufgrund des Bürgerkriegs von dem Verkauf abgeraten, doch als die Frage auf dem Schreibtisch von Ministerpräsident Olof Palme landete, wischte er die Einwände beiseite. In Björn Elmbrandts Palme-Biographie ist sein Kommentar nachzulesen: »Ach was«, hatte Palme erwidert. »Diesen Guerillakrieg gibt es seit dem Zweiten Weltkrieg. Das sind doch eher Drogenhändler als Guerillakämpfer. Die Lage ist stabil. Nicht drum kümmern.«

Vor diesem Hintergrund wurden die Massendemonstrationen und die Massaker im Jahr 1988 zu einer Art Weckruf für die internationale Öffentlichkeit. Nachdem die Junta nun auch in Rangun Methoden einsetzte, die zuvor nur gegen die ethnischen Minderheiten angewandt worden waren, konnte die Welt nicht länger wegschauen.

Ich glaube allerdings auch, dass die scharfen Reaktionen gegen die Übergriffe sowie die gleichzeitige Unterstützung der Demokratiebewegung in gewisser Weise auf den Zeitgeist der 1990er Jahre zurückzuführen ist. Nur wenige Monate nachdem Aung San Suu Kyi zu einer öffentlichen Person geworden war, fiel die Berliner Mauer im Herbst 1989. Der Kalte Krieg war zu Ende, der Westen schien gesiegt zu haben. Der Ökonom Francis Fukuyama sprach vom Ende der Geschichte. Die Welt würde sich öffnen. Herrscher und Völker würden begreifen, dass die westliche Mischung aus politischer Demokratie und Marktwirtschaft das einzig annehmbare Modell sei. Fukuyama erntete heftige und berechtigte Kritik, man warf ihm vor, kurzsichtig und geschichtsblind zu sein, aber die meisten sahen im Zusammenbruch des Ostblocks eine realistische Chance für einen Neuanfang. Diktatoren und Alleinherrscher würden sich nicht länger hinter den Großmächten verstecken können. Nicht brutale Realpolitik, sondern Menschenrechte und humanitäre Fragen würden im Zentrum der internationalen Aufmerksamkeit stehen.

Burma avancierte zu einem Testgebiet für die Einflussmöglichkeiten der internationalen Gemeinschaft. Die Junta indes schien nur die eine Hälfte der These Fukuyamas verstanden zu haben. Nach der Machtübernahme der SLORC im September 1988 wurde die sozialistische Staatsideologie abgeschafft und die Wirtschaftspolitik umgekrempelt, und wie bereits in den 1960er Jahren fand man in China ein Vorbild. Die Generäle wollten Teile der Wirtschaft privatisieren und ausländische Unternehmen ins Land holen, doch Pläne zur Demokratisierung gab es nicht. Die Marktwirtschaft sollte weiterhin unter politischer Kontrolle bleiben.

Im Herbst 1990 unternahm Schweden in der UN-Generalversammlung den Versuch, eine Resolution zu verabschieden, die Burma für die Übergriffe auf die eigene Zivilbevölkerung verurteilte. Dies war die erste in einer Reihe von Initiativen der UN-Generalversammlung. Wenngleich sie die Sorge vieler Länder zum Ausdruck brachte, zeigte die Initiative aber dennoch, dass die Weltgemeinschaft tief gespalten war. China, Indien und einige andere asiatische Länder lehnten den Vorschlag ab. Schweden musste seinen Vorschlag zurückziehen und brachte später einen abgemilderten Entwurf ein, der von der Generalversammlung angenommen werden konnte. Die UN-Kommission für Menschenrechte sah außerdem die Ernennung eines neutralen Experten vor, der die Entwicklung in Burma untersuchen sollte. 1995 wurde Álvaro de Soto zum Sondergesandten des UN-Generalsekretärs berufen. In der Folge gab es noch zahlreiche Gesandte und Experten, doch alle scheiterten an der Aufgabe, die politisch festgefahrene Lage in Burma aufzubrechen.

Die USA entschieden sich für einen direkteren Weg. Kurz nach den Massakern von 1988 wurde ein Waffenembargo gegen Burma verhängt. Zahlreiche Drogenbekämpfungsprogramme, die das Regime in Rangun selbst administrieren konnte, wurden eingestellt. Im Laufe der 1990er Jahre wurden zudem konkrete Sanktionen verhängt, darunter ein Investitionsverbot in Burma und ein Einreiseverbot für Mitglieder der Junta.

Das EU-Engagement – mit Waffenembargo und schrittweise verschärften Sanktionen im Laufe der 1990er und 2000er Jahre – entsprach im Großen und Ganzen den amerikanischen Maßnahmen. Dennoch waren die Sanktionen der EU nie so umfassend wie die amerikanischen, was in erster Linie daran lag, dass sich die EU-Mitgliedsstaaten nicht auf eine gemeinsame Linie einigen konnten. Die skandinavischen Länder einschließlich der Niederlande und Großbritannien gehörten zu den Vorreitern, wohingegen Frankreich die Erörterung der Frage oft blockierte. Die französische Ölgesellschaft Total hat ein großes Interesse an Burma, was die Einführung von EU-Sanktionen gegen burmesische Gas- und Ölexporte immer wieder verhinderte.

Mitte der 1990er Jahre entstand eine weitverzweigte Graswurzelbewegung, die internationale Unternehmen von Investitionen und Handelsunternehmungen in Burma abbringen wollte. Durch Boykottaufrufe – in erster Linie von Aktivisten in den USA – gelang es, Unternehmen wie Pepsi Cola, Levi's, Ericsson und Motorola zu einem Rückzug aus Burma zu bewegen. Ende der 1990er Jahre waren vier amerikanische Bundesstaaten und 23 Städte zu der Übereinkunft gekommen, bei öffentlichen Ausschreibungen keine Unternehmen mehr zu berücksichtigen, die in Burma Geschäfte betrieben. Die Kampagne nahm nach einer Weile globale Ausmaße an. Hunderte, ja vielleicht Tausende von Organisationen des zivilen Gemeinwesens engagierten sich für Menschenrechte in Burma. Oftmals arbeiteten diese Organisationen mit Aktivisten aus Burma zusammen, die vor Unterdrückung geflohen waren und Widerstandsarbeit im Exil leisteten.

Die aus sechs Parlamentariern unter der Führung von Sein Win gebildete Exilregierung wurde in dieser Angelegenheit zu einem zentralen Akteur. Sie waren im Herbst 1990 in das Grenzgebiet nahe Thailand geflohen, wo sie von der Karen-Guerilla und anderen bewaffneten Truppen, die in dem kleinen Ort Manerplaw eine Basis errichtet hatten, mit offenen Armen empfangen wurden.

Sein Win, ein Cousin von Aung San Suu Kyi, hatte in der NLD keine herausragende Rolle gespielt, gehörte aber nun zu denjenigen, die dem Regime entkommen waren. Am 18. Dezember wurde in Manerplaw die National Coalition Government of the Union of Burma (NCGUB) gegründet, mit Sein Win als Premierminister. Die NCGUB hielt sich noch einige Jahre im Grenzgebiet zu Thailand auf, hat aber mittlerweile ihr Hauptquartier in Washington.

China entschied sich derweil für einen ganz anderen Weg als die EU oder die USA. Tatsächlich wies die Entwicklung Chinas große Parallelen mit der in Burma auf. Zunächst einmal galt dies im Hinblick auf die Wirtschaftspolitik, die Burma von China zu kopieren versuchte. Im Weiteren betrifft dies das Massaker auf dem Platz des Himmlischen Friedens, das sich ein knappes Jahr nach den brutalen Maßnahmen des burmesischen Regimes gegen die eigene Bevölkerung ereignete. Burma war das weltweit einzige Land, das das Vorgehen der kommunistischen Partei Chinas verteidigte. Dann folgte der Hausarrest für Aung San Suu Kyi – nur wenige Wochen, nachdem die Panzer durch Pekings Straßen gerollt waren.

Schnell wurde China zu Burmas Bundesgenossen, leistete Entwicklungshilfe und lieferte Konsumartikel und – nicht zuletzt – Waffen. Die erste Waffenlieferung vollzog sich parallel zu der Niederschlagung der von den Mönchen angeführten Proteste im Herbst 1990. Es folgten Kampfflugzeuge, Patrouillenboote, Panzer, Radarausrüstungen und Handfeuerwaffen, wodurch 74 neue Bataillone geschaffen werden konnten. Als Dank für die Hilfe erhielten chinesische Unternehmen mehr oder weniger freien Zugang zur Ausbeutung der burmesischen Naturressourcen.

Die internationale Gemeinschaft stößt im Hinblick auf die Behandlung der Burma-Frage spätestens hier auf deutliche Grenzen. China und Russland betonen stets, dass sich die UN aus inneren Angelegenheiten der Mitgliedsstaaten herauszuhalten habe. Konsequent nutzten die beiden Länder daher auch ihr Vetorecht im Sicherheitsrat der UN, um alle ernsthaften Initiativen gegen Burma zu blockieren.

Die Militärjunta in Burma hat die Situation ihrerseits genutzt, um die Länder der Welt gegeneinander auszuspielen. War China auf dem Weg, sich anders zu besinnen, wandte man sich an Indien oder Russland. Erhöhten diese den Druck auf Burma, schloss man neue Abkommen mit den Nachbarstaaten in Südostasien.

Während all dieser Jahre war Aung San Suu Kyi ein Spielball des Regimes. Wurde der Druck anderer Länder zu groß, milderte man die Restriktionen gegen Suu Kyi etwas ab und Gesandte der UN, der EU oder der Vereinigten Staaten durften sie besuchen. Doch sobald sich die Aufmerksamkeit der Welt auf etwas anderes richtete, wurde die Schlinge wieder fester zugezogen.

12.

»Meine Suu«

Zunächst hegte die NLD gewisse Hoffnungen, dass Aung San Suu Kyis Freilassung im Jahr 1995 den Beginn eines echten Versöhnungsprozesses markierte. Sie selbst hoffte, dass die Junta mit der NLD und den Vertretern der ethnischen Minderheiten zusammenkommen würde, um die Probleme des Landes gemeinsam zu lösen. »In Südafrika arbeiten ehemalige Todfeinde nun zusammen, um bessere Bedingungen für das Volk zu schaffen. Weshalb sollten nicht auch wir einen ähnlichen Prozess zustande bringen?«, sagte sie auf einer Pressekonferenz kurz nach ihrer Freilassung.

Ein Grund für diese Hoffnungen war das Gespräch, das sie 1994 mit Khin Nyunt geführt hatte. Im Februar war der amerikanische Kongressabgeordnete Bill Richardson nach Burma gekommen. Er hatte sowohl Suu Kyi als auch Vertreter der Junta getroffen, und danach war es zu Vorbereitungsgesprächen gekommen.

Ein anderer Grund, weswegen Suu Kyi an sinnvolle Gespräche glaubte, waren natürlich die enormen Probleme des Landes. Die Wirtschaft war noch immer nicht in Gang gekommen, die ökonomische »Liberalisierung« der Junta hatte nicht funktioniert. Das lag zum einen an den internationalen Kampagnen, zum anderen an der Tatsache, dass die Generäle nicht verstanden hatten, welcher Maßnahmen es bedurfte, um ausländische Unternehmen ins Land zu locken. Burma war viel zu korrupt. Viele Unternehmen, die Investitionen im

Land erwogen, zogen sich wieder zurück, als ihnen bewusst wurde, dass ein gewisser Prozentsatz der Investitionen in Form von Bestechungsgeldern an zuständige Beamte und Offiziere gezahlt werden musste. Sollten staatliche Unternehmen privatisiert werden, wurden sie oft Generälen und deren Familienmitgliedern übertragen, die umsattelten und Unternehmer wurden, ohne irgendwelche anwendbaren Kenntnisse über marktwirtschaftliche Regeln zu besitzen. Viele ausländische Unternehmen wurden sowohl von der offensichtlichen Inkompetenz abgeschreckt als auch von der Tatsache, dass zahlreiche neue Akteure im burmesischen Wirtschaftsleben ehemalige Drogenbarone aus den Shan-Bergen waren, die nun die Liberalisierung ausnutzten, um die Gelder aus dem Handel mit Heroin und Metamphetamin zu waschen.

Schnell zeigte sich, dass die Junta der Freilassung Suu Kyis auch keine besondere Bedeutung beimaß. Ein erstes Signal war erkennbar, als die staatlichen Zeitungen ihre Freilassung nicht mit einem Wort erwähnten. Als der UN-Gesandte Álvaro de Soto Gespräche zwischen Suu Kyi und der Junta verlangte, erwiderten die Generäle, dass sie eine ganz gewöhnliche Bürgerin sei und es für eine Regierung unmöglich wäre, mit allen Bürgern in einen Dialog zu treten. Einige Monate später sagte der burmesische Botschafter in Bangkok, das Regime »habe keine Absichten, mit Suu Kyi über Reformen zu sprechen«, und verwies auf den nationalen Konvent. »Der Prozess verläuft reibungslos. Ein Dialog mit Außenstehenden ist nicht erforderlich.«

Im November 1995 zog sich die NLD aus Protest gegen die fortgesetzten Schikanen aus dem Konvent zurück, was die Junta zum Anlass nahm, die Propaganda gegen Suu Kyi zu verstärken. Sie und die NLD wurden als Verräter bezeichnet, die die Sicherheit und Stabilität des Landes bedrohten. Die staatlichen Zeitungen, darunter die englischsprachige *New*

Light of Myanmar sowie die *Myanmar Times* publizierten – und tun es noch immer – jeden Tag einen Text mit der Überschrift »Der Wille des Volkes«. Inhaltlich können diese Texte unter den folgenden vier Punkten zusammengefasst werden:

- Bekämpfung derjenigen, die von ausländischen Elementen abhängig sind, welche als Handlanger agieren und negative Ansichten haben.
- Bekämpfung derjenigen, die die Stabilität des Staates und den Fortschritt der Nation aufs Spiel setzen.
- Bekämpfung der Einmischung anderer Länder in unsere inneren Angelegenheiten.
- Zerschlagung aller externen destruktiven Elemente, die unsere gemeinsamen Feinde sind.

Die Texte zielen natürlich in erster Linie auf Aung San Suu Kyi ab. Während ihrer Zeit im Hausarrest hatte die Propaganda sie als eine Marionette in den Händen ihres Ehemanns dargestellt, von dem wiederum behauptet wurde, er habe Verbindungen zu ausländischen Geheimdiensten und anderen Kräften, die Burma in Chaos und Anarchie stürzen wollten.

Trotz allem gelang es Suu Ki, optimistisch zu bleiben. An ihrem Geburtstag, im Sommer 1996, reiste Peter Carey nach Burma. Es war sein erster Besuch, nachdem seine Familie in den 1950er Jahren das Land verlassen hatte. Besonders stark fiel ihm auf, dass Suu Kyi so zuversichtlich wirkte. Außerdem schien sie von den Jahren im Hausarrest völlig unberührt geblieben zu sein.

»Sie glaubte wirklich, dass sich die Dinge in Burma langsam verändern würden, egal wie schwer ihr Dasein im Hausarrest auch gewesen sein mochte. Michael dachte ebenso, als ich in

Oxford mit ihm sprach. Er glaubte, dass eine Veränderung kurz bevorstand. Wir unterhielten uns und verbrachten einige Tage zusammen. Sie war dieselbe Suu, die ich viele Jahre zuvor in Oxford getroffen hatte, mit einer Jasminblüte im Haar und wie üblich voller Energie. In Burma nennt man sie manchmal Eisenschmetterling. Sie ist zerbrechlich und gleichzeitig unglaublich stark und hartnäckig. Ich glaube, in dieser Hinsicht ähnelt sie sehr ihrem Vater.«

In einem Punkt hatte sie ihren Vater sogar übertroffen: Während des Hausarrestes war sie zu einem politischen Superstar geworden, und das in einer Größenordnung, die in den 1940er Jahren noch völlig undenkbar gewesen wäre. Nach der Freilassung traf sie ihre Popularität wie ein Schock. »Sie stand im Zentrum der ganzen Welt, hatte aber noch nicht einmal einen persönlichen Assistenten«, berichtet Debbie Stothard. »Die meisten Aktivisten saßen noch im Gefängnis, und die NLD hatte keine Ressourcen, um jemanden einstellen zu können.«

Debbie Stothard stammt aus Malaysia und startete Mitte der 1990er Jahre die Organisation ALTSEAN. Burma stand zu diesem Zeitpunkt kurz davor, dem Verband der südostasiatischen Nationen, ASEAN, beizutreten. Debbie Stothard gründete ALTSEAN als Lobbyorganisation mit dem Ziel, Länder wie Thailand, Malaysia und Singapur zu einer Verstärkung des politischen Drucks auf Burma zu bewegen. Als Aung San Suu Kyi von dieser Organisation erfuhr, lud sie Debbie Stothard zu sich in die University Avenue ein. Die Begegnung endete damit, dass Debbie zu einer Art Pressesprecherin für Aung San Suu Kyi wurde. Alle Anfragen im Hinblick auf Interviews, Besprechungen und öffentliche Äußerungen landeten fortan im ALTSEAN-Büro in Bangkok, und Debbie flog häufig nach Burma, um direkt mit Suu Kyi zusammenzuarbeiten.

»Alle wollten wissen, wie sie die Zeit im Hausarrest überstanden hatte, wie sie zur Militärjunta stand und welche Pläne sie für die Zukunft schmiedete«, erzählt Stothard. »Alle wollten ein wenig von ihrer Zeit und Aufmerksamkeit ergattern.«

Suu Kyi war zunehmend irritiert über die Tatsache, dass sie immer wieder dieselben Fragen beantworten sollte. Zwar hatte sie so oft wie kaum jemand anderes vor der Kamera gestanden, aber die westliche Medienlogik konnte sie einfach nicht nachvollziehen. »Ich habe die Fragen doch schon beantwortet! Wieso können sich die Journalisten nicht damit begnügen?«, äußerte sie frustriert.

»Jeden Morgen versuchte sie, herauszufinden, ob irgendein NLD-Aktivist in der Nacht verhaftet worden war«, erzählt Debbie Stothard. »Mehrere Stunden verbrachte sie täglich damit, sich um die Familien der Gefangenen zu kümmern. Manchmal wurden wir auch informiert, dass einer ihrer Freunde in der Gefangenschaft gestorben war. In der einen Stunde ging es also um Leben und Tod, und in der nächsten musste sie wieder dieselben Fragen beantworten, auf die sie schon tags zuvor reagiert hatte, doch diesmal von einem Journalisten irgendeiner anderen Mediengesellschaft. Oft wurde sie wütend oder war frustriert über den starken Druck, und wenn Suu Kyi wütend wird, ist es kein Vergnügen, ihr im Weg zu stehen«, berichtet Stothard mit einem Lachen. »Es gibt eine Seite von ihr, die viele übersehen. Sie verfügt über ein enormes Temperament. Sie kann sehr wütend werden, aber meist geht das schnell vorüber, und im nächsten Augenblick ist sie wieder genauso heiter und positiv wie zuvor. Ich kann mir aber gut vorstellen, dass diejenigen, die sie nicht so gut kennen, von diesem Feuer manchmal überrascht werden.«

Debbie Stothard unterzog Suu Kyi einem Medientraining und brachte ihr bei, dass Wiederholungen das A & O im Umgang mit den Medien sind. Berichtet der eine Journalist über etwas Bestimmtes, heißt das nicht automatisch, dass alle anderen dasselbe schreiben. Debbie brachte ihr bei, die Journalisten während eines Interviews direkt anzublicken und in die Kamera zu sprechen, wenn sie für internationale Konferenzen eine Rede oder einen Aufruf auf Video aufzeichnete. Im Anschluss half Debbie dabei, das Band unbemerkt aus dem Land zu bringen.

Ein solches Videoband wurde 1995 auch zur Weltfrauenkonferenz in Peking geschickt, wo Aung San Suu Kyi die Eröffnungsansprache halten sollte. In ihrer aufgezeichneten Rede erklärte sie, wieso es ihr unmöglich sei, persönlich an der Konferenz teilzunehmen: Sie würde in diesem Fall nicht nach Burma zurückkehren können. Daraufhin sprach sie sich für das Recht der Frauen auf Teilhabe an politischer Macht aus und kritisierte die patriarchalischen Traditionen ihrer Heimat. Sie verwies darauf, dass nur 14 der insgesamt 485 in das Parlament gewählten Politiker Frauen seien, die außerdem alle ihrer eigenen Partei angehörten.

Ihre Rede war zu Beginn ein nahezu klassischer Appell für Gleichberechtigung, einen bedeutenden Teil ihrer Ansprache widmete sie jedoch dem Zusammenhang zwischen der buddhistischen Tradition und dem Streben nach Demokratie. Es gebe, so sagte sie, eine philosophische Ähnlichkeit zwischen der buddhistischen Tradition des gegenseitigen Vergebens (Pavarana) und dem vom Volk gewählten Parlament in einem demokratischen politischen System. Bei der Pavarana-Tradition versammeln sich die Mönche im Kloster, erörtern die zwischen bestimmten Menschen erfolgten Kränkungen und Beschuldigungen und fordern danach alle Beteiligten auf, einander zu vergeben.

»Diese religiöse Institution könnte mit einer Kommission für Wahrheit und Versöhnung verglichen werden«, sagte

Aung San Suu Kyi. »Sie könnte aber auch mit der demokratischsten aller Institutionen, nämlich dem vom Volk gewählten Parlament verglichen werden, wo sich Menschen zusammenfinden, um gemeinsam Probleme zu erörtern.«

Der erwähnte Zusammenhang mag sich vielleicht etwas konstruiert und naiv anhören, aber bei den burmesischen Mönchen findet sich tatsächlich Zustimmung zu solch einer Deutung. Wie schon zuvor erwähnt, hatte das Mönchwesen – Sangha – stets eine unabhängige Rolle im Verhältnis zum burmesischen Staatsapparat. In Zeiten starker Unterdrückung oder staatlicher Repressionen durch Alleinherrscher oder Kolonialmächte war das Kloster immer ein freier Ort gewesen, wo die Menschen einen offenen und bedingungslosen politischen Dialog führen konnten. Daher war es kein Zufall, dass die Mönche immer eine wichtige Rolle in den Protesten gegen das Militärregime spielten. Und ebenso wenig war es ein Zufall, dass eine Gruppe von Mönchen der NLD nach der Wahl im Jahr 1990 anbot, das neue Parlament in einem Kloster in Mandalay zu versammeln.

In ihrem Artikel »In quest of democracy«, einem Text aus *Freedom from fear*, entwickelt Aung San Suu Kyi diesen Gedanken noch weiter. Sie beschreibt, wie die Mitte der 1980er Jahre aufkeimende Protestbewegung in ihren Erörterungen und Überlegungen über Macht und Einfluss des Volkes nach Vorbildern suchte und Antworten sowohl in der Tradition der westlichen Ideengeschichte als auch der eigenen Historie fand. Beispielsweise erwähnt sie die Erzählungen über Buddha und seine zehn Empfehlungen zur idealen Herrschaftsform eines Königs. Eine der »Pflichten« des Königs sei es, nicht gegen den Willen des Volkes zu regieren. In der buddhistischen Mythologie finden sich zahlreiche Beispiele von Königen und Machthabern, die das ihnen gewährte Vertrauen durch Brutalität und Korruption verspielten und von ihren Untertanen abgesetzt wurden. »Es ist ein starkes Argument für die Demokratie«, schreibt Aung San Suu Kyi, »dass solche Regierungen, die den Willen der Bevölkerung respektieren, die sich innerhalb eines verbindlichen Rechtssystems bewegen und die für ihre Taten zur Rechenschaft gezogen werden können, weitaus stärker in Übereinstimmung mit den buddhistischen Pflichten eines Königs handeln, als ein mit aller Macht ausgestatteter Alleinherrscher oder eine herrschende Klasse, die dem Willen des Volkes kein Gehör schenken muss.«

In einem anderen Abschnitt widmet sie sich der Frage der Menschenwürde. Im Buddhismus dreht es sich im Grunde um die dem Menschen innewohnende Würde. Alle Menschen verfügen über das Potential, das Nirwana zu erreichen, die Wahrheit zu erkennen und durch ihre Handlungen anderen dabei zu helfen, dasselbe zu erlangen. Doch um zu einer solchen Betrachtungsweise des Daseins zu gelangen, muss man das Dasein an sich in Frage stellen, und eben diese kritische Betrachtung widerspricht der Logik der Diktatur vollkommen. Diktaturen verlangen einen Glauben ohne Zweifel. Weiter führt sie aus: »Ein Glaube, der den orthodoxen Tendenzen innerhalb der biblischen Religionen des Westens ähnlicher ist als den eher liberalen Einstellungen des Buddhismus.«

In seinem Buch über Aung San Suu Kyi schreibt Bertil Lintner, dass ihre politische Sichtweise nach dem Hausarrest stärker von Mystizismus und buddhistischem Gedankengut geprägt war als zuvor. Während ihrer Zeit im Ausland handelten ihre Texte häufig von der noch unvollkommenen Modernisierung Burmas und von praktischen politischen Fragen sowie Analysen des Kolonialismus und der Militärdiktatur. Vor ihrer Rückkehr nach Burma ähnelte Suu Kyi daher interessanterweise viel mehr ihrem Vater. Gleich zu Beginn seiner ersten politischen Ansprache als Student hatte er die Bedeutung der Trennung zwischen dem Mönchtum und der Politik hervorgehoben. Und obwohl die nationalistische Bewegung vom Buddhismus beeinflusst war, hielt er auch später im Leben an diesen Prinzipien fest. Nach sechs Jahren im Hausarrest und jeder Menge Zeit für religiöse Studien versuchte Suu Kyi indes aktiv, Politik und Religion miteinander zu verbinden. Ganz bewusst verzichtet sie darauf, den Buddhismus oder irgendeine andere Religion als geschlossenes System zu betrachten, verwendet aber häufig antike buddhistische Ausdrücke oder moralische Empfehlungen, um ihre eigene Philosophie zu erläutern: *metta*, *karuna*, *parami*, *sati*, *vipassana*, *nibanna* und so weiter.

Natürlich lässt sich all dies als eine Mystifizierung der politischen und wirtschaftlichen Probleme Burmas deuten. Lintner schreibt, es erinnere an den bhutanischen König Jigme Singye Wangchuck, der das Bruttosozialprodukt als Maßstab für den Fortschritt seines Landes durch ein »Bruttosozialglück« zu ersetzen suchte. Aung San Suu Kyi hatte König Wangchuck in den 1970er Jahren während ihres Aufenthalts in Bhutan kennengelernt; der Zusammenhang liegt also nahe.

Doch Aung San Suu Kyis neuer Fokus auf Religion und geistige Fragen kann auch als Versuch gedeutet werden, Demokratie und Freiheit so darzustellen, dass sie mit der traditionellen burmesischen Sichtweise auf gesellschaftliche Fragen verbunden werden können. Michael Aung-Thwin, der mit Suu Kyi in den 1980er Jahren in Kyoto zusammenarbeitete, hat ihr und der Demokratiebewegung vorgeworfen, eine Art »demokratischen Dschihad« zu betreiben. Demokratie um jeden Preis und gemäß westlichem Vorbild. Seine Kritik erinnert an die Argumentationsweise der Junta. Schon seit dem Militärputsch 1962 haben die Generäle, ähnlich wie viele andere Diktaturen in der Dritten Welt, behauptet, dass die Demokratie ein westlicher Import sei und den kulturellen und religiösen Traditionen des eigenen Landes fremd wäre.

Viele Machthaber in Asien sprechen gern von »asiatischen Werten« – häufig ein Vorwand für die Aufrechterhaltung einer totalitären Regierungsform.

Aung San Suu Kyi versucht aufzuzeigen, dass das Streben des Volkes nach Teilhabe an den politischen Entscheidungsprozessen nicht nur zutiefst menschlich, sondern darüber hinaus in einer Tradition verankert ist, die auch in Burma Gültigkeit hat. Aung San Suu Kyi hat keine ausführlicheren politischen Texte verfasst; die lange Zeit im Hausarrest hat sie außerdem daran gehindert, eine konkretere und umfassendere Beschreibung ihres politischen Programms abzugeben. Doch durch die Hervorhebung der Berührungspunkte zwischen Demokratie und Buddhismus leistet sie einen wichtigen Beitrag zur Debatte über die Legitimität von Demokratie.

Die Zeit im Hausarrest hatte Aung San Suu Kyis Popularität nicht geschadet. Vielmehr war es während der Isolation zu einer Art Mythenbildung um ihre Person gekommen, und als sie freigelassen wurde, war das Interesse, ihr zuzuhören, größer als je zuvor. In den ersten Tagen nach ihrer Freilassung im Sommer 1995 versammelten sich Tausende von Menschen vor ihrem Haus. Am Ende waren es so viele Menschen, dass sie zusammen mit ihren Mitarbeitern einen Tisch an der Gartenpforte zum Grundstück aufstellen musste. Sie trug eine grüne Bluse und einen graublauen Longyi und bestieg mit einem breiten Lächeln im Gesicht die improvisierte Bühne. Einige der NLD-Aktivisten stellten sich neben sie und behielten das Publikum im Auge, während sie eine kurze Ansprache hielt.

Am folgenden Tag fanden sich noch mehr Menschen an ihrem Gartentor ein. Die NLD-Anführer wiederholten die Prozedur, was allerdings nur zur Folge hatte, dass am Tag danach die Menschenmenge noch größer war. Schließlich ging es nicht anders, als ihre Auftritte zu beschränken; von nun an hielt sie jeden Samstag um vier Uhr nachmittags eine Rede. Für viele Einwohner Ranguns wurden diese Auftritte zu einer Art Wochenendvergnügen. Ausgestattet mit Speisen und Getränken ließen sich die Menschen auf Decken nieder und warteten, bis sich Aung San Suu Kyi am Gartentor zeigte. Sie sprach exakt eine Stunde, vorzugsweise über politische Fragen, die SLORC, die Situation der NLD-Aktivisten in den Gefängnissen und die grundlegenden Prinzipien eines demokratischen Systems. Nach einer gewissen Zeit wurde auch ein Briefkasten am Gartentor befestigt. Dort konnten die Menschen ihre niedergeschriebenen Fragen einwerfen, die Suu Kyi dann während ihrer Wochenendauftritte beantwortete und kommentierte. Sie sprach in einem informellen und sorglosen Ton und scherzte fast ununterbrochen mit ihrem Publikum. Natürlich wurden diese Veranstaltungen von der Sicherheitspolizei überwacht, und Aung San Suu Kyi versäumte nie, die Menschen zur Vorsicht zu ermahnen und sie nach Hause zu schicken, wenn sie ihre Rede beendet hatte. Aufgrund ihrer Erfahrungen im Wahlkampf 1989 wusste sie, dass ihre Zuhörer immer in der Gefahr schwebten, verhaftet zu werden.

1995 konnte sich Aung San Suu Kyi einige Monate lang relativ frei bewegen, doch dieser Zustand währte nicht lange. Im Herbst 1995 verließ sie zum letzten Mal die Hauptstadt und besuchte ein Kloster in der Nähe des Berges Thamanya, ungefähr acht Autostunden von Rangun entfernt. Dort traf sie mit Hsayadaw U Vinaya zusammen, einem der meistgeachteten Mönche Burmas. Nach den Massakern ein paar Jahre zuvor hatte er sich von der Junta distanziert und sich geweigert, die Gaben und Vergünstigungen zu akzeptieren, die die Junta dem Kloster anbot. Nach den blutigen Maßnahmen gegen die Klöster im Zusammenhang mit der Wahl 1990 hatten sich die Mitglieder der Junta auf diese Weise ein besseres

Karma erhofft. In dem Buch *Letters from Burma*, einer Artikelsammlung, die sie Mitte der 1990er Jahre für eine japanische Zeitung verfasste, beschreibt Suu Kyi diesen Besuch ausführlich. Unter anderem erwähnt sie die Klosterschule, in der 375 Kinder aus der Gegend, die sich weder eigene Schulbücher noch Schreibmaterial leisten konnten, von 13 Lehrern unterrichtet wurden.

Diese Reise war die vorläufig letzte. Als Suu Kyi und ein paar andere Mitglieder aus der Führungsriege der NLD kurz vor dem Jahreswechsel an einem karenischen Neujahrsfest teilnehmen wollten, erklärte die Junta, ihre Freiheit würde es keineswegs beinhalten, dass sie nach Gutdünken im Land umherreisen könne. Ein anderes Mal wollte sie in die zweitgrößte Stadt Mandalay reisen, um dort ein neues NLD-Büro zu eröffnen. Doch genau in dem Augenblick, als ihr Zug losfahren sollte, wurde ihr Waggon abgekoppelt und blieb auf dem Bahnhof zurück. Die Behörden beriefen sich auf technische Probleme.

Sobald Suu Kyi ihr Haus verließ, um Freunde oder Parteiaktivisten in Rangun zu besuchen, wurde sie von einem Fahrzeug der Sicherheitspolizei und zwei Polizeimotorrädern verfolgt. Besuchte Suu Kyi abends ein Restaurant, konnte es geschehen, dass dieses am nächsten Tag geschlossen wurde, so dass ihre Möglichkeiten, sich unter Menschen zu bewegen, stark begrenzt waren.

»Versucht man, Sie durch die Überwachung fertigzumachen?«, fragte ein Journalist von der BBC.

»Sollte es so sein, wird es ihnen nicht gelingen«, erwiderte Suu Kyi mit einem Lachen. »Außerdem ist es fast ein wenig rührend, dass sie ihre Überwachung nicht besser tarnen können. Was nützt eine Geheimpolizei, wenn sie nicht im Geheimen agiert?«

Gleichzeitig fuhr die »Geheimpolizei« damit fort, NLD-Anhänger zu verhaften und die Parteiversammlungen zu stören. Anlässlich des burmesischen Unabhängigkeitstags hatte Aung San Suu Kyi zu einer großen Party in die University Avenue geladen. Unter den Gästen waren auch zwei Mitglieder der sogenannten Schnauzbartbrüder, einer sehr bekannten Komikertruppe aus Mandalay. Als die beiden Komiker das Fest wieder verlassen wollten, wurden sie von der Polizei festgenommen und dann zu drei Jahren Zwangsarbeit im Kachin-Staat verurteilt.

Die Junta hatte sich darüber hinaus eine neue Waffe im Kampf gegen die Demokratiebewegung zugelegt. Im Herbst 1993 hatte Juntaführer Than Shwe die Union Solidarity and Development Association (USDA) gegründet. Die Absicht war, eine regimetreue Kraft in der Zivilgesellschaft zu etablieren, die ähnlich wie die Golkar-Partei für Diktator Suharto in Indonesien oder wie die Kommunistische Partei für Mao in China agieren konnte. Der Plan war simpel: Jedes Parteitreffen der NLD sollte von Aktivisten der USDA, die den ganzen Machtapparat hinter sich hatte, gestört werden. Die Parteimitglieder wurden mehr oder weniger unter Zwang rekrutiert. Schulkindern wurde eingeschärft, dass sich ihre Noten erheblich verschlechtern würden, wenn sie sich der USDA nicht anschlössen. Auf dem Land wurden arme Jugendliche mit dem Versprechen angeworben, dass ihre Eltern keine Steuern mehr bezahlen müssten oder sie selbst einer Zwangsrekrutierung als Träger für die Armee entgehen würden. In den Dörfern hatte die USDA oft das Gewaltmonopol von der Polizei übernommen und die politische Überwachung verschärft. Zugleich nahm die Jugendorganisation der USDA Züge einer bewaffneten Miliz an, deren Mitglieder in Waffengebrauch, Kampfsport und nachrichtendienstlicher Arbeit ausgebildet wurden – immer in enger Zusammenarbeit mit dem Sicherheitsdienst. Ihr vornehmlicher Auftrag bestand darin, die oppositionellen politischen Zusammenkünfte und Kräfte zu sabotieren.

Während einer dieser Zusammenkünfte in der Stadt Inndaw im Herbst 1996 richtete der USDA-Generalsekretär U Win Sein ein paar grobe Angriffe gegen Aung San Suu Kyi. Er verlangte von seinen Anhängern, die Ursachen für die internen politischen Probleme des Landes »auszurotten«. »Versteht ihr, was ich mit ausrotten meine?«, schrie er ins Mikrophon. »Ausrotten bedeutet töten! Wagt ihr es, Aung San Suu Kyi zu töten? Wagt ihr es?«

Noch am selben Tag wurden Suu Kyi und die übrige Parteiführung angegriffen, als sie mit ihren Fahrzeugen wieder nach Rangun zurückkehrten. Ungefähr 200 USDA-Aktivisten überfielen sie mit Knüppeln und Pflastersteinen. Autofenster gingen zu Bruch, aber Aung San Suu Kyi kam unbeschadet davon. Später stellte sich heraus, dass jeder Angreifer 5000 Kyat von der USDA erhalten hatte, was einem knappen Wochenlohn entspricht. Nach weiteren Angriffen der USDA, unter anderem während einer buddhistischen Zeremonie, wandte sich Suu Kyi mit einer deutlichen Warnung an die Weltöffentlichkeit.

»Die Weltgemeinschaft muss begreifen, dass die USDA keine soziale Wohlfahrtsorganisation ist, so wie sie selbst behauptet«, erklärte sie. »Es handelt sich vielmehr um eine Organisation, die von den Behörden gelenkt und wie eine Gangsterbande eingesetzt wird. Ihre Vorgehensweise erinnert an die nationalsozialistischen Braunhemden. Die Junta hat Mitglieder dieser sogenannten Wohlfahrtsorganisation damit beauftragt, Teilnehmer an einer friedlichen religiösen Zeremonie brutal zu misshandeln. Was sie tun, ähnelt dem, was die Braunhemden in Deutschland taten.«

Im Herbst 1997 legte die SLORC ihren alten Namen ab und nannte sich fortan State Peace and Development Council (SPDC). Diese propagandistische Maßnahme schien anzudeuten, dass es sich hierbei auch um einen politischen Wechsel handelte. Einige Mitglieder der Junta wurden gestürzt und der Korruption beschuldigt. Doch ebenso wie der Wechsel des Landesnamens von Burma zu Myanmar hatte die Namensänderung in der Praxis keine Bedeutung. Bertil Lintner fand einige Zeit später heraus, dass die Junta das amerikanische PR-Unternehmen Bain and Associates Inc. konsultiert hatte. Um der internationalen Kritik besser begegnen zu können, hatte das Unternehmen eine Schönheitsoperation empfohlen.

»Im Hinblick auf die Menschenrechte hat es in den letzten Jahren nicht die geringsten Verbesserungen gegeben«, konstatierte Rajsoomer Lallah, der von der UN zum Sonderberichterstatter für Menschenrechte ernannt worden war. Im November 1998 ermahnte UN-Generalsekretär Kofi Annan die SPDC erneut, einen Dialog mit der demokratischen Opposition und den ethnischen Minderheiten aufzunehmen. Doch auch diesmal kam es nicht dazu.

Im Laufe der 1990er Jahre wurde deutlich, dass die NLD interne Probleme hatte. Erstens war kaum etwas von der Organisation übrig geblieben, die im Wahlkampf 1989 aufgebaut worden war. Die meisten Parteibüros waren zwangsweise geschlossen worden, einige Hundert Aktivisten saßen im Gefängnis, und Aung San Suu Kyi war in ihrer Bewegungsfreiheit stark eingschränkt. Das alles verhinderte einen schnellen Wiederaufbau der Partei.

Zweitens führten die von der Junta veranlassten Verhaftungen, Folterungen und Schikanen dazu, dass einige der führenden Parteivertreter der NLD den Rücken kehrten und sich öffentlich von Aung San Suu Kyi distanzierten. Eines der ersten Mitglieder, die absprangen, war Ma Thanegi. Sie hatte dem Führungsgremium der NLD angehört und war bei dem Vorfall in Danubyu im Wahlkampf 1989 in unmittelbarer Nähe Suu Kyis gewesen, als die Soldaten ihre Gewehre auf sie gerichtet hatten. Ma Thanegi hatte drei Jahre im Gefängnis gesessen und warf Aung San Suu Kyi nun vor, viel zu dogmatisch und stur zu sein und die Probleme des Landes nicht wirklich lösen zu wollen. In der *Far Eastern Economic Review* veröffentlichte sie einen Artikel, in dem sie die Weltgemeinschaft ermahnte, Burma nicht einfach nur als ein Spielbrett im Kampf zwischen Gut und Böse bzw. Schwarz und Weiß zu betrachten. Es gebe immer Grauzonen, hob sie hervor, und die Antworten auf die Probleme des Landes könnten niemals einfache sein.

Der Kern ihrer Kritik bezog sich auf die Sanktionen. Beeinflusst vom Kampf gegen die Apartheid in Südafrika hatte Aung San Suu Kyi die Weltgemeinschaft zur Einführung von Wirtschaftssanktionen gegen Burma aufgefordert. Dabei bezog sie sich gleichermaßen auf Handel, Investitionen und Tourismus. (In Burma war es bisher überaus schwierig als Tourist umherzureisen, ohne dass das ausgegebene Geld in den Taschen der Junta landete.) Zwar drückte sich Ma Thanegi nicht so direkt aus, aber zwischen den Zeilen konnte man herauslesen, dass sie ausländische Investitionen zur Lösung der Probleme im Land befürwortete. Noch dazu warf sie Suu Kyi vor, einen Dialog mit der Junta zu blockieren. Anstatt Gespräche mit der Junta zu führen, »entschied sie sich, die Junta unter Druck zu setzen und die Welt darum zu bitten, von Entwicklungshilfe und wirtschaftlicher Unterstützung abzusehen«, schrieb Ma Thanegi.

Ihr Angriff erregte große Aufmerksamkeit und wurde von solchen Unternehmen unterstützt, die im Rahmen der wirtschaftlichen Liberalisierung geschäftliche Interessen in Burma verfolgt hatten. Auch viele ausländische Diplomaten in Rangun klatschten Beifall, da sie die Isolationspolitik für überholt hielten.

Der größte Verlust jedoch, den die NLD zu verzeichnen hatte, war vermutlich U Kyi Maungs Abkehr. Er war einer der engsten Mitarbeiter Aung San Suu Kyis gewesen und hatte während des Wahlkampfes als Parteivorsitzender gedient. U Kyi Maung hatte zu einem früheren Zeitpunkt einmal in zweideutiger Weise geäußert, Suu Kyi sei »ergeben, bis an die Grenze des Fanatismus, auf eine Art, die sich negativ auswirken kann«. Nun ging das Gerücht um, er hätte sich aus Protest gegen ihre Führung abgewendet. Kurze Zeit später verfassten weitere 25 NLD-Mitglieder, die 1990 in das Parlament gewählt worden waren, einen offenen Brief, in dem sie Suu Kyi vorwarfen, einen sinnvollen Dialog mit der Junta zu verhindern.

War ihre Kritik berechtigt?

Auf der einen Seite lautet die Antwort selbstverständlich Nein. Die Kritik, die sich seitdem in der politischen Debatte wiederfindet, ist geradezu bizarr. Was kann man eigentlich von einem Menschen erwarten, der so lange unter Hausarrest gestanden hat und zusehen musste, wie Freunde und Kollegen in den Gefängnissen des Landes starben? Außerdem hat sie, seitdem sie zur Anführerin der Demokratiebewegung wurde, sich immer einen Dialog mit der Junta gewünscht. Als sie aus dem ersten Hausarrest entlassen wurde, sprach sie sich für Gespräche und gegen eine unmittelbare und totale Kapitulation der Generäle aus. Es war die Junta, die ihr den Dialog verweigerte. In einem Interview mit *Asiaweek* im Jahr 1999 hielt sie es sogar für möglich, die Gespräche mit der Junta auf einer niedrigeren Ebene anzusetzen, und erklärte, nicht selbst mit am Tisch sitzen zu müssen. Im Laufe der 1990er Jahre betonte sie mehrmals, nicht unbedingt eine formelle politische Position anzustreben, und verhielt sich in dieser Situation ähnlich wie Gandhi es getan hatte.

Diese Haltung kann demnach weder dogmatisch noch unflexibel genannt werden. Die gegen sie gerichtete Kritik war eher eine Folge zweier anderer Umstände; zum einen eine Folge der von der Junta betriebenen Propaganda und zum anderen eine Konsequenz der zunehmenden Frustration der Demokratiebewegung, die – damals wie heute – den Stillstand der Entwicklung beklagte. Burma steckte bis zu diesem Zeitpunkt nach wie vor an einem Nullpunkt fest, insofern war es nicht verwunderlich, dass viele auf irgendetwas hofften, das den Veränderungsprozess in Gang bringen konnte.

Auf der anderen Seite kann man es natürlich auch als problematisch auffassen, dass die Demokratiebewegung so stark von Aung San Suu Kyi abhängig ist. Denn im Prinzip ist es kaum möglich, sie zu kritisieren, ohne als Unterstützer der Militärführung dazustehen. Darüber hinaus liegt offenbar ein gewisser Wahrheitsgehalt in der Behauptung, dass sie – im Guten wie im Bösen – überaus eigensinnig ist und nach ihrer Entlassung aus dem ersten Hausarrest Aussagen machte, die man als dogmatisch verstehen konnte. »Wir oder die totale Zerstörung«, hatte sie beispielsweise einige Wochen nach der Freilassung auf einer Pressekonferenz geäußert. Einige Jahre später, während eines Essens in einem Restaurant im Shan-Staat, gestand sie einem nahen Freund, dass es eben jene Äußerung war, die sie am meisten bereute. Ursprünglich war es U Tin Oo gewesen, der diese Worte benutzt hatte, um die Bedeutung der Demokratiebewegung für die Zukunft Burmas zu beschreiben. Suu Kyi hatte sie lediglich als Ehrenbezeugung für den älteren Parteikollegen wiederholt. Wie sie aber selbst erkannte, war dies jedoch eine allzu drastische Äußerung gewesen, die seitdem immer wieder von der Junta vorsätzlich benutzt wurde, um sie als einen Menschen abzustempeln, der die wirtschaftliche Entwicklung Burmas für seine eigene politische Karriere opferte.

Das Bild Aung San Suu Kyis ist mit anderen Worten also weitaus vielfältiger, als es zunächst den Anschein haben mag. Es entsteht der Eindruck eines Menschen, der bereit ist, über alles zu verhandeln, sofern dies zu mehr Demokratie und größerer Offenheit führt, der aber auch gewisse grundlegende Forderungen stellt. Die Junta sollte alle politischen Gefangenen freilassen, die Aktivitäten der NLD erlauben und Aung San Suu Kyis Bewegungsfreiheit garantieren.

Wenn diese – höchst angemessenen – Forderungen nicht erfüllt wurden, konnte Suu Kyi allerdings genauso starrköpfig sein, wie ihre Kritiker stets behaupteten.

Im Sommer 1998 sollte die Junta hiervon eine Kostprobe erhalten. Seit über zwei Jahren hatte sich die Junta geweigert, Gespräche zu führen, und Suu Kyi außerdem daran gehindert, Rangun zu verlassen. Sie hatte viel getan, um die Organisationsstruktur der NLD in der Hauptstadt wiederherzustellen, war aber immer wieder drangsaliert worden. Am 27. Mai kam die NLD zu einem kurzfristig anberaumten Kongress zusammen und verlangte, dass die Junta spätestens im August das im Jahr 1990 gewählte Parlament einberufen müsse. Die Junta reagierte wie gewohnt und ließ Dutzende von Volksvertretern verhaften, um ein Exempel zu statuieren.

In dieser Situation beschloss Aung San Suu Kyi, die Grenzen ihrer eigenen Bewegungsfreiheit auszutesten. Im Sommer 1998 versuchte sie zweimal, Rangun in einem Auto zu verlassen, wurde jedoch beide Male von der Polizei gestoppt. Am 22. Juli unternahm sie einen weiteren Versuch. Zusammen mit einem Assistenten und zwei Fahrern setzte sie sich in einen Wagen und fuhr in Richtung Bassein im westlichen Irrawaddy-Delta. Nach 30 Kilometern wurden sie von einer bewaffneten Polizeistreife angehalten. Doch Aung San Suu Kyi weigerte sich, umzukehren, und übernachtete sechs Tage mitsamt ihren Begleitern im Wagen, ständig beobachtet von der Polizei und internationalen Medien. Sie hatten nur wenig Wasser und nichts zu essen dabei, und die Polizei sorgte dafür, dass sich niemand dem Wagen nähern und die Insassen mit Nahrung versorgen konnte. Schließlich hatte die Polizei genug von der Aktion. Die Polizisten rissen die Wagentür auf und zerrten den Fahrer heraus. Aung San Suu Kyi, die geschlafen hatte, wurde mit Gewalt auf dem Rücksitz festgehalten und zurück in die University Avenue gebracht.

Sie war stinksauer. »Sie haben mich entführt. Und sogar meinen Wagen gestohlen«, ließ sie über einen Sprecher verlauten und versprach, einen weiteren Versuch zum Verlassen der Hauptstadt zu unternehmen, sobald sie wieder zu Kräften gekommen wäre.

Der Zeitpunkt war strategisch gut gewählt. Zur selben Zeit, als Aug San Suu Kyi am Stadtrand von Rangun die Nächte auf der Rückbank eines Autos verbrachte, wurde in der philippinischen Hauptstadt Manila eine Konferenz der ASEAN abgehalten. Die amerikanische Außenministerin Madeleine Albright war Teilnehmerin an der Konferenz und forderte gemeinsam mit ihren Kollegen aus den ASEAN-Ländern die burmesischen Vertreter auf, Aung San Suu Kyi freizulassen und einen Dialog mit der Demokratiebewegung einzuleiten. Hla Min, der Sprecher der SPDC, wies die Kritik entnervt zurück und warf Suu Kyi vor, den Zusammenstoß mit der Polizei bewusst provoziert und somit Madeleine Albright einen Vorwand geliefert zu haben, Burma angreifen zu können.

Im Laufe des Herbstes bildete die NLD ein Komitee, welches das gewählte Parlament repräsentieren sollte. Die Junta reagierte wie üblich und erhöhte den Druck. Über tausend NLD-Aktivisten wurden ins Gefängnis geworfen oder gezwungen, sich von der Partei abzuwenden. Zahlreiche Parlamentarier wurden in sogenannten Gästehäusern festgehalten und sollten so lange dort bleiben, bis sie eine »reformierende Ausbildung« durchlaufen hätten. Wenn es bis zu diesem Zeitpunkt irgendein Vertrauen zwischen Aung San Suu Kyi und Khin Nyunt gegeben haben sollte, war dies ab diesem Zeitpunkt vollkommen zerstört. Im Januar 1999 reichte die NLD eine Klage ein und beschuldigte den mächtigen Chef der Sicherheitspolizei, eine politische Partei zu sabotieren, die laut burmesischem Gesetz das Recht hätte, frei zu agieren.

Genau in diesem Moment, als die Lage in Burma nicht dramatischer hätte sein können, ereignete sich in Oxford etwas, das alles veränderte: Michael Aris hatte erfahren, dass er an Krebs erkrankt war.

Die Familie hatte bereits einige schwere Jahre durchlebt. Die beiden Jungen hatten unter dem sechs Jahre währenden Hausarrest ihrer Mutter sehr gelitten. Doch niemals hatten sie sich öffentlich beklagt oder Aung San Suu Kyi für ihre Entscheidung, in Rangun zu bleiben, kritisiert. Als sie unter Hausarrest gestellt wurde, hatte Alexander bereits entschieden, England zu verlassen, um in den USA zu studieren. Kim war gerade ins Teenageralter gekommen und vermisste seine Mutter sehr. Außerdem hatte Michael 1990 einen Job als Gastforscher in Harvard angenommen, und Kim wohnte zwei Jahre bei Michaels Schwester Lucinda Phillips und ihrer Partnerin Adrienne. »Ohne Mamas kreative Energie und ihre Nähe war es zu Hause nicht dasselbe«, sagte er viele Jahre später, als er selbst heiratete, eine Familie gründete und als Tischler in Oxford arbeitete. »Wenn sie da war, kamen immer Leute zu Besuch, und ständig machten wir phantastische Reisen. Ohne sie verlief unser Leben viel schlichter.«

Nach ihrer Freilassung im Jahr 1995 reiste die Familie zweimal nach Burma, zunächst im Sommer und danach in der

Weihnachtszeit. Im folgenden Jahr erhielt Kim die Erlaubnis, zweimal nach Burma zu fliegen, und jedes Mal blieb er einige Wochen bei seiner Mutter. Da der Familie das Recht der Jungen auf ein Privatleben immer sehr wichtig war, gibt es keine Aufzeichnungen über diese Zeit. Lediglich eine kurze Anekdote beschreibt, wie Kim seiner Mutter während eines Besuchs Reggae und Rockmusik schmackhaft machte. Ständig war er mit einem Walkman herumgelaufen und hatte die Lautstärke voll aufgedreht. Suu Kyi befürchtete, dass er einen Hörschaden davontragen würde, und ließ ihn schließlich seine CDs über die Stereoanlage spielen. Und Suu Kyi, die niemals etwas anderes als klassische Musik gehörte hatte, fand schließlich sogar Gefallen an Bob Marley und Grateful Dead. »Mir gefällt die Botschaft in einigen der Bob-Marley-Songs«, sagte sie, als ich im Februar 2011 mit ihr zusammentraf. »Get up, stand up, stand up for your rights.«

Obwohl Michael Aris mehrmals darum ersucht hatte, war ihm nach 1995 kein Einreisevisum mehr erteilt worden. Das Leben war weitergegangen. Er hatte seine Arbeit als Wissenschaftler und Lehrer weitergeführt und sich an der Gründung eines Zentrums für tibetanische Studien an der Universität von Oxford beteiligt. Kurz vor Weihnachten 1998 hatte er erfahren, dass er an Prostatakrebs erkrankt war. Er rief seinen Freund Peter Carey an. »Ich habe eine gute und eine schlechte Nachricht«, sagte er. »Die schlechte ist, dass ich Krebs habe. Die gute ist, dass ich die Absicht habe, ihn zu besiegen.«

Im Januar zeigten Untersuchungen, dass die Krankheit auf Lunge und Wirbelsäule übergegangen war. Michael wusste, dass ihm nicht mehr viel Zeit blieb und beantragte sofort ein Visum für Burma. Er wollte seine Frau ein letztes Mal sehen. Aber selbst in dieser Situation wurde ihm die Einreise verweigert. Das Gesundheitswesen in Burma habe keine Möglichkeit, sich entsprechend um ihn zu kümmern, erklärte die Junta, schlug dann aber vor, dass Aung San Suu Kyi, »die sich bester Gesundheit erfreut, nach England reisen kann, um ihren sterbenden Mann zu treffen, der sie so gern sehen möchte«.

Es muss eine überaus schwierige Entscheidung gewesen sein, aber nachdem sie die Angelegenheit mehrmals am Telefon erörtert hatten, kamen die beiden überein, dass Suu Kyi in Burma bleiben sollte. Der Junta wäre es natürlich sehr lieb gewesen, wenn sie Burma verlassen hätte. Aber dann hätten sie die Generäle zweifellos an einer Rückkehr gehindert, und alle im Kampf gegen die Junta geleistete Arbeit wäre umsonst gewesen. Nachdem Michael ins Krankenhaus gekommen war, telefonierten die beiden jeden Abend miteinander. Die Junta hatte Suu Kyi noch immer nicht erlaubt, ein Telefon anzuschließen, also musste sie jedes Mal einen ausländischen Diplomaten aufsuchen, der Michaels Anruf annehmen konnte. Das funktionierte so lange, bis die Junta dahinter kam, was sie dort trieb, und eines Abends wurde die Leitung gekappt, nachdem sie sich gerade begrüßt hatten. Der Diplomat berichtete später, dass er in diesem Augenblick Suu Kyi das erste Mal habe weinen sehen.

Alexander studierte in den USA, kehrte aber vorübergehend nach Oxford zurück, um seinem Vater nahe zu sein. Er und Kim waren anderer Ansicht als ihre Eltern. Sie vermissten ihre Mutter und wollten gern, dass ihre Eltern Michaels letzte Tage gemeinsam verbrachten. »Sie können sich ja vorstellen, wie schwer es war, ihnen diesen Wunsch zu verweigern«, erzählte Suu Kyi später.

Um die Generäle zu einer Änderung ihrer Haltung zu bewegen, formte sich eine internationale Kampagne. Bill Clinton, Kofi Annan und Papst Johannes Paul II. appellierten an die Junta, Michael Aris einreisen zu lassen. Aber nichts half. Er starb an seinem Geburtstag, dem 27. März 1999.

»Sie ähnelten einander sehr«, sagt Debbie Stothard, die Michael während ihrer Zusammenarbeit mit Suu Kyi kennengelernt hatte. Debbie war 1998 zu Besuch in Europa und wurde dann auch von Michael nach Oxford eingeladen.

»Es war sehr beeindruckend, das Haus in 15 Park Town zu sehen«, erinnerte sie sich. »Er hatte es mehr oder weniger ihr zu Ehren eingerichtet. Überall hingen Bilder von ihr und all die Preise und Auszeichnungen, die sie im Laufe der Jahre bekommen hatte.« Nachdem sie einige Stunden miteinander gesprochen hatten, bestand Michael darauf, sie zum Bahnhof zu fahren, damit sie auch sicher nach Hause kommen würde.

»Das war ziemlich typisch«, sagt sie mit einem Lachen. »Ich habe die ganze Welt bereist und hätte problemlos auch allein zum Bahnhof kommen können. Aber er hatte dieselbe menschliche Fürsorglichkeit wie Suu Kyi. Sie achtet immer auf ihre Mitarbeiter. Sie kümmert sich um deren Familien, passt auf, dass sie genügend essen, und kocht Tee, wenn sie eine Pause brauchen. Er machte es genauso. Sie waren wie Zwillinge.«

Auf dem Weg zum Bahnhof fuhren sie durch das Zentrum von Oxford, und Michael zeigte ihr einige Orte, die Suu Kyi immer aufgesucht hatte. »Hier ist meine Suu spazieren gegangen, als die Kinder noch klein waren«, sagte er, als sie an einem Park vorbeikamen. Oder »hier arbeitete meine Suu«, als sie die Bodleian-Bibliothek passierten. Es war so, als hätte er – vor dem Hintergrund der jahrelangen Öffentlichkeit – eine Sphäre erschaffen, die nur ihnen beiden gehörte. Eine Landkarte der persönlichen Erinnerungen. Vielleicht hat Ann Pasternak Slater in ihrem Essay über Suu Kyi etwas von der Beziehung zwischen den beiden eingefangen. Am Ende des Textes zitiert sie den Dichter W. B. Yeats:

How many loved your moments of glad grace,
And loved your beauty with love false and true.
But one man loved the pilgrim soul in you.

»Ich glaube, dass der Abstand zwischen den beiden zu seinem Tod geführt hat«, sagt Peter Carey. »Es war sehr schwer für ihn, sie nicht sehen zu können und sich daheim in England um alles kümmern zu müssen. Er war ein fähiger Tibetologe, er schrieb Bücher, kümmerte sich um die Kinder und wurde gleichzeitig zu einer öffentlichen Person. Nach 1988 hatte er eigentlich kein Privatleben mehr, aber ich hörte ihn niemals klagen. Er tat es, weil er Suu liebte.«

13.
Mordversuch

Das Tauziehen zwischen Suu Kyi und der Junta setzte sich auch im Jahr 2000 weiter fort. Aung San Suu Kyi beschloss erneut, die Grenzen auszutesten. Wie schon zwei Jahre zuvor wollte sie – dieses Mal zusammen mit dem fast 80-jährigen Parteikollegen U Tin Oo – Rangun in einem Auto verlassen. 14 Mitglieder der NLD-Jugendorganisation, die in einem Nebengebäude auf dem Grundstück am Inya See wohnten, fuhren in einem Toyota-Pick-up voraus. Als sie den Rangun-Fluss überquert hatten und nach Dala kamen, wurde die Straße von zwei Militärfahrzeugen blockiert. Wie schon 1998 weigerte sich Aung San Suu Kyi umzukehren.

»Die Soldaten waren ziemlich frustriert«, erzählte Maung, einer der jungen Studenten, die auf der Ladefläche des Pick-ups saßen. »Der Fahrer ließ das Lenkradschloss einrasten, damit sie den Wagen nicht von der Straße rollen konnten. Die Soldaten wussten nicht, wie sie Suu Kyi zum Umkehren bewegen sollten. Sie setzten sich auf die Motorhaube und schaukelten so lange auf dem Wagen herum, bis er sich ein paar Zentimeter bewegte. Schließlich wurde der Wagen von einer Gruppe Soldaten angehoben und von der Straße weggetragen.«

Die Gruppe blieb neun Tage an Ort und Stelle.

»Die ersten vier Tage waren sehr anstrengend«, berichtete Maung. »Wir hatten nur ein paar Kekse und etwas Wasser. Einige schliefen abwechselnd in dem Pick-up, und die anderen legten sich einfach mit einer Jacke als Kopfkissen draußen neben dem Wagen auf die Erde. Aber wir hatten beschlossen, es auszuhalten. Daw Suu Kyi war schon fast 60 und U Tin Oo beinahe 80; wenn sie es aushielten, dann sollten wir das erst recht schaffen.«

Nach vier Tagen erhielten sie die Erlaubnis, die Fahrzeuge zu verlassen und in dem nahe gelegenen Ort Lebensmittel und Getränke zu kaufen. Vor Suu Kyis Wagen wurde ein Stück Stoff aufgespannt, um sie vor der schlimmsten Mittagshitze zu schützen. Der Propagandaapparat der Junta begann, das Ganze als einen »Ausflug« oder eine »Teeparty« darzustellen. Um diesen Eindruck zu verstärken, baute das Militär eine Lautsprecheranlage auf, aus der in voller Lautstärke Madonnas »Material Girl« erschallte.

»Die wissen noch nicht einmal, welche Musik mir gefällt«, sagte Suu Kyi lachend, als sie später von dieser Episode berichtete.

Die USA und die EU verurteilten das Verhalten der Junta und verlangten, dass Suu Kyi erlaubt werden müsse, frei umherzureisen und ihre Parteikollegen in anderen Teilen des Landes zu besuchen. Die Standardantwort der Junta lautete, dass die Restriktionen ihrer eigenen Sicherheit dienten. In einer offiziellen Verlautbarung wurde erklärt, dass die Bevölkerung in Dala Sanktionen gegen Burma befürchte und dass ihr »Zorn« zu Gewaltausbrüchen gegen Aung San Suu Kyi und ihre Begleiter führen könne. Einzig überrascht von diesen Aussagen waren nur die Einwohner von Dala.

Der Vorfall endete wie gewöhnlich. Nach neun Tagen erschien eine Truppe von 200 Soldaten. Sie zwangen Aung San Suu Kyi in einen Krankenwagen und fuhren sie zurück nach Rangun. Sobald sie wieder frei war, buchte sie ein Zugticket nach Mandalay, doch die Sicherheitspolizei griff erneut ein. Sie untersagte die Reise, und wenige Stunden später hatte sich die Nachricht über die ganze Welt verbreitet: Aung San Suu Kyi war erneut unter Hausarrest gestellt worden.

Offenbar wusste die Junta nicht, wie sie mit Aung San Suu Kyi umgehen sollte. Ihr Plan war gewesen, Suu Kyi mittels Hausarrest und anderer Restriktionen so lange aus der Öffentlichkeit fernzuhalten, bis sie in Vergessenheit geraten wäre oder zumindest ihre Popularität verloren hätte. Doch Mitte der 2000er Jahre hatte sich die Lage festgefahren. Der nationale Konvent war 1996 auf Eis gelegt worden. Die NLD war abgesprungen, und die meisten Vertreter der ethnischen Minderheiten hatten den Versuch der Junta, die Forderungen nach einer föderalen Verfassung zu marginalisieren und die Zusammensetzung des Konvents zu bestimmen, mit kritischen Augen betrachtet. Auch für die Regeln, die den Ablauf des Konvents bestimmen sollten, hatte die Junta harte Kritik einstecken müssen. Jeder, der etwas an diesen Regeln auszusetzen hatte, konnte zu 20 Jahren Gefängnis verurteilt werden, was zur Folge hatte, dass keiner der Delegierten wagte, irgendwelche Ansichten in Bezug auf die Arbeitsweise des Konvents zu äußern.

Die Waffenruhe, die Khin Nyunt mit den ethnischen Minderheiten ausgehandelt hatte, hielt zwar noch, aber keine der Gruppen hatte ihre Waffen niedergelegt. Der Konflikt hatte sich abgekühlt, konnte aber früher oder später erneut ausbrechen.

Darüber hinaus war die Wirtschaft des Landes nicht in Gang gekommen. Nachdem Burma im Sommer 1997 ein Mitglied der ASEAN-Staaten geworden war, hatte die Junta auf eine schnelle wirtschaftliche Entwicklung gehofft, die ihre Macht sichern sollte. Doch Burma war noch immer genauso korrupt und für ausländische Unternehmen weiterhin schwer zugänglich. Außerdem hatte die Finanzkrise der 1990er Jahre auch Südostasien erreicht, und das nur wenige Monate, nachdem die Mitgliedschaft des Landes in Kraft getreten war. Die Länder, die der Junta eigentlich als Zugpferd hätten dienen sollen, mussten nun ihre eigenen Probleme lösen und gegen Arbeitslosigkeit und eine galoppierende Verarmung kämpfen. Zum Jahrtausendwechsel litt ein Drittel aller Kinder in Burma an chronischer Unterernährung.

Gleichwohl versuchte die Junta, den schönen Schein zu wahren. Die Zeitungen brachten Artikel über den Fortschritt der Nation und druckten Bilder von Generälen bei der Einweihung neuer Bauprojekte. Die Propaganda ging sogar so weit, dass die Sicherheitspolizei die Häftlinge in den Gefängnissen davon zu überzeugen versuchte, dass das Land auf dem richtigen Weg sei. Als der NLD-Aktivist Zin Linn nach sieben Jahren im Insein-Gefängnis kurz vor Weihnachten 1997 freigelassen wurde, verfrachtete ihn ein Agent der Sicherheitspolizei in einen Wagen und fuhr mit ihm durch Rangun, um ihm neue Straßen, Brücken und Hotels zu zeigen. »Siehst du, welch enorme wirtschaftliche Entwicklung die SPDC dem Land beschert hat?«, fragte der Agent. »Wie kannst du nur dagegen sein? Willst du nicht, dass es Burma gut geht?«

Als der australische Journalist Roger Mitton dieselbe Frage an Aung San Suu Kyi richtete, erwiderte sie:

»Aber ist es nicht die Verantwortung jeder Regierung, Straßen und Brücken zu bauen? Käme es zu einem Vergleich, dann müssten wir eine Liste all jener Straßen und Brücken erstellen, die von der Kolonialregierung gebaut wurden. Und dann müssten wir die Kolonialregierung als außerordentlich gute Regierung ansehen. Aber ich bezweifle, dass dieses Regime solch eine Definition akzeptieren würde. Sie beschreiben etwas, dass jede Regierung tun sollte, und das ist definitiv kein Argument für die Beibehaltung einer Militärdiktatur.«

Die Propaganda der Junta ließ natürlich die Arbeitslosigkeit unerwähnt, die laut der Beurteilung von Fachleuten bei über 50 Prozent lag. Ebenso wenig erwähnte sie die enormen sozialen Probleme infolge von Drogenmissbrauch oder der zunehmenden HIV-Epidemie, die jedes Jahr Tausende von Todesopfern forderte.

In den Jahren um den Jahrtausendwechsel gab es zudem immer neue Berichte über die zunehmend brutalen Übergriffe der Junta auf die ethnischen Minderheiten. Die Junta verstärkte den Druck auf diejenigen Guerillatruppen, die die Vereinbarung über eine Waffenruhe nicht unterzeichnet hatten. Anfang 1995 wurde der Ort Manerplaw angegriffen, der einigen Widerstandsgruppen als Basis diente. Manerplaw fiel in die Hände der Junta; das bisher vom Karen-Volk kontrollierte Gebiet schrumpfte auf einen kleinen Landstreifen an der Grenze zu Thailand zusammen. Um den Widerstand der übrig gebliebenen Guerillatruppen zu brechen, wandte die Junta im Folgenden die sogenannte Strategie der vier Schläge an. Ziel war es, den Widerstandstruppen den Zugang zu Informationen, Waffen, Lebensmitteln und neuen Rekruten zu versperren. Die einzige Möglichkeit, dieses Ziel zu erreichen, bestand darin, die Zivilbevölkerung anzugreifen. Im April 1998 veröffentlichte Amnesty International einen Bericht, aus dem hervorging, dass die Junta über 300000 Menschen aus dem Shan-Staat im östlichen Burma zwangsweise umgesiedelt hatte. Die Regierungstruppen waren in die Dörfer gekommen, hatten die Hütten niedergebrannt, das Vieh getötet und die Bevölkerung gezwungen, ihre neue Heimat in Zentralburma aufzusuchen. Die Vertreibung hatte zur Folge, dass sich viele Flüchtlinge über die Grenze nach Thailand absetzten. Doch es gab auch Hunderttausende von Menschen, die jetzt Flüchtlinge im eigenen Land waren. Wer versuchte, in sein altes Dorf zurückzukehren, wurde von der Tatmadaw erschossen. Die Anzahl der zwangsumgesiedelten und vertriebenen Flüchtlinge hat sich seitdem um ein Vielfaches erhöht.

Im Laufe des Jahrs 1998 veröffentlichte Amnesty International zwei weitere Berichte, welche zeigten, dass die Lage im Karen- und im Karenni-Staat genauso brisant war. In einem Bericht der Organisation Shan Women's Action Network wurde aufgedeckt, dass die Truppen des Regimes auf systematische Art Vergewaltigungen als Teil der Kriegsführung anwandten. In einem Interview mit der *Bangkok Post* berichtete Naang Yord, eine Frau aus dem Shan-Volk, dass alle Bewohner ihres Dorfes nach Zentralburma zwangsumgesiedelt wurden. Die Erde dort war ausgetrocknet; es gab keine Möglichkeit, sich zu versorgen. Gemeinsam mit ihrer Tochter und ihrer Nichte hatte sich Naang Yord in ihr altes Dorf zurückgeschlichen, um die Reisernte zu bergen. Doch sie wurden von einer burmesischen Militärpatrouille entdeckt, und der Alptraum begann.

»Sie zogen mir ein Plastiktuch über den Kopf«, berichtete Naang Yord, »und vergewaltigten mich dann abwechselnd. Ich konnte nicht sehen, was sie mit meinen beiden Mädchen machten, aber ich konnte ihre verzweifelten Schluchzer hören. Danach hörte ich zwei Schüsse.«

Die Soldaten verschwanden schließlich, und Naang Yord konnte sich befreien. Als sie sich das Plastiktuch vom Kopf zog, entdeckte sie als Erstes die Leiche ihrer Nichte. Man hatte ihr in den Knöchel geschossen, weil sie offenbar versucht hatte, von den Soldaten wegzukriechen. Danach hatte man ihr in den Kopf geschossen. Die Journalistin Vasana Chunvarakorn von der *Bangkok Post* traf sich mit Naang Yord und anderen Frauen, die Ähnliches erlebt hatten, in einem betreuten Wohnprojekt in Thailand. Der Schmerz ist in jedem Wort ihres Artikels spürbar: »Wer den Berichten der Überlebenden zuhört, wird gezwungen, seine Phantasie an eine schreckliche Grenze zu treiben. Die matten Stimmen der Frauen sind kaum mehr als ein Flüstern. Sie haben Narben an Stirn, Knöcheln und Handgelenken. Ihrer Haut scheint ein seltsamer Geruch von Angst anzuhaften, mit deutlichen Spuren unterdrückten Zornes. Kann man überhaupt bewältigen, was sie erlebt haben?«

Nach einigen Monaten im zweiten Hausarrest konnte Aung San Suu Kyi erneut erleben, dass die Junta die Tonlage änderte. Mehrere Male traf sie mit Khin Nyunt zusammen, und laut Aussage eines ihrer damaligen engen Mitarbeiter kamen sie und der abgebrühte Sicherheitschef zu einem Einvernehmen. Es wäre falsch zu behaupten, dass Suu Kyi dem Repräsentanten der Junta vertraut hätte – schon früher hatte er bewiesen, dass Verhandlungen als Strategie zur Bewahrung des Status quo und nicht zur Erzielung von Kompromissen geführt werden konnten –, aber dennoch hatte sie das Gefühl, dass er einen Weg nach vorn suchte.

Hierbei spielte sicher die unveränderte wirtschaftliche Krise eine Rolle. Nicht einmal die eigene Bevölkerung konnte das Regime versorgen. Zu Beginn der 2000er Jahre waren Teile des Landes zeitweilig von Hungersnöten geplagt. Der Staatsapparat funktionierte so mangelhaft, dass die Löhne der einfachen Armeeangehörigen nicht ausbezahlt werden konnten, während die hohen Offiziere weiterhin große Vermögen zusammenrafften. Noch Anfang 2010 erhielten die Soldaten einen Lohn, der umgerechnet nicht mehr als fünf Dollar pro Woche entsprach. Eine Tatsache, die sicher einen Teil der Übergriffe gegen die Bevölkerung der ethnischen Minderheiten erklärt – Plünderungen sind für die Soldaten in der Tatmadaw bis heute eine Strategie zum Überleben. Es gibt sogar Berichte, nach denen die Soldaten Waffen und Munition auf dem schwarzen Markt verkaufen, um sich ein paar Nebeneinkünfte zu verschaffen.

In den ersten Jahren des 21. Jahrhunderts hatte sich auch der Druck von außen verstärkt, wenn auch vorerst nur minimal. Die USA hatten eine Verbot für Neuinvestitionen in Burma ausgesprochen, und es war die Rede von verschärften Sanktionen seitens der EU, wenngleich sich dies nicht auf Waren bezog, die für den burmesischen Export von Bedeutung waren. Darüber hinaus hatte die International Labour Organization (ILO), ein Organ der UN, Burma für die systematische Anwendung von Zwangsarbeit hart kritisiert. Die ILO hatte errechnet, dass ungefähr 800000 Menschen zu unbezahlter Arbeit im Straßenbau, beim Bau von Schulen oder als Träger in der Armee verdammt waren. Zu früheren Zeiten hatte die Junta solche Kritik immer zurückgewiesen und behauptet, es sei eine asiatische Tradition, dass Menschen ohne Bezahlung für ihre Regierung arbeiteten. Dieses Mal jedoch forderte die ILO all ihre Mitgliedsorganisationen, darunter Staaten, Unternehmen und Gewerkschaften, auf, die Handelsbeziehungen mit Burma einzustellen, wenn sich die Situation nicht verbesserte.

Im Dezember 1999 verabschiedete die UN-Generalversammlung eine weitere Resolution (54/186), die von Burma die Einhaltung der grundlegenden UN-Prinzipien hinsichtlich der Menschenrechte forderte. Das Dokument war für eine diplomatische Note ungewöhnlich scharf formuliert. Es verlangte, dass die Junta einen Dialog mit Aung San Suu Kyi und den Vertretern der ethnischen Minderheiten einleitete. Das Wahlergebnis von 1990 sollte respektiert und die Macht sukzessive auf eine dem Wahlergebnis entsprechend zusammengesetzte Regierung übertragen werden. Die Resolution verlangte zudem ein Ende der Übergriffe gegen die ethnischen Minderheiten, der Zwangsarbeit und des Einsatzes von Kindersoldaten.

Eine andere Erklärung für den Verhandlungswillen der Junta war möglicherweise die Ernennung des Malaysiers Razali Ismail zum UN-Sondergesandten für Burma im April 2000. Razali hatte jahrzehntelang als Diplomat gearbeitet, war Botschafter Malaysias in Indien gewesen und hatte verschiedene Delegationen seines Landes bei der ASEAN und der UN vertreten. In den 1990er Jahren hatte er für eine Zeitlang auch als Vorsitzender der UN-Generalversammlung gedient. Malaysias Regierung hatte immer über gute Beziehungen zur Militärjunta in Burma verfügt.

Razali schien Khin Nyunt von der Notwendigkeit eines Dialogs überzeugt zu haben. Eine Aung San Suu Kyi nahestehende Person berichtete, dass sie mit Khin Nyunt Einigkeit über einen langfristigen Fahrplan erzielte, der unter anderem beinhaltete, dass die NLD ihre Plätze im nationalen Konvent wieder einnehmen sollte. Noch während der Gespräche wurden 244 NLD-Aktivisten aus dem Gefängnis entlassen, darunter 54 Abgeordnete, die 1990 ins Parlament gewählt worden waren.

Die meisten Burma-Kenner waren dennoch weiter skeptisch.

»Die Junta redet mit Aung San Suu Kyi, um sich Zeit zu kaufen«, sagte Aung Zaw, Chefredakteur der in Thailand herausgegebenen Zeitung *The Irrawaddy*. »Zeit, um mehr Waffen zu kaufen und bei den Burmesen weitere falsche Hoffnungen auf politische Reformen zu wecken.«

Am 6. Mai wurde Aung San Suu Kyi freigelassen. Auf den Fernsehbildern vom ersten Tag in Freiheit sieht sie verhärmt und müde aus. Auf dem Weg zum Hauptquartier der NLD wird sie durch eine Menschenmenge geschleust und scheint einmal beinahe hinzufallen.

Aber genau wie nach dem ersten Hausarrest raffte sie sich wieder auf und konnte schnell mit ihrer Aufgabe, die Demokratiebewegung zu restaurieren, fortfahren. Ein Regierungssprecher sagte, dass sie nun »frei ist, ihre politischen Pflichten auszuüben, auch was ihre eigene Partei NLD betrifft. Heute wenden wir das Blatt und schreiben ein neues Kapitel für das Volk in Myanmar und für unsere Beziehungen zur internationalen Gemeinschaft. Es führt kein Weg zurück.«

Überall auf der Welt verbreiteten die Massenmedien die Nachricht, dass der politische Stillstand in Burma überwunden schien. »Dies ist der erste entscheidende Schritt, den die Junta seit vielen Jahren gegangen ist«, sagte der Exilburmese und Gründer der Organisation Free Burma Coalition, Dr. Zarni.

Doch nicht alle dachten so positiv. Aung Din, der fünf Jahre im Gefängnis gesessen hatte, weil er den Studentenaufstand von 1988 mit angeführt hatte, verwies darauf, dass die Junta bisher noch keine Zugeständnisse gemacht hatte, die ihre eigene Macht einschränkten. Zwar waren ein paar politische Gefangene freigelassen worden, konnten aber jederzeit wieder verhaftet werden, wenn es die Junta für erforderlich hielt. »Außerdem gibt es in Burma noch immer mehr als 2000 politische Gefangene. Auch sie müssen freigelassen werden«, konstatierte Aung Din.

Eine Sache hatte sich hingegen tatsächlich verändert: Zum ersten Mal seit 1989 konnte sich Aung San Suu Kyi auch außerhalb von Rangun frei bewegen. An Aufgaben fehlte es nicht. Der mächtige, von der NLD vor der Wahl 1990 auf die Beine gestellte Parteiapparat sowie das Netzwerk aus Büros und Aktivisten, das den Wahlsieg der Partei erst möglich gemacht hatte, war von der Militärjunta systematisch zerschlagen worden. Die Anzahl der Büros war stark zurückgegangen, führende Parteimitglieder waren ins Gefängnis geworfen oder unter Hausarrest gestellt worden und die noch aktiven Mitglieder wurden von der USDA und dem militärischen Geheimdienst drangsaliert. Aung San Suu Kyi wählte daher den Weg, den sie schon im Wahlkampf vor 13 Jahren beschritten hatte: Sie ging auf die Straße. Im Laufe einiger Monate besuchte sie Dutzende von Parteibüros in der Gegend von Mandalay und Pegu, im Karen- und im Mon-Staat sowie im Irrawaddy-Delta.

Nun zeigte sich, dass sie nichts von ihrer Popularität eingebüßt hatte. Die ausländischen Diplomaten, die behauptet hatten, sie habe ihre Rolle als politisches Vorbild ausgespielt, lagen falsch. Grundfalsch. Überall in Burma wurde sie von jubelnden Menschenmassen empfangen. An vielen Orten kamen Zehntausende Menschen zusammen, um ihr zuzuhören. Jene Massenbewegung, die die Junta im Wahlkampf 1989 so nervös gemacht hatte, schien wieder aufzustehen.

Ein in Bangkok stationierter schwedischer Diplomat traf nach ihrer Freilassung mit Aung San Suu Kyi zusammen. Sie empfing ihn im Erdgeschoss des Hauses in der University Avenue. Der achteckige, mit Bänken ausgestattete Raum war mit traditionellen burmesischen Stoffen geschmückt. In einer Ecke des Raumes stand überraschenderweise ein Schlagzeug. Nach der Entlassung aus dem zweiten Hausarrest war ihr Haus offenbar zu einem Treffpunkt für die aktiven Parteimitglieder geworden. Als der Diplomat sie fragte, was es mit dem Schlagzeug auf sich habe, erwiderte Suu Kyi, dass die jungen Parteimitglieder gern darauf spielten.

Nach Beschreibung des Diplomaten war Aung San Suu Kyi energiegeladen und voller Hoffung für die Zukunft. Er hatte eine Einladung der schwedischen Außenministerin Anna Lindh im Gepäck, und Suu Kyi schien aufrichtig daran interessiert zu sein, nach Schweden zu reisen. Die beiden trafen im Jahr 2002 zusammen und sprachen unter anderem auch über humanitäre Hilfen für Burma. In den 1990er Jahren hatte Suu Kyi die Weltöffentlichkeit mehrmals eindringlich davor gewarnt, humanitäre Hilfe zu leisten, solange nicht gesichert war, dass die Hilfe auch bei denjenigen ankam, die sie am meisten brauchten. Die ausgeprägte Korruption im Land führte oft dazu, dass Offiziere und Beamte Teile der Hilfen in die eigene Tasche steckten. Jetzt jedoch war Suu Kyi nicht mehr so negativ eingestellt. Sie hatte mehrere Studienbesuche bei Projekten zur Eindämmung der HIV-Infektion absolviert und eingesehen, dass humanitäre Hilfe durchaus begründet und notwendig sein konnte. Außerdem empfahl sie Schweden und anderen Ländern, Austauschstudenten aus Burma aufzunehmen. »Es spielt keine Rolle, ob es sich dabei um Kinder oder Anhänger der Junta handelt«, sagte sie. »Wenn sie im Ausland leben, werden sie ihren Horizont erweitern, und das ist gut für alle Beteiligten.«

Nichtsdestotrotz hielt sie die gegen Burma gerichteten Sanktionen weiterhin für notwendig. Die USA und die EU dürften diese ohne deutliche Zugeständnisse der Junta nicht lockern; und eine der Grundforderungen war die Freilassung von über 2000 politischen Gefangenen.

Was die politische Freiheit betraf, misstraute Suu Kyi im Grunde den Aussagen der Junta. Derartige Versprechen hatte es schon früher gegeben, und sobald die Forderungen nach politischen Veränderungen zu groß geworden waren, hatten die Restriktionen wieder zugenommen.

Und dieses Mal wurde die USDA, die »volkstümliche« Basis der Junta, zum Werkzeug auserkoren, mit dem die Opposition mundtot gemacht werden sollte. Auf jedem großen NLD-Treffen tauchten Hunderte von gewaltbereiten Schergen auf, oft Kriminelle, die unter der Bedingung, sich der USDA zur Verfügung zu stellen, aus dem Gefängnis entlassen worden waren. Sie riefen Parolen zur Unterstützung des Regimes und verhöhnten Aung San Suu Kyi auf dieselbe Weise wie die staatlichen Medien. Man bezeichnete sie als Spionin und Hure, die sich an einen Ausländer verkauft habe. Ziel der Aktionen war es, eine aggressive Gegenreaktion zu provozieren.

Parallel hierzu hatte die SPDC die Tür zu einem weiteren Dialog wieder verschlossen. Das ganze zweite Halbjahr 2002 wartete Aung San Suu Kyi auf eine Einladung zu ernsthaften politischen Verhandlungen, aber nichts geschah.

Vieles deutet darauf hin, dass die unklare Haltung der Junta auf einem internen Konflikt beruhte. Trotz seiner skrupellosen und extrem brutalen Methoden war Khin Nyunt ein pragmatischer Politiker. Er wusste, dass das Militärregime früher oder später fallen würde, die Frage war nur, wann genau und auf welche Weise. Würde sich der Übergang zu einem anderen System friedlich vollziehen oder würde es so wie in Rumänien enden? Würde das Volk seine Unterdrücker am nächsten Laternenmast aufhängen? Niemand weiß, wie die Pläne eigentlich aussahen, und vielleicht spielte Khin Nyunt das gleiche Doppelspiel wie alle anderen. Möglicherweise sah er sich auch in seiner Macht bedroht, nachdem sein Mentor, der alte Diktator Ne Win, öffentlich erniedrigt und durch den Schmutz gezogen worden war. Viele in Burma gingen davon aus, dass er das Land auch nach seinem formellen Abgang im Jahr 1988 aus den Kulissen heraus lenkte. Im März 2002 allerdings ließ die Junta verlauten, dass Ne Win unter Hausarrest gestellt worden war und man viele seiner Verwandten verhaftet hatte. Die Anklage warf ihnen vor, einen Putsch gegen die Junta geplant zu haben. Ne Win starb im Dezember 2002, noch während er unter Hausarrest stand. Die staatlichen Zeitungen erwähnten seinen Tod mit keinem Wort.

Unklar ist, wie das Verhältnis zwischen Khin Nyunt und Ne Win zu diesem Zeitpunkt aussah, aber es ist durchaus denkbar, dass Khin Nyunt in den Gesprächen mit Suu Kyi nach einer Exit-Strategie suchte.

Die beiden anderen einflussreichen Figuren der Junta, Than Shwe und Maung Aye, waren gänzlich anderer Auffassung. Im Grunde genommen befürworteten sie eine weitere Bekämpfung der Demokratiebewegung mit Mitteln der Gewalt und setzten sich für eine fortgesetzte Isolation Aung San Suu Kyis ein.

Am Nachmittag des 29. Mai 2003 traf Khin Nyunt mit einem ausländischen Diplomaten zusammen. Nachdem sie einige Minuten miteinander gesprochen hatten, klingelte plötzlich Khin Nyunts Mobiltelefon. Er warf einen Blick auf das Display und nahm das Gespräch an.

»Er wurde völlig blass«, erzählte der Diplomat, »und nachdem er aufgelegt hatte, saß er eine gute Minute schweigend da. Danach entschuldigte er sich und verließ den Raum.«

Khin Nyunt hatte soeben erfahren, dass Aung San Suu Kyi umgebracht werden sollte.

Die Nacht zum 30. Mai hatten Suu Kyi und ihre Begleiter im Haus eines NLD-Anhängers in der Stadt Monywa verbracht, einige Kilometer westlich von Mandalay. Sie waren auf einer Rundfahrt durch Zentralburma und hatten noch einige Stationen vor sich, bevor die Reise wieder zurück nach Rangun führen sollte. Einige Tage vor ihrer Abreise hatte Suu Kyi ein Gespräch mit einem guten Bekannten geführt. Er hatte sich über den Mangel eines konkreten politischen Programms beschwert. Wenn sie es mit der neuen politischen Freiheit ernst meinten, dann müssten sie sich viel klarer zu Fragen der Bildungs- und Sozialpolitik sowie anderen Themen äußern, deren Handhabung durch die Junta sie selbst kritisierten. »Du hast recht«, hatte Suu Kyi erwidert. Nach ihrer Reise wollte sie daher eine Gruppe von Leuten zusammenstellen und die Richtlinien eines deutlicheren politischen Programms erarbeiten.

Am Morgen des 30. Mai weihte sie ein neues NLD-Büro in Monywa ein und traf danach mit einer Gruppe von Jugendlichen zusammen, die eine lokale Jugendorganisation aufbauen wollten. Gegen zehn Uhr verließen die fünf vollbesetzten Fahrzeuge Monywa wieder, um weiter in Richtung Norden zu fahren. Im ersten Wagen saßen ein Fahrer, Aung San Suu Kyi und einige NLD-Aktivisten der lokalen Parteisektion. Im vierten Wagen saßen ein paar junge NLD-Aktivisten, die auch als Suu Kyis Leibwächter fungierten. U Tin Oo, der alternde Vizevorsitzende der Partei, wurde am Ende der Karawane in einem Minibus chauffiert, und dahinter hatte sich eine ganze Wagenfolge aus Parteianhängern gebildet, welche sich entschieden hatte, ihnen zu folgen.

Nach einigen Kilometern kamen sie zu einem Dorf. Die ganze Gesellschaft hielt an, um ein weiteres NLD-Büro zu eröffnen und sich mit einer Gruppe von Jugendlichen zu unterhalten. Vielerorts auf der Rundfahrt war es ähnlich verlaufen; das Interesse an Suu Kyi und der NLD war so groß, dass praktisch überall eine lokale Parteivertretung eröffnet werden konnte. Einzig an Zeit herrschte Mangel.

Um halb neun am Abend befand sich die Wagenkolonne nur noch wenige Kilometer vor Depayin, wo alle übernachten sollten. Es war bereits dunkel. Die knapp zwei Meter breite Straße, vom Regen aufgeweicht, führte nordwärts. Als sie die kleine Ortschaft Kyee passierten, wurden sie von Tausenden von Menschen begrüßt, die alle gekommen waren, um einen Blick auf Suu Kyi werfen zu können. An einem weißen Steinpfosten, der die Grenze der Ortschaft markierte, wurde die Kolonne von zwei Mönchen aufgehalten, die sich mitten auf die Straße gestellt hatten. Einer der Leibwächter sprang aus dem Wagen, um herauszufinden, was sie wollten.

»Wir haben lange auf Daw Aung San Suu Kyi gewartet und würden sie gern reden hören«, sagte einer der Mönche. Der

Leibwächter erklärte, dass sie keine Zeit hätten, in Kyee anzuhalten, da sie in Depayin erwartet würden.

Genau in diesem Augenblick tauchten hinter der Karawane vier kleine Lastwagen auf. Auf den Ladeflächen standen Söldner der USDA und riefen Parolen. »Sie wird von ausländischen Kräften manipuliert! Wir wollen hier keine Leute mit negativen Ansichten!«

Die Menschen am Straßenrand erwiderten die Rufe: »Und wir wollen euch hier nicht!«

Dies reichte als Provokation aus. Die Männer sprangen von den Lastwagen und begannen, mit spitzen Eisenstangen und Bambusknüppeln wild um sich zu schlagen. Einer der Lastwagen fuhr direkt in die Menschenmenge. Panik brach aus, die Menschen rannten wild durcheinander. Die Söldner bahnten sich einen Weg durch die Masse und wollten zu Suu Kyis Wagen. Gleichzeitig kamen ungefähr 3000 weitere USDA-Anhänger herbeigeeilt. Alle begriffen, dass es sich nicht um eine der üblichen USDA-Provokationen handelte. Alles war perfekt inszeniert. Es gab so viele Angreifer, dass niemand entkommen konnte.

Wunna Maung hatte in einem der Wagen der NLD-Kolonne gesessen und das Blutbad aus nächster Nähe mitansehen müssen:

»Nachdem sie den Frauen die Blusen und Sarongs vom Leib gerissen hatten, schlugen sie auf sie ein«, berichtete er. »Als ihre Opfer blutüberströmt zu Boden sanken, sah ich, wie die Angreifer auf sie sprangen und ihre Haare packten, um dann ihre Köpfe mit aller Kraft auf den Boden zu rammen.«

Während sich der schmutzige Asphalt rot färbte, riefen die Angreifer, dass die Frauen »Rassenschande« betrieben und sich mit *kala* (ein burmesischer Ausdruck, der abwertend auf

Inder und westliche Ausländer gemünzt ist) verheiraten wollten. Der 15-jährige U Khin Saw war ein weiterer Zeuge:

»Ich sah, dass Menschen brutal misshandelt wurden. Ich hörte, wie sterbende Menschen vor Schmerzen wimmerten, vor Angst schrien und nach Hilfe riefen [...] es war, als würde die Hölle überkochen. Ich sah, wie die Angreifer mit aller Kraft auf Menschen einschlugen und sie mit spitzen Eisenstangen traktierten [...] Sie schlugen so lange auf ihre Opfer ein, bis sie nicht mehr lebten.«

Die NLD-Jugend, die meisten davon Studenten in den Zwanzigern, bildeten einen Ring um Aung San Suu Kyi, um sie zu schützen. Aber die Angreifer waren in der Überzahl. Viele Studenten wurden schwer verletzt. Der Fotograf Tin Maung Oo und der junge Ko Thin Toe starben augenblicklich an ihren Kopfverletzungen. Als die Angreifer den Wagen erreichten, schlugen sie auf Fenster, Türen und das Dach ein. Suu Kyis Fahrer begriff den Ernst der Lage, trat das Gaspedal durch und lenkte den Wagen aus dem Chaos hinaus. Nach ein paar Kilometern wurden sie von Agenten des Sicherheitsdienstes angehalten, die Aung San Suu Kyi aus dem Wagen zerrten und wegführten. U Tin Oo, der im letzten Wagen der Kolonne saß, bekam einen Schlag auf den Kopf und wurde von USDA-Kräften mitgenommen.

Zwar gibt es keine Beweise, aber einiges spricht dafür, dass die Agenten des Sicherheitsdienstes von Khin Nyunt ausgesandt waren, um Aung San Suu Kyi vor dem Massaker zu schützen. In Depayin starben ungefähr 70 Menschen, doch laut den von der Junta kontrollierten Medien belief sich die Zahl der Todesopfer auf lediglich zwei. Außerdem behaupteten sie, dass der Gewaltausbruch stattgefunden hätte, weil Aung San Suu Kyis Wagenkolonne direkt in eine Gruppe

»friedlicher Regierungsanhänger« gerast sei, die am Straßenrand demonstriert hätte.

Der 63-jährige NLD-Aktivist Ko Chit San befand sich ebenfalls unter den Verletzten. Er war noch vor Ort, als eine Stunde nach dem Massaker ungefähr 80 Polizisten mit Schlagstöcken und Schilden auftauchten:

»Zwei Offiziere stiegen aus dem Wagen und kontrollierten diese Todeszone. Ich sah, wie die Polizisten im Schutz der Dunkelheit die Toten und Verletzten auf die Ladeflächen der Lastwagen warfen, als handelte es sich bei ihnen um Müll, der von der Straße geräumt werden musste. [...] Zwei der noch übrig gebliebenen Wagen wurden in ein Reisfeld bugsiert und so arrangiert, als hätten sie sich überschlagen. Zwei andere Autos wurden so hingestellt, dass es nach einem Unfall aussah. Dann schossen die Polizisten ihre Beweisfotos. Daraufhin verließ ich den Ort, um mich für die Nacht irgendwo zu verstecken.«

Einige Tage fürchtete man, dass Aung San Suu Kyi gestorben oder schwer verletzt worden war. Niemand wusste, wo sie sich befand. Die staatlichen Medien erfanden eine phantastische Geschichte, laut der es ein internationales Komplott gegen sie gegeben habe und dass sie deshalb vor ein paar nach Burma entsandten Auftragsmördern geschützt werden musste. »Wir wissen nicht, auf wen es die Mörder abgesehen haben, aber wir wissen, dass man uns die Schuld geben wird, wenn ihr etwas passiert«, sagte Außenminister Win Aung. Gleichzeitig schrieb Juntaführer Than Shwe einen Brief an seine Kollegen bei der ASEAN und behauptete darin, dass die NLD rechtzeitig zu Aung San Suu Kyis Geburtstag am 19. Juni das Land in Anarchie stürzen wolle. Der Brief war als Vorwand gedacht, um die nun wieder einsetzende Unterdrückung der Demokratiebewegung zu rechtfertigen. Innerhalb weniger Tage ließ die Junta alle Büros der NLD schließen und machte deutlich, dass man keine politischen Massenveranstaltungen tolerieren werde. In Burma gibt es ein Gesetz, das ohne Zustimmung der Behörden die Zusammenkunft von mehr als fünf Personen an einem Ort verbietet. Das aus der britischen Kolonialzeit stammende Gesetz war im Laufe der Jahre häufig angewendet worden, wurde jedoch in Perioden größerer politischer Offenheit von der Polizei nicht so streng befolgt. Nun wurde es wieder ohne Ausnahme angewendet.

Die Junta weigerte sich zunächst, den Aufenthaltsort von Suu Kyi bekanntzugeben. Es ging das Gerücht, dass sie tot wäre und die Junta sich weigerte, die Wahrheit zu sagen, weil sie die Rache des Volkes fürchtete. Doch nach einigen Wochen stellte sich heraus, dass man sie ins Insein-Gefängnis gebracht hatte. Dort blieb sie bis September, musste dann aber freigelassen werden, weil sie krank wurde und sich einer gynäkologischen Operation unterziehen musste. Nachdem sie aus dem Krankenhaus entlassen wurde, brachte man sie zurück nach Hause in die University Avenue – der dritte Hausarrest war verhängt worden.

Die Schlinge hatte sich wieder zugezogen. Dieses Mal sollte es über vier Jahre dauern, bis die Bevölkerung in Burma Aung San Suu Kyi wieder zu Gesicht bekam.

14. Die Safran-Revolution

Ein schwarz lackierter DeSoto aus dem Jahr 1947 holte mich vor dem Hotel ab. Der Wagen war in einem makellosen Zustand, mit blitzenden Chromverzierungen am Armaturenbrett.

»Der Wagen gehört meinem Vater«, erzählte der Fahrer, ein junger Mann, der dem Aussehen nach zu urteilen in jede Reggae-Band gepasst hätte. »Er hat sich immer um den Wagen gekümmert, so als wäre er ein Kind. In erster Linie, um sich keinen neuen kaufen zu müssen. Denn das hätten wir uns niemals leisten können.«

Im Januar 2010 reiste ich durch Burma, um einige von Aung San Suu Kyis Mitarbeitern zu interviewen. Die Dunkelheit setzte ein, während wir langsam durch Straßen und Gassen fuhren. Überall war der Duft von Räucherstäbchen und den würzigen Speisen der Straßenstände zu riechen. Rangun war voller fliegender Händler. Die Leute saßen auf Decken oder einfachen Matten und verkauften alles – von getrocknetem Fleisch bis zu zwei Monate alten Ausgaben der *Times* oder des *New Statesman*.

Überall wimmelte es von Menschen. Kinder, die spielten oder an den Straßenständen ihrer Eltern mithalfen, 80-jährige Frauen mit zwei oder drei übrig gebliebenen Zähnen, die vom Betelsaft rot gefärbt waren.

Das Zentrum von Rangun hat sich seit den 1950er Jahren nicht wesentlich verändert. Das Hafenviertel besteht aus langen, schmalen Straßen, gesäumt von weißen, blauen oder türkisfarbenen dreistöckigen Häusern, die direkt aus einem Roman von Graham Greene stammen könnten. Der Stil ist kolonial und dekadent. Die Fassaden sind von Feuchtigkeit und Ruß überzogen. Der Putz sitzt locker, und die Fenster sind so marode, dass man sich fragt, wieso die Scheiben nicht aus dem Rahmen fallen. Es ist fast so, als hätte man einige der schönsten Pariser Stadtteile in die Tropen versetzt und sie dann ein halbes Jahrhundert verrotten lassen. Anfang des neuen Jahrtausends wurden ein paar der alten Viertel abgerissen, um Platz für moderne Bürogebäude und Hotelkomplexe zu schaffen. Ein paar Jahre später wurden Kampagnen zur Bewahrung der historischen Viertel im Zentrum Ranguns ins Leben gerufen. Das Land sollte das touristische Potential seines alten kolonialen Erbes besser ausnutzen, als die Viertel zu zerstören. Einer der Verantwortlichen für die Kampagne ist Thant Myint U, der Enkel von U Thant, dem ehemaligen UN-Generalsekretär.

Wir kamen an ein paar jungen Männern vorbei, die auf dem Schwarzmarkt US-Dollar tauschten.

»Change money? Good rate for you!«

Niemand in Burma vertraute mehr der einheimischen Ökonomie, die Inflation war horrend, und der Dollar war zur meistbegehrten Währung geworden. Als ich Mitte der 1990er Jahre zum ersten Mal nach Burma gekommen war, hatte man auf dem Schwarzmarkt 250 Kyat für einen Dollar bekommen. Im Januar 2010 bekam man das Vierfache. Die immer stärker kollabierende Wirtschaft wird von vielen als entscheidender Faktor im Hinblick auf die späteren Veränderungsprozesse betrachtet, als das Regime große Anstrengungen unternahm, um die internationale Gemeinschaft zu besänftigen und ausländische Investoren ins Land zu holen.

Jetzt waren wir auf dem Weg zu einem Teehaus, um Zaw

Zaw zu treffen, ein früheres NLD-Mitglied, der sich nun kurz und knapp als Aktivist bezeichnete.

Ein Treffen mit Aung San Suu Kyi war im Januar 2010 noch völlig undenkbar. Seit Mai 2003 hatte sie keine Journalisten empfangen können. In der letzten langen Periode des Hausarrestes hatte sie ohnehin nicht viele Menschen treffen können. Sie begegnete ihren Ärzten, ihren beiden Hausangestellten, manchmal einem Parteikollegen und seltener auch mal einem Vertreter der UN.

Razali Ismail erhielt im Herbst und im Winter 2003/2004 einige Male die Erlaubnis, sie zu besuchen. Bei der ersten Begegnung verfasste Suu Kyi eine Liste mit den Namen der jungen NLD-Aktivisten, die in Depayin dabei gewesen waren. Sie bat Razali zu prüfen, ob sie in Sicherheit wären oder, wenn sie verhaftet worden waren, von den Behörden gut behandelt würden.

»Es war tragisch«, sagte Debbie Stothard, die die Liste von Razali erhielt. »Wer sollte ihr beibringen, dass viele der jungen Leute in Depayin ums Leben gekommen waren?«

Ab März 2004 wurden weitere Besuche untersagt. Razali durfte nicht mehr einreisen und gab im Januar 2006 aus Protest gegen die mangelnde Kooperationsbereitschaft der Junta seinen Posten als UN-Sondergesandter auf. Er wurde von Ibrahim Gambari ersetzt, einem nigerianischen Politiker, der keine besonderen Kenntnisse über Burma hatte und dem es bis zu Ende seiner Amtszeit nicht gelang, die Fassade der Junta aufzubrechen.

Für General Khin Nyunt, der der dritte Gesprächsteilnehmer in einem sinnvollen Dialog hätte werden können, wurde die Zeit nach Danabyu zu einer machtpolitischen Achterbahnfahrt. Khin Nyunt hatte bisher alles überstanden, und trotz seiner offensichtlichen Konflikte mit Juntaführer Than Shwe wurde er im August 2004 zum Premierminister ernannt.

Seine erste Maßnahme war die Verabschiedung eines »Fahrplans zur Demokratie«. In der Praxis handelte es sich dabei um einen Wiederaufguss des Planes, den er bereits in den 1990er Jahren lanciert hatte. Zunächst rief er erneut den nationalen Konvent zusammen, dessen Aufgabe noch immer in der Erarbeitung einer neuen Verfassung bestand. Dann versprach die Junta, dass noch einmal eine Wahl abgehalten werden sollte.

Parallel dazu sollte sich die wirtschaftliche Liberalisierung fortsetzen, doch innerhalb der Junta wurde die starke, in den 1990er Jahren entstandene Abhängigkeit von China immer stärker hinterfragt. Indien und andere asiatische Länder übten Druck aus, um sich Marktanteile, insbesondere in der wachsenden Öl- und Gasindustrie zu sichern, da es an den Küsten zu großen Funden gekommen war. Than Shwe und der zweite Mann der Junta, Maung Aye, waren der Ansicht, dass Khin Myunt, der einen chinesischen Hintergrund hatte, viel zu sehr auf seine gute Verbindungen mit den Machthabern in Peking bedacht war.

Ob seine Absicht, die Wirtschaft für chinesische Unternehmen zu öffnen, den Ausschlag gegeben hatte, oder ob es an seinen Kontakten zu Razali oder womöglich an seiner Kompromissbereitschaft im Hinblick auf Aung San Suu Kyi gelegen hatte, lässt sich unmöglich klären, aber Mitte Oktober 2004 wurde Khin Nyunt als Premierminister abgesetzt. In der Presse hieß es, er sei aus »gesundheitlichen Gründen« zurückgetreten. Er verschwand spurlos, und einige Monate später kursierte das Gerücht, dass er in ein Hochsicherheitsgefängnis auf Coco Island im Indischen Ozean gebracht worden wäre. Parallel zu seiner Absetzung wurden über 2000 seiner loyalsten Mitarbeiter im militärischen Sicherheitsdienst verabschiedet oder ins Gefängnis geworfen. Als ich 2005 nach Burma flog, um Recherchen für mein Buch *Granatklockorna i Myitkyina* durchzuführen, traf ich auf einige Polit-Aktivisten, die mit einer Portion Galgenhumor erklärten, der Sicherheitsapparat sei nach Khin Nyunts Fall »härter, aber auch dümmer« geworden.

»Zum Teil stimmt das noch immer«, sagte Zaw Zaw, als wir uns auf Plastikstühlen niederließen und grünen chinesischen Tee bestellten. »Aber eben nur teilweise. Than Shwe hat die Überwachung verschärft und die Menschen haben heute mehr Angst. Die USDA fungiert zunehmend als Sicherheitsdienst, und nach den großen Protesten 2007 sind die Kontrollen besonders streng geworden. Die Leute von der USDA sollen jetzt auch noch Dorfvorsteher werden und überall im Land Büros erhalten. Die USDA wird mehr und mehr zu Burmas neuem totalitärem Machtzentrum.«

Um ihre neue Machtposition zu festigen, wurde die USDA einige Monate nach meiner Begegnung mit Zaw Zaw in die »Partei der Junta«, USDP, verwandelt und konnte bei der Wahl im November desselben Jahres einen Erdrutschsieg verbuchen. Die USDP verfügt über eine solide Mehrheit im neugewählten Parlament. Die wenigen Demokratieverfechter, die seit Aung San Suu Kyis Freilassung gewählt wurden, konnten das Kräfteverhältnis in keiner Weise verändern.

Zaw Zaw war früher ein Mitglied der NLD-Jugendorganisation. Ende der 1990er Jahre, als Aung San Suu Kyi sich frei bewegen konnte, hatte er eine Zeitlang mit ein paar anderen NLD-Aktivisten in einem der Häuser in der University Avenue gewohnt. Um ein politisches Engagement der Jugend zu unterbinden, hatte die Junta 1996 alle Universitäten geschlossen und erst vier Jahre später wieder geöffnet. Doch die Absicht, einen neuen Studentenaufstand zu verhindern, führte zu einem gegenteiligen Effekt. Eine ganze Generation von Akademikern wurde arbeitslos und hatte genügend Zeit, sich in der Demokratiebewegung zu engagieren. Auch Zaw Zaw war weiter aktiv, und während Aung San Suu Kyis Rundreisen in den Jahren 2002 und 2003 setzte er sich stark für den Aufbau neuer NLD-Sektionen ein.

Nun erzählte Zaw Zaw, dass er müde geworden sei. Nicht im Hinblick auf Suu Kyi, die er immer noch sehr unterstützte, aber hinsichtlich der restlichen NLD-Führung.

»Sie sind alt und haben Angst und wagen nichts«, sagte er und nahm einen Schluck Tee. »Als die Proteste der Mönche im September 2007 begannen, warteten alle darauf, dass die NLD die Führung übernehmen würde. Aber nichts dergleichen geschah. Stattdessen forderte man die Menschen auf, sich ruhig zu verhalten und nicht zu demonstrieren. Dem Aufstand fehlte also eine politische Spitze, und so fiel es der Junta leicht, die Demonstrationen zu unterdrücken.«

Zaw Zaws mitunter ironisches Lachen und sein intensiver Blick ließen mich bei unserem Gespräch unwillkürlich an Aung San denken. Ähnlich mussten auch die jungen Nationalisten in den 1930er Jahren gearbeitet haben. Immer zu hundert Prozent auf die Aufgabe konzentriert und unzufrieden mit den »Alten« der Bewegung.

Für alle, die die Ereignisse in Burma über die Jahre hinweg verfolgt hatten, kamen die Demonstrationen 2007 zum Teil recht überraschend. Es war allgemein bekannt, dass das burmesische Volk sein Regime hasste. Die Armut hatte die Unzufriedenheit sogar noch verstärkt. Aber nichts wies eigentlich darauf hin, dass erneut so viele Menschen bereit waren, eine offene Konfrontation mit der Junta zu suchen. Seit den großen Protesten im Jahr 1988 waren 19 Jahre vergangen; Aung San Suu Kyi war seit 2003 von der Öffentlichkeit ferngehalten worden.

Dies hatte wiederum dazu geführt, dass das internationale Interesse an Burma verblasste. Ein kurzer Blick auf die internationalen englischsprachigen Zeitungen zeigt, dass die Anzahl der Artikel über Burma zwischen 2003 und 2007 dramatisch abnahm. Die ethnischen Säuberungen und die Übergriffe in den burmesischen Grenzgebieten waren für die westliche Presse nicht interessant genug. Die Devise lautete: Aung San Suu Kyi oder gar nichts.

Parallel dazu schien es, als hätte die Kampagne für Menschenrechte, die in den 1990er Jahren so furios gestartet war, all ihre Antriebskraft verloren. Auf konkrete und brutale Weise bewies Burma zu jener Zeit, dass die abgegebenen Versprechen im Hinblick auf eine sich immer weiter demokratisierende Welt nicht automatisch eingelöst werden mussten.

Auch unter den im Exil lebenden Gruppen ließ der Optimismus zu Beginn des neuen Jahrtausends nach. Viele Aktivisten lebten seit fast 20 Jahren im Ausland, ohne ihre Familien oder Freunde in der Heimat treffen oder ein klares Resultat im Kampf für die Demokratie erkennen zu können. Als ich 1998 an der Grenze zwischen Burma und Thailand entlangreiste, glaubten die meisten, dass die Junta innerhalb von ein oder zwei Jahren stürzen würde. »Nächstes Jahr in Rangun!«, sagte ein im Jahr 1990 geflohener Student, als wir uns in der Grenzstadt Mae Sot voneinander verabschiedeten. Aber das folgende Jahr verlief unverändert. Die Unterdrückung war genauso stark. Die Armut genauso verbreitet. Das bedeutet allerdings nicht, dass die Arbeit der Exilgruppen in all diesen Jahren vergeblich war. Ganz im Gegenteil. Denn indem die Jugend ausgebildet, ein Dialog mit den ethnischen Gruppen geführt, das Gesundheitswesen aufgebaut und grundlegende politische Fragen diskutiert werden, entsteht eine Basis im Volk, die die Chancen für die Etablierung der Demokratie in Burma erhöht, wenn die Entwicklung eines Tages beständige Formen annehmen sollte.

Doch der Fall der Junta zögerte sich hinaus. Burma wurde nicht zu einem zweiten Südafrika. Möglicherweise liegt dies auch an der Rastlosigkeit unserer Zeit und unserem Wunsch nach schnellen Ergebnissen. Nachdem die Burma-Kampagne keine Resultate zeitigte, konzentrierten sich viele junge westliche Aktivisten auf andere Themen.

In erster Linie beruht das verminderte Interesse an Burma natürlich auf dem Attentat vom 11. September 2001 und dem dadurch ausgelösten Krieg gegen den Terrorismus. Einige Jahre drehte sich die internationale Debatte fast ausschließlich um den fundamentalistischen Islam, die brutalen Methoden im Kampf gegen den Terrorismus und die Missachtung der Menschenrechte durch westliche Nationen. Die USA marschierten im März 2003 in den Irak ein – nur zwei Monate nachdem die Junta in Burma eine erneute Unterdrückung der Demokratiebewegung beschlossen hatte.

Die Junta tat alles Erdenkliche, um ihre eigenen Bemühungen zur Machterhaltung mit dem Krieg gegen den Terrorismus in Verbindung bringen zu können. Immer öfter wurden Vertreter der Demokratiebewegung als Terroristen bezeichnet, und die staatlichen Zeitungen erinnerten ununterbrochen an diejenigen Gruppen, die mit der Junta noch immer Krieg führten. Besonders hart traf es hierbei die Bevölkerung der muslimisch dominierten Gebiete im Arakan-Staat westlich von Rangun. Die burmesische Regierungsarmee ging mit aller Härte gegen die Guerilla des muslimischen Rohingya-Volks vor, welche die Tatmadaw bekämpfte. Die Rohingya, seit Jahrhunderten im Arakan-Staat ansässig, wurden als muslimische Extremisten und »Eindringlinge aus Bangladesch« bezeichnet. Die Bevölkerung wurde mit Gewalt aus ihren angestammten Dörfern vertrieben und durch Burmanen ersetzt, die aus anderen Landesteilen zwangsumgesiedelt wurden. (Eben jene Spannungen führten 2012 zu Gewalt und Unruhen zwischen den verschiedenen Bevölkerungsgruppen im Arakan-Staat.)

Nach dem Jahrtausendwechsel kam es gelegentlich auch

zu Bombenexplosionen in Rangun, welche aber vermutlich von christlichen Karen-Gruppen ausgelöst wurden, die des Dschungelkriegs überdrüssig geworden waren und den Terrorismus als legitimes Mittel gewählt hatten. Ende der 1990er Jahre hielt eine karenische Gruppe, die sich als Armee Gottes bezeichnete, einige Tage lang die burmesische Botschaft in Bangkok besetzt. Auch für die Geiselnahme einiger Hundert Patienten in einem Krankenhaus in der Stadt Ratchanaburi war diese Gruppe verantwortlich. Die Ereignisse zogen große internationale Aufmerksamkeit auf sich, als deutlich wurde, dass die Armee Gottes von Johnny und Luther Htoo angeführt wurde, einem Zwillingspaar, das gerade einmal elf Jahre alt war. Ihre Anhänger glaubten, sie wären mit magischen Kräften ausgestattet, darunter Unsichtbarkeit. Auf allen Fotos, die von den beiden publiziert wurden, sind sie mit einer Zigarette im Mundwinkel zu sehen.

Doch die Armee Gottes wurde nach einigen Monaten besiegt, und zu weiteren Terroranschlägen kam es in Burma nicht.

Zwar erhielt die Junta für ihre angeblichen Probleme mit dem Terrorismus keine Unterstützung aus den USA oder von der EU, konnte aber dennoch die Veränderungen im internationalen Klima, die der Krieg gegen den Terrorismus nach sich zog, zu ihren Gunsten ausnutzen. Wieder einmal wurde die Welt in die Logik des Kalten Krieges gestürzt. Burma verschwand teilweise von den Radarschirmen, da der »kleine« Konflikt in Burma von dem »großen« Konflikt mit dem radikalen Islamismus überschattet wurde. Darüber hinaus konnten Länder wie Russland und China die Terroristenkarte ausspielen, wenn sie sich im Rahmen der UN oder anderer internationaler Zusammenhänge auf die Seite der Junta stellten.

Die Konfliktlinie nach dem 11. September hatte außerdem

eine neue Form der Zusammengehörigkeit zwischen den Ländern geschaffen, die von den USA in der Bush-Ära unter dem Sammelbegriff »Achse des Bösen« zusammengefasst wurden. Burma, Iran, Nordkorea, Eritrea und einige weitere Länder begriffen, dass sie durch Zusammenarbeit an Stärke gewinnen konnten. In ihrem Widerstand gegen demokratische Reformen erreichten diese Länder eine Zusammengehörigkeit, die für Regime, welche ihre Identität auf Nationalismus und Angst vor der restlichen Welt aufbauen, eigentlich unmöglich sein sollte.

Daher kann man durchaus sagen, dass die Strategie der Junta in dieser Hinsicht aufgegangen war. Sie stand nicht länger im internationalen Scheinwerferlicht und hatte durch die Isolation Aung San Suu Kyis die Opposition im eigenen Land stark geschwächt. Ausländische Gruppen und Diplomaten in Rangun, die einen verstärkten Handel mit Burma befürworteten, äußerten sogar, die Welt müsse die Militärführung akzeptieren, mit der Junta zusammenarbeiten und aufhören, sich auf Aung San Suu Kyi zu verlassen. Immerhin seien seit der Wahl im Jahr 1990 fast 20 Jahre vergangen. Wie lange sollte das Wahlergebnis eigentlich gültig sein? Hatte die Junta inzwischen nicht sogar stärkeren Rückhalt in der Bevölkerung?

Umso hoffnungsvoller erschien daraufhin die Safran-Revolution der Mönche. Sie erinnerte die ganze Welt daran, was in Burma auf dem Spiel stand.

Wenngleich sie eigentlich gar nicht mit den Mönchen begann.

Im Herbst 2004 wurden einige der Studentenführer freigelassen, die die Demonstrationen von 1988 angeführt hatten – darunter auch Min Ko Naing und Ko Ko Gyi. Die meisten von ihnen waren im Frühjahr 1989 ins Gefängnis gekommen und hatten fast 16 Jahre in Gefangenschaft verbracht. Als ich im Frühjahr 2005 nach Burma flog, traf ich mit einigen der ehemaligen Studentenführer zusammen. Die Begegnungen mussten unter größter Geheimhaltung stattfinden. Es war mitten in der Nacht, wir saßen bei Kerzenlicht auf dem Fußboden einer Wohnung im zentralen Rangun. Die Sicherheitspolizei bewachte die freigelassenen Studenten rund um die Uhr. Ich musste also zwei Stunden vor den anderen am verabredeten Treffpunkt erscheinen, damit niemand meine Anwesenheit bemerkte. Sie berichteten von ihrem Leben im Gefängnis und erzählten mir, wie man die Jahre der Isolation übersteht und wie es sich anfühlte, einen so großen Teil seines Lebens verloren zu haben.

»Wir waren auf diese Möglichkeit vorbereitet«, sagten sie. »Wir hatten gesehen, wie schon frühere Generationen von Aktivisten ihr Leben geopfert hatten oder ins Gefängnis geworfen wurden.«

Einer von ihnen erzählte, dass er jeden Tag seiner Gefangenschaft so betrachtet hatte, als befände er sich noch immer in Freiheit. Wenn das Frühstück durch eine Luke in der Tür hereingeschoben wurde, dachte er an die Küche zu Hause bei seinen Eltern. Wie sie dort zusammensaßen, Tee tranken und Reis aßen. Abends phantasierte er über Begegnungen mit Verwandten und Freunden, ihre Unterhaltungen, ihr Gelächter und ihre Streitereien. Alltag.

Und so wie Aung San Suu Kyi während ihrer Zeiten im Hausarrest, meditierten sie jeden Tag mindestens eine Stunde. Auf diese Weise ließen sich die Gedanken klären, und man konnte sich auf die Teile des Daseins konzentrieren, die sich beeinflussen ließen.

Sie erzählten, dass die Zellen rund um die Uhr von Neonröhren beleuchtet waren, und berichteten, wie sie in den langen Verhören vom Sicherheitsdienst gefoltert wurden.

Ich fragte, ob sie beabsichtigten, sich wieder zu engagieren. Wagten sie, ihre Freiheit ein weiteres Mal aufs Spiel zu setzen? Sie überlegten eine Weile.

»Wir müssen zunächst herausfinden, welche Möglichkeiten wir haben. Momentan werden wir permanent beobachtet und wissen nicht, wie die Widerstandsbewegung aussieht.«

Im Februar 2007 wurde bekannt, dass kleinere Aktivistengruppen öffentliche Proteste in Rangun durchgeführt hatten. Sie hatten sich in Gruppen zu fünf bis zehn Personen zusammengefunden, Flugblätter verteilt und gegen Arbeitslosigkeit und Armut im Land protestiert. Die UN hatte Burma als eines der 20 weltweit ärmsten Länder eingestuft, und im Laufe des Jahres 2006 war die Inflation enorm angestiegen. Die Preise für Reis, Eier und Speiseöl hatten ein Niveau erreicht, das es vielen Menschen unmöglich machte, sich mit diesen einfachsten Lebensmitteln zu versorgen.

Die Situation ähnelte der des Jahres 1988, und dieser Eindruck wurde noch dadurch verstärkt, dass sich die Anführer dieser langsam anwachsenden Protestbewegung 88 Generation Students nannte. Auch die ehemaligen Studentenführer, die ich 2005 in Rangun getroffen hatte, schlossen sich an. Die Bewegung wuchs im Laufe des Frühjahrs und des Sommers weiter an, und als die Junta am 15. August entschied, die Subventionen für Öl und Gas abzuschaffen, sahen sie ihre Chance gekommen. Der Beschluss über die Subventionsstreichungen war gefasst worden, nachdem die Weltbank und der Internationale Währungsfonds eine solche Maßnahme empfohlen hatten. Aber niemand hatte damit gerechnet, dass die Junta die Subventionen komplett streichen würde, so dass die Menschen plötzlich gezwungen waren, ihr ganzes Einkommen für Heizung und Treibstoff auszugeben. 88 Generation Students entschied, am 19. August eine große Kundgebung abzuhalten. Ungefähr 400 Menschen versammelten sich in der Innenstadt von Rangun, aber die Junta schlug sofort zu. Die Anführer von 88 Generation Students wurden ins Gefängnis geworfen, und die Aktivisten, die bereits über 15 Jahre inhaftiert gewesen waren, wurden zu weiteren Gefängnisstrafen verurteilt – teilweise für eine Dauer von bis zu 65 Jahren.

In dieser Situation – nachdem 88 Generation Students mundtot gemacht worden war – traten die rot gekleideten Mönche hervor. Eine ganze Welt kleidete sich in Rot, um ihren Kampf zu unterstützen.

Am 5. September schlugen die Soldaten eine friedliche Demonstration in der kleinen Stadt Pakokku nieder. Drei Mönche wurden verletzt, und am folgenden Tag nahm eine Gruppe junger Mönche in einem Gebäude nahe des Klosters einige Staatsbeamte als Geiseln. Sie forderten eine Entschuldigung für den Überfall am Vortag, aber das Militär weigerte sich. Die Proteste eskalierten Schritt für Schritt, bis sie sich zum größten Volksaufstand seit 1988 entwickelt hatten. Manche Demonstrationen zogen bis zu 100000 Menschen an.

Wie schon nach der Wahl 1990 unterstrichen die Mönche ihre Proteste auf besondere Art: Wenn sie an Offizieren oder deren Familien vorbeikamen, drehten sie ihre Bettelschalen um und weigerten sich, Almosen entgegenzunehmen. Eine ernsthafte Beleidigung für jeden gläubigen Buddhisten.

Der wohl emotionalste Moment der Proteste kündigte sich an, als eine Gruppe von Mönchen die University Avenue hinauflief, um Aung San Suu Kyi zu ehren. Als sie zu der abgesperrten Zone vor dem Haus kamen, sah man, wie die Soldaten zögerten. Sollten sie die Mönche durchlassen? Hatte es schlechtes Karma zur Folge, wenn man sie aufhielt? Ein Offizier zog ein Funkgerät hervor. Eine wacklige, zufällig entstandene Filmaufnahme zeigt, dass er nickt, das Funkgerät zurücklegt und den Befehl gibt, die Mönche passieren zu lassen. Suu Kyi traf am Grundstückstor mit den Mönchen zusammen und betete mit ihnen. Einige Menschen, die hinter den Absperrungen zurückgeblieben waren, behaupten, sie hätte geweint. Zum ersten Mal seit Jahren durfte sie sich in der Öffentlichkeit zeigen. Und zum ersten Mal setzten die Mönche ein Zeichen und ließen erkennen, wen sie als rechtmäßigen Anführer des Landes betrachteten. Es schien, als hätte ganz Burma einen elektrischen Schlag bekommen.

»Allein dass sie sich zeigen konnte, bedeutete einen Auftrieb für die Demokratiebewegung. Sie brachte die Menschen dazu, ihre Angst zu vergessen«, sagte der burmesische Journalist Myint Swe.

Die Junta begriff schnell, dass ihr die Situation aus den Händen zu gleiten drohte. Um kein Risiko einzugehen, schickte Juntaführer Than Shwe seine Familie ins Ausland. Sie charterten ein Flugzeug der Air Bagan und flogen in die laotische Hauptstadt Vientiane.

Aber eigentlich hatten sie nichts zu befürchten. Das Militär hatte nach den 20 Jahre zurückliegenden Demonstrationen seine Hausaufgaben gemacht, und der ganze Sicherheitsapparat war darauf getrimmt, eine Situation wie die Proteste der Mönche im Jahr 2007 zu bewältigen. Am 25. September drohte die Junta den Demonstranten mit massiven Repressalien. Soldaten und Militärfahrzeuge wurden an der Shwedagon-Pagode in Stellung gebracht; am folgenden Tag überfielen sie einen Demonstrationszug mit ungefähr 700 Teilnehmern. Sie feuerten Tränengas in die Menge und gingen mit Schlagstöcken und Gewehrkolben auf die Demonstranten los. Am selben Tag wurden weltweit Fernsehbilder von Mönchen gezeigt, die ihre Proteste fortsetzten. Einige hatten ihre rote Mönchstracht um eine Gasmaske ergänzt, um sich vor einem Angriff durch Soldaten zu schützen.

Am 27. September wurde berichtet, dass sich viele Armeeangehörige weigerten, an den Überfällen auf die Demonstranten teilzunehmen. Die britische Zeitung *The Guardian* schrieb, eine Gruppe von Offizieren habe der Protestbewegung ihre Unterstützung zugesichert, und ein Gerücht besagte, dass 400 Soldaten eines Regiments bei Mandalay wegen Befehlsverweigerung verhaften worden wären. Es ist unklar, ob diese Angaben der Wahrheit entsprechen, aber Juntaführer Than Shwe übernahm das Oberkommando über die Truppen, um eine Spaltung innerhalb der Armee zu verhindern.

Es war der letzte Tag der großen Proteste. Am folgenden Morgen führte die Junta einen Schlag gegen die Mönche. Alle, die nicht verhaftet wurden, mussten im Kloster bleiben, das von schwerbewaffneten Soldaten umringt wurde. An der Sule-Pagode im Zentrum Ranguns wurde eine große Demonstration zurückgedrängt. Viele Menschen starben, als die Armee das Feuer eröffnete. Darunter war auch der japanische Fotograf Kenji Nagai, der bei dem Versuch, die Übergriffe der Soldaten zu dokumentieren, erschossen wurde. Ein Kameramann der Radio- und TV-Station Democratic Voice of Burma filmte den Vorfall aus seinem Versteck heraus. Es ist ein makabrer und tragischer Anblick, wenn man sieht, wie Kenji Nagai die Kamera befestigt, den Fokus einstellt und dann umfällt, nachdem er von einer Maschinengewehrkugel getroffen wurde. Er stirbt wenige Sekunden später auf dem warmen und feuchten Asphalt nahe der Sule-Pagode. Nachdem sich die Volksmassen zerstreut hatten, ging ein Soldat zu der Leiche und nahm die Kamera an sich, um alle Beweise zu vernichten. Nach dem 27. September demonstrierte hier niemand mehr. Als sich die Menschen nicht mehr auf die Straße wagten, ließen die Proteste nach und das Militär übernahm wieder die Kontrolle.

Das Teehaus, in dem ich mit Zaw Zaw saß, lag zufällig nur einen Steinwurf vom Sekretariat entfernt, dem roten Backsteingebäude, in dem Aung San 1947 ermordet wurde. Aung

Sans Geist schwebt über der Demokratiebewegung und ebenso ist Aung San Suu Kyi in den Gesprächen der Menschen immer gegenwärtig. Direkt oder indirekt. Mit flüsternder Stimme erzählte Zaw Zaw, wie »die Lady« die Proteste im Jahr 2007 voller Hoffnung und Erwartung verfolgte.

»Sie begriff, dass die Proteste vielleicht nicht zu dramatischen Veränderungen führen würden, aber es war wichtig, dass die Menschen sich trauten, öffentlich zu demonstrieren. Eine ganz neue Generation von Demokratie-Aktivisten ist daraus entstanden.«

In jenen Herbsttagen 2007 war Zaw Zaw jeden Tag auf der Straße. Er organisierte den Auftritt von Studenten und Aktivisten, die neben den Mönchen herliefen, um sie vor den Zudringlichkeiten des Militärs und der Polizei zu schützen. Er berichtete von der Gewalt, denen die Demonstranten ausgeliefert waren, als die Junta beschloss, den Aufstand niederzuschlagen. Zaw Zaw nahm auch an einer Demonstration in einem nördlichen Vorort Ranguns teil, in der Nähe des Insein-Gefängnisses, wo das Militär keine Rücksicht auf die Anwesenheit von ausländischen Journalisten nehmen musste. Am Morgen des 27. September schossen die Soldaten mit Tränengas auf den Demonstrationszug. Danach eröffneten sie das Feuer mit scharfer Munition.

»Einer meiner besten Freunde bekam eine Kugel in den Kopf«, erzählte Zaw Zaw. Er sah verstört aus, sein Blick wich aus, er strich sein dunkles langes Haar zurück und atmete tief ein, bevor er fortfuhr: »Es sah aus, als wäre sein ganzer Hinterkopf explodiert. Ich konnte in jener Nacht nicht schlafen. Ich versteckte mich in einem Keller. Dann setzte ein Adrenalinstoß ein, und am folgenden Tag war ich wieder bei den Demonstrationen dabei.«

Zaw Zaw marschierte zusammen mit den rot gekleideten Mönchen durch die Straßen. Sie klatschten zweimal in die

Hände und liefen dann einen Schritt weiter. Klatsch, klatsch. Noch ein Schritt. Klatsch, klatsch. Noch ein Schritt.

Eine schweigende, sich langsam bewegende Prozession gegen die Gewalt.

15.
All diese Jahrestage

Zahlreiche dunkle Jahrestage bestimmen die moderne Geschichte Burmas. Sie erinnern an die tragischen Ereignisse, die sich im jahrzehntelangen Kampf für Demokratie zugetragen haben.

Aung Sans Tod am 19. Juli 1947. Die Massaker an der Universität Rangun am 7. Juli 1962. Der Volksaufstand am 8. August 1988. Aung San Suu Kyis Rede am 26. August desselben Jahres. Die Machtübernahme der SLORC am 18. September. Der Beginn von Suu Kyis Hausarrest am 30. Mai 2003. Die Niederschlagung der von den Mönchen durchgeführten Proteste am 25. September 2007. Der Orkan Nagris im Mai 2008. Um nur einige zu nennen.

Vielleicht wird jedoch der 13. November 2010 zu einem strahlenden Jahrestag werden.

Dies war der Tag, an dem Aung San Suu Kyi nach sieben Jahren aus dem Hausarrest entlassen wurde. Der Befehl zum Abbau der Barrikaden und zur Aufgabe des Militärpostens vor ihrem Haus in der University Avenue wurde telefonisch durchgegeben. Noch während die Soldaten damit beschäftigt waren, den Stacheldraht abzureißen und die Sandsäcke wegzuräumen, wurde die ganze Gegend von Menschen überströmt. Lachend und singend überwanden sie die 400 Meter bis zu Suu Kyis Haus, so als hätte sich keiner der tragischen Vorfälle innerhalb der letzten sieben Jahre jemals zugetragen.

Etwas später an diesem Tag hielt Aung San Suu Kyi eine Rede vor dem NLD-Hauptquartier in Rangun. Eine Rede, die sofort auf der ganzen Welt ihre Verbreitung fand.

Eine neue Zeit war in ihrem Leben angebrochen. Und in der burmesischen Politik.

Um sich einen Eindruck über all diese Jahre zu verschaffen, die Aung San Suu Kyi in Isolation verbrachte oder in denen sie unter strenger Beobachtung stand, ist es durchaus sinnvoll, einmal zurückzublicken und zu schauen, wie das eigene Leben in dieser ganzen Zeit verlaufen ist. Als sie 1989 zum ersten Mal verhaftet wurde, war ich ein 21-jähriger Student in Göteborg und hatte bis zum Examen noch über ein Jahr mit Seminaren und Prüfungen vor mir. Nach dieser Zeit arbeitete ich als Radiojournalist, Pressesekretär bei der Zentralorganisation der schwedischen Gewerkschaften, sowie als Verleger, Autor, freischaffender Journalist und Chefredakteur. Ich habe geheiratet, wurde Vater von drei Kindern, wurde geschieden, bin zu einem Mann in den mittleren Jahren herangercift und habe fünf Bücher geschrieben.

Die Gesellschaft hat sich in diesem Zeitraum dramatisch verändert. Die Berliner Mauer ist gefallen. Computer und IT sind nicht nur zu einem natürlichen Bestandteil unseres Alltags geworden, sondern auch zu den wichtigsten Instrumenten der Kommunikation und Recherche. Bill Clinton und George W. Bush sind zu US-Präsidenten gewählt worden und haben ihre Amtszeiten absolviert, und danach haben die USA ihren ersten schwarzen Präsidenten ins Amt gehoben. Der Anschlag auf die USA im Jahr 2001 liegt hinter uns, und der Krieg gegen den Terrorismus ist zu einem festen Bestandteil der Weltpolitik geworden. Russland ist zusammengebrochen und wiederauferstanden. China und Indien sind ernstzunehmende Großmächte geworden. Das Volk in Tunesien und Ägypten hat sich erhoben und seine Despoten davongejagt.

Die entscheidende Frage ist, an welchem Punkt diese Entwicklungen die Generäle in Burma einholen werden. Wann werden die Proteste und die großen persönlichen Opfer der Aktivisten in Burma letztlich zu einem konkreten Ergebnis führen?

Ist diese Zeit jetzt gekommen?

Während meines Interviews mit Aung San Suu Kyi im Februar 2011 erklärte sie, noch immer kein fundiertes Gespräch mit einem Vertreter des Regimes geführt zu haben. »Wir müssen abwarten und sehen, was die neue, sogenannte Zivilregierung zustande bringen kann«, sagte sie. »Danach können wir abwägen, ob sie dieses Mal mehr als früher an einem Dialog interessiert sind. Wir sind immer offen für Gespräche.«

Mittlerweile hat Burma mehrere Schritte in die richtige Richtung unternommen. Die kurz nach der Wahl 2010 zusammengetretene Regierung hat einen Reformprozess eingeleitet. Aber wie Aung San Suu Kyi im Juni 2012 in Oslo hervorhob, bleibt noch immer viel zu tun. Burma ist keine Demokratie, auch wenn das Land in den letzten Jahren die Züge eines demokratischen Systems angenommen hat. Selbst wenn die Opposition heute als solche agieren kann und ihren Kampf nicht mehr aus den Gefängniszellen heraus organisieren muss, sitzt das Militär noch immer an den Hebeln der Macht und kontrolliert das Parlament und die Regierung.

Jede Diktatur stürzt früher oder später. Gleichwohl haben Burmas Generäle die Fähigkeit entwickelt, alle Krisen auszusitzen und sich an der Macht festzuklammern. Schon immer wussten sie Länder und Interessen perfekt gegeneinander auszuspielen, mit dem einzigen Ziel, die Militärführung an der Macht zu halten.

Nach der Safran-Revolution im Jahr 2007 reiste der damalige UN-Gesandte Ibrahim Gambari nach Thailand, von wo aus er erneut Gespräche zwischen der Junta, Aung San Suu

Kyi und Vertretern der ethnischen Minderheiten forderte. Die Haltung der Weltgemeinschaft im Hinblick auf Burma war inzwischen so kritisch wie nie zuvor. Die USA und die EU hatten neue Sanktionen eingeführt, unter anderem gegen den Handel mit Edelsteinen und Hölzern, außerdem gegen eine Gruppe von Junta-Mitgliedern und deren Familien. Sogar Russland und China waren bereit, die Burma-Frage im UN-Sicherheitsrat zu behandeln. In einer Resolution forderte die UN, dass der Konflikt in Burma auf friedliche Weise und ohne Übergriffe vonseiten des Militärs gelöst werden müsse. In Übereinstimmung mit den ASEAN-Mitgliedsländern behaupteten China und Russland im Prinzip jedoch weiterhin, dass es sich bei den Übergriffen in Burma um eine interne Angelegenheit handele, die andere Regierungen nichts anzugehen habe. Nichts geschah.

Lange Zeit wirkte die Lage bereits hoffnungslos. Innerhalb von 20 Jahren schickte die UN neun verschiedene Sondergesandte nach Burma, die dort insgesamt 14 Besuche absolvierten. Jedes Mal waren ihre Reisen von Spekulationen über einen baldigen Durchbruch begleitet, jedes Mal forderte der betreffende Gesandte einen Dialog. Und jedes Mal war das Ergebnis gleich Null.

Nicht einmal die Veröffentlichung von Berichten über Mord, Folter und Vergewaltigungen änderten etwas.

Im September 2005 präsentierten die Nobelpreisträger Václav Havel und Desmond Tutu den Burma-Bericht »Threat to the peace«. In diesem zeigten sie auf, dass die Lage in Burma schlimmer als in anderen Ländern war, mit denen sich die UN beschäftigten. Entscheidende Faktoren waren der Bürgerkrieg und die Übergriffe auf die ethnischen Minderheiten, aber auch die humanitäre Krise: Millionen Flüchtlinge in den burmesischen Nachbarländern, der Drogenhandel im Goldenen Dreieck, die sich verbreitende HIV-Epidemie. Dazu eine demokratisch gewählte Regierung, die nicht antreten durfte. Jeder dieser Faktoren wäre an sich schon ausreichend, um eine deutlichere Stellungnahme vonseiten der UN zu rechtfertigen, erklärten Havel und Tutu.

Aber nichts geschah. Die UN entzogen sich ihrer Verantwortung, die Zivilbevölkerung zu schützen.

Im Laufe von 15 Jahren traf ich in Burma mit vielen Menschen zusammen, darunter Aktivisten und »gewöhnliche« Burmesen, die den Glauben an die UN oder irgendeine andere internationale Organisation als maßgeblichen Faktor im Hinblick auf eine Veränderung verloren hatten.

»Wir rechnen nicht länger mit Hilfe von außen«, sagte ein junger NLD-Aktivist, mit dem ich am Tag nach meiner Begegnung mit Zaw Zaw im Jahr 2010 zusammentraf. »Nach 1988 gab es solche Hoffnungen. Viele, die nach den Massakern zur Grenze geflüchtet waren, rechneten mit militärischer Unterstützung, womöglich durch die USA, aber so war es nicht. Und seitdem hat ja nichts mehr funktioniert. Wir brauchen einen neuen Volksaufstand, um die Junta zu stürzen. Wir müssen im Untergrund arbeiten und den Widerstand organisieren.«

Besonders desperat ist die Situation bei den ethnischen Minderheiten, was nach der Wahl 2010 deutlich wurde. Ethnische Gruppen wie die Karen und die Kachin warnten die Weltgemeinschaft vor dem Risiko eines sich ausbreitenden Bürgerkriegs. Sie hatten gesehen, wie die Junta enorme Truppenstärken in den Grenzgebieten des Landes zusammenzog, um die bewaffneten Gruppen, die sich nicht unterordnen wollten, ein für alle Mal auszuschalten. Nur wenige Tage nach der Wahl gab es neue Kämpfe, und eine weitere Flüchtlingswelle ergoss sich über die Grenze nach Thailand. Um ihre Truppen aufzustocken und der Zentralregierung in Burma besser begegnen zu können, gingen Anfang 2011 viele der großen ethnischen Gruppen eine neue Allianz ein.

Während meiner Reise durch den Kachin-Staat im Jahr 2005 begegnete ich vielen Menschen, die allen Ernstes hofften, dass die USA Burma besetzen würden, so wie sie es zuvor mit dem Irak getan hatten. Tatsache ist, dass die Junta diese potentielle Möglichkeit als Teil ihrer Propaganda verwendet. Als der Regierungssitz von Rangun in die neugebaute Stadt Naypidaw verlegt wurde, erklärte Than Shwe, der Umzug diene der »Vorbeugung eines Angriffs vom Meer«. Die Burma-Experten in aller Welt rätselten, welche Bedrohung er gemeint haben könnte.

Es gab und gibt keinerlei militärische Bedrohung Burmas. Die USA würden niemals erwägen, ein Land zu überfallen, in dem es weder genügend Ölquellen gibt noch sicherheitspolitische Interessen auf dem Spiel stehen. Darüber hinaus würde solch eine Invasion den Konflikt im Irak wie ein Kinderspiel aussehen lassen. Die Militärjunta lenkt eine Armee von 400000 Mann, hat es in den letzten 50 Jahren jedoch nicht geschafft, die Bergregionen unter Kontrolle zu bringen. Dutzende von dort ansässigen Armeen würden eine fremde Okkupationsmacht niemals anerkennen. Die Drogenkartelle in den Bergen würden sich auf die Seite der Junta schlagen. Ein Großteil von Burmas Problemen beruht auf der Tatsache, dass sich das Land in einem ewigen Kriegszustand befindet. Nach dem Zweiten Weltkrieg hat es nie einen echten Frieden gegeben. Und da das Militär das Recht der ethnischen Gruppen auf Selbstbestimmung im Rahmen eines föderalen Staates nie anerkannt hat, ist das Land Burma im Prinzip gar nicht wirklich definierbar.

Nach den Protesten im Herbst 2007 forderten die USA und die EU erneut einen Dialog zwischen der Junta und Aung San Suu Kyi und verhängten neue Sanktionen gegen Mitglieder der Junta und deren Familien. Sanktionen gegen die Öl- und Gasindustrie hingegen wagte man nicht einzuleiten.

Zum ersten Mal wurde die Burma-Frage auch im UN-Sicherheitsrat behandelt. China und Russland verzichteten auf ein Veto. Stärker als früher fühlte sich die Junta unter Druck gesetzt, und im Oktober 2007 wurde das Junta-Mitglied Aung Kyi zum Minister ernannt, der einen Dialog in die Wege leiten sollte.

In dieser Situation schien die internationale Gemeinschaft auch bereit, ihre Beziehungen zu Burma auf den Prüfstand zu stellen. Nachdem der Orkan Nagris im Frühjahr 2008 Burma heimgesucht hatte, veränderte sich zunächst die Haltung im Hinblick auf humanitären Beistand. Die meisten Länder hatten sich Burma bisher immer mit großer Vorsicht genähert, aber nach der verheerenden Katastrophe war der Hilfsbedarf so groß, dass die bisherige Haltung als nicht länger angemessen betrachtet wurde. Schweden steuerte beispielsweise 180 Millionen Kronen Hilfsgelder bei, und die moderat eingestellte Ministerin für Entwicklungshilfe, Gunilla Carlsson, stattete Burma den ersten schwedischen Ministerbesuch in der Geschichte ab.

Die verstärkte Anwesenheit von Ausländern war die deutlichste Veränderung zwischen 2010 und der Zeit, in der ich Burma früher bereist hatte. Viele ausländische Unternehmen sind mittlerweile vor Ort. Sogar Cafés und Restaurants sind entstanden, in denen Vertreter von Hilfsorganisationen und andere westliche Ausländer zusammenkommen. Natürlich sind die Preise hier höher als an anderen Orten.

Ansonsten ist das meiste gleich geblieben.

Schließlich unternahm der Amerikaner John Yettaw seine kleine Schwimmtour, und trotz aller Verrücktheit hatte seine Aktion zur Folge, dass sich das internationale Scheinwerferlicht erneut auf die Übergriffe der Junta richtete. Massenmedien in aller Welt berichteten über den Prozess gegen Aung

San Suu Kyi und ihre Hausangestellten. Bilder demonstrierender Mönche füllten die Fernsehbildschirme, und Politiker in aller Welt forderten – zum wievielten Mal? – einen Dialog mit der Opposition. Doch als UN-Generalsekretär Ban Ki-moon einige Wochen nach Yettaws Coup Burma besuchte, durfte er nicht mit Aung San Suu Kyi zusammentreffen, obwohl er es nachdrücklich von der Junta gefordert hatte. Than Shwe erklärte, dass »es nicht gut aussehen würde, wenn der UN-Chef eine Person träfe, die sich eines Kapitalverbrechens schuldig gemacht habe«.

Der einzig positive Effekt an Yettaws Aktion war vielleicht, dass sich die Junta einmal mehr als halsstarrig, brutal und geradezu mittelalterlich im Hinblick auf ihre Rechtsauffassung entpuppte.

Parallel dazu waren viele Länder gerade dabei, ihre Burma-Politik erneut zu überprüfen. Unter Präsident Barack Obama schlugen die USA plötzlich eine andere Richtung ein. Seit 1988 hatte die grundlegende Strategie der USA aus Wirtschaftssanktionen und politischer Isolation bestanden. Obama dagegen beabsichtigte, einen Dialog mit der Junta einzuleiten; ein Versprechen, dass er auch vielen anderen Regimen gab, mit denen sein Vorgänger George W. Bush sich geweigert hatte zu sprechen. Zwar sollten die Sanktionen so lange aufrechterhalten werden, bis die Junta Zugeständnisse machte und Aung San Suu Kyi freiließ, aber die Politik markierte einen deutlichen Kurswechsel.

Die Junta hatte indes weiter alles getan, um Aung San Suu Kyi politisch zu marginalisieren. Die vor der Wahl 2010 verabschiedeten Gesetze sahen nicht nur vor, dass ihr das Recht auf eine Kandidatur verweigert wurde, sondern beinhalteten auch ein Verbot der NLD, solange Aung San Suu Kyi ein Mitglied der Parteiführung blieb. Wenn sie also hinausgeworfen würde, bekäme die Partei das Recht zu kandidieren. Und wenn die Partei dagegen zu protestieren beabsichtigte, würde sie verboten werden.

Die Junta hatte die NLD in eine Zwickmühle manövriert. Wie immer sie sich auch entschied, am Ende würde sie als Verlierer dastehen.

Die NLD entschied sich für einen Wahlboykott. Zwar traten auch andere politische Parteien an, spielten jedoch in dem danach gewählten Parlament nur eine marginale Rolle. Durch Wahlbetrug und Kontrolle des Informationsapparats errang die Junta-Partei USDP knapp 70 Prozent der Plätze. Interessanterweise fast genauso viele wie die NLD bei der Wahl 1990.

Dennoch kam es zu einem Reformprozess. Aung San Suu Kyi hatte eine derartige Möglichkeit schon im Herbst 2011 angedeutet. Die im Exil erscheinende Zeitung *The Irrawaddy* fragte, wie hoch sie das Risiko einschätze, von der neuen Regierung zum Zwecke der Imagepflege ganz einfach ausgebeutet zu werden. »Ich lasse mich gern ausbeuten, wenn ich glaube, dass das Land dadurch auf den rechten Kurs gerät«, erwiderte sie.

Offenbar hatte sie in den Sondierungsgesprächen mit der Regierung und dem neuen Präsidenten Thein Sein einen zarten Hauch von Veränderungswillen gespürt. Sie wurde zu privaten Gesprächen mit dem Präsidenten gebeten, der öffentlich versicherte, dass ein Reformprozess eingeleitet worden sei.

Seitdem sind viele wichtige Schritte unternommen worden. Die meisten der nach der Safran-Revolution inhaftierten führenden Demokratieaktivisten wurden freigelassen, darunter Min Ko Naing und Ko Ko Gyi. Dennoch sitzen noch viele im Gefängnis – wie Suu Kyi auch in ihrer Nobelpreisrede unterstrich. Die Presse im Land hat sich geöffnet, und viele der im Exil operierenden Medien wie *The Irrawaddy*, *Mizzina* oder der Radio- und TV-Sender Democratic Voice of Burma (DVB) dürfen nach Burma zurückkehren und ihre journalistische

Arbeit offen fortsetzen. »Viele von uns hatten Angst, dass es in Burma zu einem Backlash kommen würde, doch jetzt glaube ich, dass es der Regierung schwerfiele, den eingeleiteten Demokratieprozess wieder rückgängig zu machen«, sagte der DVB-Chefredakteur Aya Chan Naing, als ich im Juni 2012 in Stockholm mit ihm zusammentraf. In Begleitung des stellvertretenden burmesischen Informationsministers Soe Win befand er sich auf einer Besuchsreise durch die nordischen Länder. Allein das war schon eine nicht zu unterschätzende symbolische Handlung. Lange Zeit war die DVB vom Regime geächtet und viele der dort arbeitenden Journalisten waren zu hohen Gefängnisstrafen verurteilt worden. Nicht zuletzt auch aufgrund eines Berichts über die wahren Hintergründe der Safran-Revolution im Jahr 2007; ein Bericht, der in dem mit einem Preis ausgezeichneten Dokumentarfilm *Burma VJ* ausgiebig geschildert wird.

Aye Chan Naing erzählte, dass politische und religiöse Beiträge in Burma noch immer zensiert werden, aber die Vorabkontrolle von Zeitungen, Radio und Fernsehen teilweise aufgehoben wurde. Die Regierung bereite außerdem die Verabschiedung eines neuen Mediengesetzes vor, durch das die Zensur angeblich vollständig aufgehoben werden soll.

Angesichts der Veränderungen erwog die DVB bereits eine Rückkehr nach Burma.

»Alle Journalisten sind frei, und wir können offen im Land arbeiten«, sagte Aye Chan Naing. »Erst werden wir ein Büro im thailändischen Chiang Mai eröffnen, und wenn die Zensur aufgehoben wird, werden wir bestimmt wieder nach Rangun gehen.«

Aye Chan Naing kehrte im Februar 2012 nach 22 Jahren zum ersten Mal in seine Heimat zurück.

»Das war ein komisches Gefühl, und ich merkte, dass ich Angst hatte. Ich wusste ja nicht genau, was passieren könnte.

Würden sie mich verhaften? Würde mich der Sicherheitsdienst verfolgen? Aber nichts davon geschah.«

»Wir erwägen, die staatlichen Medien unseres Landes in eine Art Public Service umzuwandeln«, sagte der stellvertretende Informationsminister Soe Win in Stockholm. »Der erste Schritt ist ein neues Mediengesetz, das im Sommer von unserem Parlament verabschiedet werden soll. Danach werden wir einen Medienrat mit Vertretern aller Mediengesellschaften einrichten, damit die Allgemeinheit eine Instanz hat, an die sie sich wenden kann, wenn sie sich von den Medien gekränkt fühlt.«

Aber meinen es die Machthaber in Burma tatsächlich ernst mit den Reformen oder ist das Ganze nur ein Taschenspielertrick, wie viele Kritiker behaupten?

»Vor dem Hintergrund der jahrzehntelangen Erfahrung mit diesem Regime, kann ich die Skepsis verstehen«, sagte Soe Win. »Aber wir werden den Reformprozess so lange fortsetzen, bis auch die größten Skeptiker überzeugt sind.«

Aye Chan Naing ist einer dieser Skeptiker, glaubt aber, dass es sachliche Gründe für den Reformprozess gibt.

»Die Regierung sagt, dass sie das Land verändert, weil sie vom Volk gewählt sei und dessen Wünschen entspreche, aber das stimmt natürlich nicht. Die Regierung ist gar nicht in einem angemessenen demokratischen Prozess gewählt worden. Aber viele aus der Elite des Landes sind es leid, in der internationalen Gemeinschaft so isoliert dazustehen, und bemängeln das Ausbleiben des Wachstums. Das Land ist ins Hintertreffen geraten, und die Reformen drehen sich primär darum, eine normale Beziehung mit der Weltgemeinschaft führen zu können.«

Meiner Ansicht nach steckt viel Wahres in dieser Analyse. Ich glaube, dass der positive Prozess, in dem sich Burma in den

Jahren 2011 und 2012 befand, (mindestens) drei Ursachen hatte.

1. Die massive Rückständigkeit des Landes. Die seit 1962 bestehende Isolation, die Korruption, der Krieg sowie das militärische Machtmonopol haben die Wirtschaft stark in Mitleidenschaft gezogen. Es gab nur begrenzte Möglichkeiten, ein funktionierender Bestandteil der Weltgemeinschaft zu werden und ein funktionierendes wirtschaftliches Wachstum zu erlangen. Auch wenn es äußerlich nicht sichtbar ist, gab es in all diesen Jahren dennoch bestimmte Kräfte innerhalb des Militärs, die sich eine andere Entwicklung wünschten und nicht glaubten, der Opposition stets mit geballter Faust begegnen zu müssen.

2. Die Abhängigkeit von China. Seit den Massakern 1988 hat China konsequent daran gearbeitet, seinen Einfluss – zumindest in ökonomischer Hinsicht – zu verstärken. Große Teile des nördlichen Burma werden mehr oder weniger von Peking kontrolliert. Das gilt insbesondere für die Bergwerke, die Holzwirtschaft und den Import von Konsumwaren. Der Einfluss dieser Großmacht im Norden ist seit fast tausend Jahren Burmas größte Sorge. Es ist daher erstaunlich, dass diese Situation so lange unverändert bleiben konnte, ohne dass irgendjemand ernsthaft reagierte. Die anderen Nachbarländer der ASEAN-Gruppe haben sich Burma ebenfalls schrittweise genähert, z. B. Indien, aber der Rest der Welt tat dies nicht. Letztlich waren die Machthaber gezwungen, eine Strategie zu erarbeiten, die das Land auch für die USA oder die EU öffnen könnte, um so die Macht Chinas auszubalancieren.

3. Der interne und externe politische Druck. Im Laufe der Zeit haben die Generäle begriffen, dass sie Aung San Suu Kyi nicht loswerden konnten, indem sie sie isolierten. Ihre Bedeutung wuchs, und die Safran-Revolution im Jahr 2007 zeigte,

dass die interne Unzufriedenheit jederzeit in einen neuen Volksaufstand münden konnte. Auf lange Sicht wäre die Situation daher unhaltbar gewesen. Dazu kamen noch die Sanktionen der USA und der EU und der politische Druck aus großen Teilen der Welt. Westliche Diplomaten und Geschäftsleute, die jahrelang für eine Aufhebung der Sanktionen kämpften, behaupten gern, die Sanktionen wären wirkungslos gewesen. Aber es waren ja eben diese Sanktionen und der politische Druck, die letztlich zu einer Antriebskraft für diejenigen unter Burmas Machthabern wurden, die die Beziehungen zur restlichen Welt trotz allem normalisieren wollten. Meiner Ansicht nach spielten die Sanktionen eine wichtige Rolle für den nun begonnenen Prozess. Waren größere Handelsmöglichkeiten und verstärkte diplomatische Kontakte die Mohrrübe für die Generäle, dann waren Sanktionen und Isolation definitiv die Peitsche, welche diese Mohrrübe so erstrebenswert machte. Wer behauptet, dass sich die Sanktionen sowie Aung San Suu Kyis oft sture Haltung kontraproduktiv ausgewirkt hätten, muss andere Faktoren benennen, die zu demselben Druck sowie derselben Bereitschaft, sich in Richtung Demokratie zu bewegen, hätten führen können. 2012 hoben die USA und die EU die Sanktionen gegen Burma für ein Jahr probeweise auf.

Darüber hinaus ist es ungeheuer wichtig, einen kühlen Kopf zu bewahren. Die Entwicklung in Burma ist weder ausschließlich positiv noch irreversibel.

Die demokratische Opposition in Burma hält die Rahmenbedingungen der neuen Konstitution im Grunde genommen für unzureichend. Langfristig ist es nicht möglich, sinnvolle politische Arbeit auf der Grundlage einer Verfassung zu betreiben, die auf die Bewahrung der militärischen Führung des Landes zugeschnitten ist. Das Militär hat das Recht, 25 Prozent der Parlamentssitze zu beanspruchen. In vielen Bereichen sind viele Minister mit weitreichenden Befugnissen ausgestattet und dürfen diese Macht behalten, solange sie behaupten können, die Sicherheit des Landes stehe auf dem Spiel. Auch die ethnischen Minderheiten stehen der neuen Ordnung kritisch gegenüber. Die Verfassung verweigert ihnen die teilstaatliche Unabhängigkeit, die sie sich schon seit den 1940er Jahren wünschen. Das neue Grundgesetz sieht im Gegenteil vor, dass die wichtigsten politischen Fragen von der Zentralregierung gelöst werden.

Viele der Gruppen, die jahrzehntelang Krieg gegen die Junta geführt haben, darunter die Karen, leiteten 2011 Gespräche mit der neuen Regierung ein. Dabei zeigte sich, dass auch die ethnische Frage langsam auf eine Lösung zusteuerte. In mehreren Landesteilen kam es dennoch zu erneuten Kämpfen. Die Kachin National Army (KNA) kündigte ihre seit 15 Jahren bestehende Waffenruhe mit der Junta auf. Für die Bevölkerung im Kachin-Staat hatten die Kämpfe zur Folge, dass die Übergriffe der Regierungstruppen in diesem Landesteil ein Ausmaß annahmen, das man seit vielen Jahren nicht mehr gesehen hatte. Ebenso ist der Umgang mit der muslimischen Bevölkerungsgruppe im Arakan-Staat Grund für verstärkte Unruhen.

Die Verfassung und die gefälschte Wahl, die zu einer breiten Mehrheit für die Junta-Partei USPD führte, sind letztlich nur Folge der jahrelangen konsequenten Vorgehensweise der Junta. Die Zusammensetzung des Nationalen Konvents 1993 erschien daher nur logisch. Über 20 Jahre nach den großen Demonstrationen von 1988 und Suu Kyis Auftritt auf der politischen Bühne konnte die Junta nun eine maßgeschneiderte politische Lösung präsentieren, die es ihr ermöglichte, die Macht zu behalten und das System äußerlich zu verändern. Eine Lösung, die dazu führte, dass sie Aung San Suu Kyi freilassen und ihr einen Platz im Parlament geben konnten, ohne die grundlegende Ordnung zu gefährden.

Fraglich ist, was geschieht, wenn diese Ordnung ins Wanken gerät. Wird der eingeleitete Veränderungsprozess ein Eigenleben entwickeln, das von den Generälen nicht mehr gebremst werden kann, wenn es an Fahrt aufnimmt? Dann und erst dann werden wir wissen, wie ehrlich die Reformen der letzten Jahre wirklich gemeint waren.

Aber vielleicht meint es die neue Regierung in Burma ja tatsächlich ernst. Vielleicht sehen wir in diesem Moment nur den Beginn einer beständigen Entwicklung. In diesem Fall lässt sich die Bedeutung der Rolle Aung San Suu Kyis für die Ermöglichung dieser Entwicklung gar nicht hoch genug einschätzen. Zu Beginn des neuen Jahrtausends gab es Gruppen von Diplomaten und Regierungen, sogar im Westen, die Suu Kyis Rolle für ausgespielt hielten. Sie glaubten, der einzig realistische Weg zu Veränderungen in Burma bestünde darin, den Fahrplan zur Demokratie zu akzeptieren, den die Junta bereits während Aung San Suu Kyis erstem Hausarrest vorgestellt hatte. Aber alle möglichen Zweifel an ihrer Bedeutung für Burma dürften sich spätestens nach ihrer Freilassung im November 2010 erübrigt haben. Alle führenden Oppositionspolitiker bestätigten ihre Rolle als legitime Anführerin der Demokratiebewegung. Im Vorfeld der Parlamentsnachwahlen fand sich die größte Menge der NLD-Anhänger zu ihren politischen Veranstaltungen ein. Sie erwies sich als genau dieselbe starke und volksnahe Anführerin, die sie schon im Wahlkampf 1990 gewesen und auch weiterhin geblieben war, obwohl es ihr all die Jahre im Hausarrest unmöglich gemacht hatten, eine formale politische Rolle zu spielen.

Jetzt jedoch hat sie diese Rolle eingenommen, und ihr Norwegen-Aufenthalt im Juni 2012 wurde von vielen eher als eine

Art Staatsbesuch wahrgenommen und nicht als Reise einer politischen Dissidentin.

Während eines Interviews in Oslo sagte sie, ein Grund für ihre Reise sei, dass sie herausfinden wollte, wie sich die Welt in den letzten 25 Jahren verändert habe. Bereits nach ihrer Rede vor dem NLD-Hauptquartier im November 2010 hatte sie diese Veränderungen erwähnt. »Was mir als erstes auffiel, war die Tatsache, dass mich so viele junge Menschen willkommen hießen«, sagte sie, »und die meisten hatten Mobiltelefone, mit denen sie mich fotografierten. So etwas habe ich noch nie zuvor erlebt, und es ist natürlich klar, dass diese Kommunikationswerkzeuge, ebenso wie Facebook oder Twitter, die Voraussetzungen der politischen Arbeit verändern.«

Auch in dem von mir geführten Interview im Februar 2011 betonte sie die Bedeutung der neuen Techniken. Sie gäben den Burmesen neue Möglichkeiten, mit der Welt zu kommunizieren, und erschwerten es dem Regime, die Informationsflut zu kontrollieren. Die heutige Welt habe weniger Grenzen, und Burma sei vielleicht auf dem Weg, ein Teil dieser neuen Welt zu werden.

Auf der anderen Seite hat die Junta die Gespräche mit ihr oder die Handhabung ihrer Bewegungsfreiheit oft als Methode benutzt, um die Welt beschwichtigen. Sobald die Junta dann in internationalen Zusammenhängen ein bestimmtes Ergebnis erreichte, wurde der Demokratiebewegung erneut der Weg versperrt.

Aber vielleicht lässt sich dadurch auch erklären, wieso Aung San Suu Kyi zu so einem starken globalen Symbol für Demokratie und Menschenrechte geworden ist. Wenn es die Hoffnungen auf eine durchlässigere und offenere Welt waren, die sie ins Rampenlicht geführt hatten, dann war es wahrscheinlich die Isolation, die sie in diesem Licht hat verbleiben lassen.

Suu Kyi hat uns stets an das Misslingen erinnert.

Zwar wurde die Welt nach dem Fall der Berliner Mauer freier, aber die Freiheit war relativ. China nahm eine wirtschaftliche Öffnung vor; Diplomaten und Unternehmer scharten sich um die Wachstumszentren an der chinesischen Ostküste. Politische Reformen hingegen waren nicht absehbar. Die Kommunistische Partei hat ihr Machtmonopol behalten. Dissidenten und unabhängige Journalisten werden verfolgt und inhaftiert. Chinas schneller Fortschritt hat eine völlig neue Weltordnung hervorgerufen, und Burmas Machthaber sind entschlossen, diesen Erfolgsweg zu kopieren.

Aung San Suu Kyi hat in ihren politischen Kommentaren immer auf die Verbindung zwischen Politik und Ökonomie hingewiesen. Sie hat nicht nur aus moralischen Gründen für Wirtschaftssanktionen plädiert, sondern auch, weil diese eines der wenigen kraftvollen Instrumente darstellen, die man anwenden kann, wenn man von militärischer Gewalt absehen möchte. Doch Sanktionen funktionieren nur dann, wenn sich viele Länder daran beteiligen. Abgesehen davon können Länder und internationale Organisationen Diplomatie anwenden und politischen Druck ausüben, aber das hat in Burma nicht funktioniert.

Als ich Aung San Suu Kyi während meines Interviews dazu befragte, wiederholte sie dieselbe Botschaft; die einzige Möglichkeit, eine Veränderung in ihrer Heimat zu bewirken, bestehe in einer geordneten internationalen Strategie. »Der beste Weg ist Koordination«, sagte sie.

Aber trotz des offensichtlichen und seit 20 Jahren bestehenden Mangels an solch einer Koordination glaubt sie an eine bessere Politik in der Zukunft, so wie sie immer die hellen Seiten des Daseins im Auge behält, sei es nun in privater oder politischer Hinsicht. Der Gegenwart begegnet sie mit brutaler Ehrlichkeit, die Zukunft ist jedoch immer mit einem Hoffnungsschimmer versehen. Ob sie es tatsächlich so empfindet oder es sich nur antrainiert hat, um ihre Anhänger zu ermutigen, ist schwer zu beantworten.

Das Faszinierende an Aung San Suu Kyi ist, dass sie trotz aller Einwände immer daran geglaubt hat, dass Zusammenarbeit und Dialog – und nicht Gewalt – eine funktionierende Methode darstellen. Ihr persönlicher Hintergrund ist ein Paradebeispiel für die Debatte über Menschenrechte, wie sie seit dem Fall der Berliner Mauer geführt wird. Mit beiden Füßen steht sie in der Tradition des antikolonialen Kampfes und ist von der amerikanischen Bürgerrechtsbewegung, der Anti-Apartheidbewegung sowie Gandhis Theorien über zivilen Widerstand geprägt. Sie hat für die UN gearbeitet und die Bedeutung dieser Weltorganisation immer unterstrichen. Trotz der offensichtlichen Defizite der UN und trotz des Unvermögens der internationalen Gemeinschaft, das Regime in Burma zu beeinflussen, weiß Aung San Suu Kyi, dass nur politische und diplomatische Wege beschritten werden können. Und sie weiß, dass dabei viel Zeit vergehen kann. Oft hat sie Burma mit Südafrika verglichen. 30 Jahre vergingen bis zur Abschaffung der Apartheid. Lange Jahre schien das System völlig undurchdringlich. Aber letztlich kam der Wandel.

In einem Interview mit der *Vogue* im Jahr 1995 – nach dem ersten Hausarrest – wurde sie gefragt, wie viele Jahre sie zu opfern bereit sei, um die Demokratie in Burma einzuführen. »Es kann lange dauern«, erwiderte sie. »Sogar mein ganzes Leben.«

Bei der Arbeit an diesem Buch haben mich viele gefragt, wie Aung San Suu Kyi dieses große persönliche Opfer eigentlich bewältigen kann. Warum bleibt sie in Burma? Schon vor über

20 Jahren wurde sie zum ersten Mal unter Hausarrest gestellt. Man muss sich fragen, was man selbst im Sommer 1989 getan hat und wie viel Zeit seitdem vergangen ist.

Ich glaube, dass diese Frage in gewisser Weise falsch gestellt ist, weil sie davon ausgeht, dass Aung San Suu Kyis Opfer einzigartig ist. Tatsächlich ist die Geschichte jedoch voller Menschen, die große persönliche Opfer für eine noch größere Sache erbracht haben. Die Widerstandsbewegung im Zweiten Weltkrieg, die Gewerkschaftsaktivisten in Lateinamerika, die Unabhängigkeitsbewegungen in den ehemaligen Kolonien, die politischen Dissidenten in China – ja Flüchtlinge auf der ganzen Welt. Der Unterschied besteht womöglich darin, dass solche großen Opfer mehr Aufmerksamkeit erregen, wenn sie von Männern erbracht werden.

In einem Interview mit Alan Clements Mitte der 1990er Jahre sagte Aung San Suu Kyi, der größte Unterschied zwischen ihrem Vater und ihr selbst sei das Verantwortungsgefühl. Aung San hatte schon als junger Mensch erkannt, dass er eine Aufgabe hatte, die seine eigene Person überragte. Den Rest seines Lebens verwandte er darauf, diesem Ruf, den er glaubte vernommen zu haben, gerecht zu werden und die Verantwortung dafür zu übernehmen. Er opferte sich buchstäblich selbst für eine größere Sache. Aung San Suu Kyi hingegen verspürte als junger Mensch niemals diesen »Ruf« zu größeren Aufgaben. Das Verantwortungsgefühl hatte sich erst sukzessiv bei ihr eingestellt, und im Laufe der 1980er Jahre verspürte sie oft eine große Rastlosigkeit. Sie »suchte nach einer Aufgabe«. Deswegen war sie zur Stelle, als die Demokratiebewegung sie brauchte. Deswegen verließ sie die »kleine« Welt und wagte den Schritt in die »große«.

Die Mitglieder ihrer Familie waren schon früher zeitweise voneinander getrennt gewesen. Nichts deutete darauf hin, dass der Hausarrest fast zwei Jahrzehnte andauern sollte. Aber da sie die Junta herausgefordert hatte, da sie gefordert hatte, ins Gefängnis geworfen zu werden, da sie sich weigerte, das Land zu verlassen, war ein Rückzug unmöglich geworden. Sie konnte nicht an einem Tag die Junta herausfordern und am nächsten zurück nach England fliegen. Denn das hätte auf einen Schlag einen Großteil ihres politischen Kapitals in Burma ruiniert, selbst wenn sie eine wichtige internationale Stimme geblieben wäre. Solch ein Verhalten hätte sich zudem nicht mit ihren Werten und ihrer prinzipientreuen Grundhaltung vereinbaren lassen.

»Ich vermisste natürlich meine Familie, besonders meine Söhne«, sagte sie nach dem ersten, sechs Jahre währenden Hausarrest. »Aber ich fühlte mich nie vom Leben abgeschnitten. Im Grunde genommen habe ich den Hausarrest als einen Teil meiner Arbeit betrachtet – ich habe einfach meinen Job gemacht.«

Ihre Familie, die beiden Söhne und die Ehe mit Michael Aris sind immer ein wichtiger Bestandteil in der Bewertung ihres Lebens und ihrer politischen Arbeit gewesen. Einer der rührendsten Momente war sicherlich die Begegnung mit ihrem Sohn, Kim Aris, auf dem internationalen Flughafen Rangun im November 2010. Gleich nachdem sich abgezeichnet hatte, dass die Junta ihre Freilassung beabsichtigte, hatte er ein Einreisevisum beantragt, das jedoch erst nach ein paar Wochen erteilt wurde. Kim wartete in Bangkok. Zehn Tage nach ihrer Freilassung konnte er endlich die knapp einstündige Flugreise über die Berge des Karen-Staates im östlichen Burma antreten. Mehr als zehn Jahre waren seit ihrer letzten Begegnung vergangen, und auf dem Weg zum Flughafen sagte Aung San Suu Kyi, sie sei »überaus glücklich«. Tränen traten in ihre Augen, als sie in der Ankunftshalle zusammentrafen. Sie legte ihrem Sohn einen Arm um die Taille und posierte kurz für die Fotografen. Kim zog seine grüne Militärjacke aus und zeigte ihr seine Tätowierung auf dem Oberarm – es war die Flagge der NLD, eine rote Fahne mit einem Stern und einem Pfau. Seine Mutter lachte, als sie die Tätowierung sah.

»Ich hatte nie das Gefühl, dass wir getrennt waren«, sagte sie. »Niemals.«

Danksagungen und Quellen

Ein großer Teil dieses Buches basiert auf Interviews und Gespräche mit Menschen, die Aung San Suu Kyi begegnet sind, mit ihr gearbeitet oder sie im Laufe der Jahre kennengelernt haben. Viele haben mich gebeten, anonym zu bleiben. In einigen Fällen, weil ihre Mitwirkung an diesem Buch gefährlich für sie sein könnte, und in anderen Fällen aus Rücksicht auf Aung San Suu Kyi. Ich habe diesem Wunsch selbstverständlich entsprochen und gelegentlich Namen und Orte geändert, um die Identität bestimmter Menschen zu wahren. Gleichwohl möchte ich einige Menschen namentlich erwähnen: Debbie Stothard, Nyo Ohn Myint, Ann Pasternak Slater, Peter Carey, Jenny Tun-Aung, Moe Zaw Oo, Moe Myat Thu, Zin Linn, Lian Sakhong, Sein Win, Malavika Karlekar sowie Jan Nordlander. Für Anregungen und Unterstützung während der Arbeit an diesem Buch möchte ich Annika Nordgren Christensen, Jonas Ljung, Bertil Lintner und Martin Gemzell danken.

Systematisch habe ich überwiegend die digitalen Archive folgender Zeitungen durchforstet: *Bangkok Post, The Nation* (Thailand), *The Irrawaddy, Far Eastern Economic Review, The Times of India, Washington Post, Associated Press, The Independent* und *The New York Times.*

Unendlich viel wurde über Aung San Suu Kyi geschrieben, doch infolge ihrer Isolation gibt es nur ein paar wenige richtige Biographien. Sehr geholfen hat mir Justin Wintles Buch

Perfect Hostage, sicher die umfassendste Biographie, insbesondere aufgrund der darin geschilderten Kindheit Suu Kyis sowie ihrer Zeit in Oxford. Barbara Victors *The lady* ist mir eine wichtige Quelle gewesen, ebenso Bertil Lintners *Aung San Suu Kyi and Burma's struggle for democracy*. Die von Michael Aris 1991 zusammengestellte Textsammlung *Freedom from fear* bietet noch immer die beste Beschreibung Suu Kyis. Und ihre eigenen Worte finden sich in Alan Clements' *The voice of hope* wieder, der einzig gründlichen Quelle neben ihren eigenen Artikeln in *Letters from Burma*.

In den Jahren, in denen ich über Burma geschrieben habe, sind zahlreiche Berichte von Amnesty International, Human Rights Watch und anderen Menschenrechtsorganisationen über meinen Schreibtisch gegangen. Einige sind in diesem Buch direkt erwähnt, und ich verzichte darauf, sie alle separat in das Quellenverzeichnis aufzunehmen. Zusammengenommen habe ich mich hauptsächlich folgender schriftlicher Quellen bedient:

Aris, Michael (Hrsg.): *Freedom from fear*. London 1991.

Aung San Suu Kyi: *Letters from Burma*. London 1995.

Aung San Suu Kyi: *Aung San of Burma*. St. Lucia 1984.

Aung San Suu Kyi: *Let's visit Burma*. Memphis 1985.

Aung-Thwin, Michael: *Parochial universalism, democracy Jihad and the orientalist image of Burma. The new evangelism*. Vancouver 2001.

Bingham, June: *U Thant. The search for peace*. New York 1966.

Chee, Soon Juan: *Järnfjäril. Om Aung San Suu Kyi och Burmas skitiga historia*. Stockholm 2006.

Clements, Alan: *The next killing fields*. Berkeley 1990.

Clements, Alan: *The voice of hope, conversations with Aung San Suu Kyi*. London 1997.

Havel, Václav und Desmond Tutu: *Threat to the peace. A call for the UN Security Council to act in Burma.* Washington D. C. 2005.

Houtman, Gustaaf: *Mental culture in Burmese crisis politics. Aung San Suu Kyi and the National League for Democracy.* Tokyo 1999.

Krarup Nielsen, Aage: *De gyldne Pagoders Land.* Kopenhagen 1958.

Lintner, Bertil: *Burma in revolt, opium and insurgency since 1948*. Chiang Mai 1999.

Lintner, Bertil: *Aung San Suu Kyi and Burma's struggle for democracy.* Stockholm 2007.

Lintner, Bertil: *Outrage, Burma's struggle for democracy.* Stirling 1990.

Maung Maung: *Burma and General Ne Win*. New York 1969.

Maung Myint: *The international response to the democracy movement in Burma since 1962*. Stockholm 2000.

Naw Angelene: *Aung San and the struggle for Burmese independence*. Chiang Mai 2001.

Sargent, Inge: *Twilight over Burma. My life as a Shan Princess.* Chiang Mai 1994.

Stewart, A. T. Q: *The pagoda war. Lord Dufferin and the fall of the kingdom of Ava*. Chonburi 1972.

Thant, Myint U: *The river of lost footsteps. Histories of Burma*. London 2007.

The ad hoc commission on the Depayin massacre: *The second preliminary report*. Bangkok 2004.

Tucker, Shelby: *Burma. The curse of independence.* Neu-Delhi 2002.

Victor, Barbara: *The lady: Aung San Suu Kyi, Nobel laureate and Burma's prisoner.* London 1998.

Wintle, Justin: *Perfect hostage. A life of Aung San Suu Kyi*. London 2007.